칩 대결

Fight for the Chip

글로벌 반도체 산업의

생존과 운명을 통찰하다

칩 대결

Fight for the Chip

인치밍 지음 | 안동환 옮김

RHK
알에이치코리아

한국 독자를 위한 서문

저의 책《칩 대결》이 한국에서 출간된 것을 보게 되어 정말 기쁩니다. 이 책을 완성할 때는 현재 반도체 산업에 대한 제 견해를 한국의 독자들과 공유할 수 있으리라는 점을 예상하지 못했었는데 크나큰 영광입니다. 이 책이 한국의 반도체 산업 종사자들에게 또 다른 사고의 시각을 제공해줄 수 있기를 바랍니다.

한국과 대만은 반도체 산업 개발을 시작한 시기가 비슷합니다. 1978년 대만 정부에서 처음 일을 시작할 때 제게 주어진 첫 번째 임무는 대만 전자 산업의 장기 발전 계획을 수립하는 것이었습니다. 그때 계획 수립을 준비하면서 당시 한국 정부가 이스라엘 전문가에게 의뢰하여 받은 '반도체 산업 발전 전략 제안 보고서'를 읽었던 기억이 납니다. 거의 50년이 지난 지금, 대만과 한국 모두 세계 선진국만이 개발할 수 있는 첨단 제조업을 성공적으로 발전시켰으며 전 세계 시장에서, 다양한 분야에서 선두 주자가 되었습니다. 이는 아시아 경제 기적의 또 다른 사례라고 할 수 있습니다.

반도체 산업 발전 기원과 환경, 국제 시장에서 잡은 기회 그리고 걸어온 길 등 모든 측면에서 차이점이 있기 때문에 두 나라의 반도체 산업에서 전문 분야와 생태계 역시 서로 다릅니다. 한국은 메모리 칩 제조 분야에서 선두를 달리고 있으며, 대만은 팹리스와 파운드리 그리고 패키징 및 테스트 분야에서 중요한 위치를 차지하고 있습니다.

한편으로는 두 나라의 산업 발전 과정에는 공통점도 있습니다. 바로 글로벌화의 흐름 속에서, 치열한 자유 경쟁이라는 어려운 도전에 직면하면서도 지속적으로 각자 독특하고 특화된 방법으로 경쟁 우위를 축적하였고, 그런 방법을 통해 첨단 기술인 반도체 분야에서 다른 선진국들을 앞지를 수 있었습니다. 이 점이 대만과 한국이 크게 자부심을 품을 수 있는 부분입니다.

글로벌화는 반도체 산업의 혁신 활동에 선순환을 불러왔습니다. 첨단 기술이 지속적으로 발전하면서 새로운 애플리케이션 분야가 빠르게 확장되면 시장의 성장이 유지됩니다. 각국의 비교우위(comparative advantage) 원칙에 따라, 한국과 대만은 산업 체인의 각기 다른 부분에 참여해서 분업과 협력을 통해 발전 중인 국가 및 개발 도상국들의 경제 성장을 견인했습니다. 그리고 나아가 세계 경제의 성장을 더욱 촉진했습니다.

그러나 이러한 세계 경제 성장의 황금기는 2018년부터 깨지기 시작했습니다. 미국과 중국 간의 대립이 무역 전쟁에서 기술 전쟁으로, 다시 기술 전쟁에서 국가 안보 전쟁으로 전개되었습니다. 이 과정에서 코로나19 팬데믹과 러시아·우크라이나 전쟁이 발생하면서 반도체 공급망의 탄력성과 지정학적 위험이 새로운 이슈로 떠올랐습니다. 반도체 산업이 불안정한 상황을 맞이하게 되었습니다. 그중에서도 전 세계 반도체 산업에 가장 큰 영향을 미친 것은 미국이 취한 다양한 정책과 조치였습니다.

미국의 정책과 조치는 크게 세 가지로 나눌 수 있습니다. 첫째, 중국의 기술을 봉쇄하고 중국에 대한 설비, 기술, 인력 등의 수출을 제재합니다. 둘째, 보조금과 장려 조치를 활용하여 자국의 반도체 산업을 부흥시키는 것입니다. 셋째, 동맹국과 협력하여 반도체 공급망을 강화하는 것입니다. 그 외에도 눈에 띄지 않는 방법들이 사용되었는데, 바로 은밀하게 진행되던 정치적 압박입니다. 예를 들어, 대만의 TSMC에게 미국에 투자하여 공장을 설립하도록 강제하거나 대만의 핵심 부품 산업 중 일부 제조 기반을 해외로 이전하도록 강요했습니다.

미국의 정책과 조치는 전 세계 반도체 산업의 정상적인 운영을 파괴했으며, 동맹국과 기업들에게 큰 피해를 주었습니다. 이는 국제 경제 무역 규범을 심각하게 위반하는 행위입니다. 예를 들어, 미국의 수출 규제는 확대관할권(long-arm jurisdiction)을 적용하기 때문에 다른 국가의 주권을 침해하기도 합니다. 또한 미국 정부의 정책과 조치가 자주 큰 변화를 불러오므로, 전 세계의 기업들이 불확실한 경영 환경에 처하게 됩니다.

비록 미국 내에서도 몇몇 싱크탱크 전문가들이 바이든 정부의 산업 정책을 비판하고 있지만 동맹국들에게 가한 피해에 대해서는 거의 언급되지 않습니다. 미국의 정치인들과 관료들은 여전히 고집스럽게 행동하며, 때로는 그런 행동을 더욱 강화하기도 합니다. 그들의 목적은 결국 미국과 그들 정당의 정치적 이익을 위한 것이며, 이는 전 세계의 안정과 복지를 희생양으로 삼고 있습니다.

이 책은 대만의 관점에서, 또는 미국이 아닌 국가의 시각에서 현재 전 세계 반도체 산업을 바라본다는 점이 특징이자 장점입니다.

미·중 대결은 이미 장기적인 추세로 자리잡았습니다. 미국은 중국에 대한 제재 조치를 계속 내놓을 것입니다. 중국에 대한 그들의 '마당은 작게, 담장은 높게(small yard, high fence)'라는 전략이 철의 장막으로 확장될 수 있습니다. 중국의 보복 조치는 지금까지 상대적으로 소극적으로 보이지만 반도체 산업 발전에 대한 중국의 결단은 더욱 강화되고 있으며, 반도체 산업의 미래는 불안정한 상태에 놓일 것입니다.

한국과 대만은 현재 세계에서 가장 중요한 반도체 첨단 제조 기지입니다. 두 나라가 손을 잡고 협력한다면 외부적으로는 산업 이익과 맞지 않는 정치적 간섭에 공동으로 대응할 수 있고, 전 세계의 변화하는 정세에 휩쓸리더라도 안정적으로 힘을 발휘할 수 있습니다. 그렇게 함으로써 반도체 산업은 시장, 경쟁, 혁신을 중심축으로 하는 발전 경로로 돌아갈 수 있을 것입니다.

내부적으로 보면 한국과 대만 두 나라의 기업들은 직접적인 경쟁 상대가 아닙니다. 각각의 다른 경쟁 우위를 가지고 있어, 협력할 여지가 매우 넓고 큽니다. 예를 들면 한국과 대만은 장비, 재료, 기술, 설계 도구 등 여러 분야에서 공동으로 연구와 개발을 할 수 있으며 서로의 생태계를 강화할 수도 있습니다. 또한 다운스트림의 애플리케이션 분야인 신재생 에너지 자동차, 인공지능, 사물인터넷 등의 분야에서 협력하여 다양한 신생 산업에서 업·다운스트림 공급망의 탄력성과 경쟁력을 높일 수도 있습니다. 전 세계의 변화에 공동으로 대응하고, 반도체 산업의 시장을 더욱 확대하며, 양국의 경쟁력을 향상시키는 것. 이것이 제가 한국과 대만 두 나라의 반도체 산업에 거는 진심 어린 기대입니다.

인치밍(尹啟銘)

목차

PART 1 명예 전쟁

Chapter 01 수십 년간 혁신을 거듭한 글로벌 반도체 산업

Chapter 02 서로 다른 분야에서 경쟁하고 있는 선진국들

Chapter 03 신흥 반도체 생산 국가들의 발전과 전쟁

Chapter 04 중국 반도체의 산업 발전 성공에 대한 열망

PART 2 반도체 전쟁

Chapter 05 미·중 무역 전쟁이 몰고온 글로벌 쇼크

Chapter 06 반도체 패권국 미국의 이중 플레이

대만이 신중할 수밖에 없는
반도체 웨이퍼 전쟁의 시작

미국과 중국 간의 무역 갈등, 코로나19의 유행, 러시아-우크라이나 전쟁으로 글로벌 생산 및 공급망이 혼란에 빠졌습니다. 특히 반도체 칩은 심각한 공급 부족에 시달리면서 경제 성장 둔화로 이어져 전 세계가 반도체의 중요성에 주목하고 있습니다.

전 세계 반도체 산업에서 독보적인 위치를 차지하는 대만

반도체 기술은 제조, 통신, 의료, 엔터테인먼트, 교육 및 자율 주행 자동차, 인공지능(AI), 정보 보안, 탄소 중립과 같은 새로운 분야에 적용되면서 빠르게 발전하고 있습니다. 이러한 분야의 개발에는 모두 첨단 기술인 집적 회로(Integrated Circuit, IC)가 필요하며, 국가 안보도 집적 회로 기술의 성숙에 더욱 크게 좌우됩니다. 그러다 보니 정치권과 언론이

떠들썩하고, 온갖 비난과 압력이 쏟아지면서 대만은 지정학적 위험의 중심에 서게 되었습니다.

대만의 전자 정보 산업 발전 40년을 되돌아보면, 정부의 영향력이 컸습니다. 1970년대와 1980년대에 리궈딩(李國鼎)과 쑨윈쉬안(孫運璿)을 주축으로 한 정부 기술 연구진들은 기술 및 산업 정책을 통해 기술 프로젝트 예산을 책정하고, 공업기술연구원과 민간 기업을 통해 기술 배양, 연구개발, 에너지 축적, 기술자 양성, 신주 과학 캠퍼스 설립 등을 추진했습니다. 기술의 발전, 대외 무역의 발전, 국제 기업의 경쟁, 시대에 발맞춘 산업 정책의 유연한 조정으로 지금의 대만이 되었습니다. 이로써 대만 반도체 산업은 세계에서 독보적인 입지를 구축했습니다.

복잡한 글로벌 생산 및 공급망에 직면한 현재의 분석과 보고서는 각 시장에서 발표된 자료를 바탕으로 예측과 추론을 하는 경향이 있습니다. 때문에 끊임없이 변화하는 미국과 중국 간의 갈등, 반도체 산업이 오늘날까지 어떻게 발전해 왔는지에 대한 체계적인 설명은 없습니다. 하지만 이 책은 반도체 웨이퍼 산업의 경쟁과 미국과 중국의 지정학적 대립에 따른 국제 정세의 변화를 가장 체계적이고 상세하게 설명한 책일 겁니다.

저는 이 책의 저자 인치밍 선생님과 40년 이상 알고 지내며 대만에서 반도체 산업의 우여곡절을 함께 겪었습니다. 그는 국립자오퉁대학교의 컴퓨터공학과 및 제어계측공학과, 국립정치대학교의 경영학 박사 학위를 받은 이후 경제발전위원회에서 경제 조사를 담당하는 일에 참여했습니다. 1985년에는 산업부로 이동하여 2개 부서의 부서장 및 부처 차관이 되었으며 경제부의 상무차관과 경제부장, 정무위원과 경제발전위원회의 주임위원 등의 중요한 직책을 역임하며 정부의 산업 정책을 지원하고 반도체, 정보 기술 등 소프트웨어와 하드웨어 산업의 발전을 추진했습니다. 다양한 국제 무역 협상에 참여하여 대만 산업 발전의 어려움을 함께 겪으며 글로벌 경제 발전에 대한 광범위한 시야와 반도체 산업에 대한 전문 지식을 축적했습니다.

대만 반도체 산업 발전을 보호한 핵심 공신

1976년 저는 미국에서 대만으로 돌아와 경제부가 추진한 RCA(Radio Corporation of America) 집적 회로 기술 도입 프로젝트에 참여했습니다. 이 프로젝트는 경제부가 직접 감독하여 진행되었으며 인치밍 선생님께서 경제부에 오신 이후 우리는 신생 반도체 산업과 업그레이드 물결 속에서 친밀한 전우가 되었습니다.

1976년부터 1994년까지 공업기술연구원(ITRI, 工業技術研究院)은 UMC(United Microelectronics Corp., 聯華電子公司), TSMC(Taiwan Semiconductor Manufacturing Company, Limited, 台灣積體電路製造股份有限公司), VIS(Vanguard International Semiconductor Corporation, 世界先進)와 같은 기업들을 탄생시켰으며 집적 회로 디자인, 생산 제조, 패키징 및 테스트 등의 기업들이 속속 등장하여 반도체 산업 생태계의 발전을 이끌었습니다. 제조 기술은 초기 도입된 7마이크론에서 세계 선도 기술인 3나노미터로 발전했습니다. 경제부의 장기적인 지원과 즉각적으로 조정된 산업 정책 및 조치가 없었다면 대만은 오늘날의 건전한 발전과 반도체 기술 분야에서 뛰어난 성과를 달성할 수 없었을 것입니다. 또한 전 세계의 부러움과 질투의 대상이 되지도 않았을 것입니다. 인치밍 선생님은 대만의 반도체 산업이 성공적으로 발전하는 데 중요한 역할을 한 인물입니다. 지금은 정계에서 은퇴했지만 그는 여전히 대만 산업 발전에 관심을 갖고 있으며, 항상 현재의 산업 정책에 대한 의견과 제안을 해왔습니다.

저는 이 책이 출판되기 전에 미리 읽게 되었는데 그 속에서 인치밍 선생님의 전문적이고 풍부한 경험, 그리고 객관적인 평가를 체감할 수 있었습니다. 이 책에는 세계 및 지역별 반도체의 발전 과정, 산업 구조의 변화, 각국 정부가 추진하는 정책, 글로벌 시장의 기회와 경쟁자를 요약하여 정리했습니다. 예를 들어, 미국과 일본의 반도체 갈등, 한국과 일본의 무역 갈등처럼 글로벌 반도체 산업에 영향을 미친 역사의 주요 순간들을 나열하고, 미국과 중국의 무역 전쟁이 기술 대결로 변모한 과정을 살펴보며 IT 발전 과정과 각국 산업에 미친 영향을 분석했습니다. 또한 각국의 산업 발전 전략의 영향을 받아 IT가 발전해온 과정과 인공지능, 사물인터넷, 이동통신, 자율 주행 자동차 등 새롭게 떠오르는 분야를 분석했습니다. 이를 통해 기업 비즈니스 모델과 글로벌 공급망의 복잡한 네트워크 구조, 글로벌 상호 의존성과 분리 불가능성의 역설을 확인할 수 있습니다.

인치밍 선생님은 대만 경험을 바탕으로 대만에서 반도체 산업이 조용히 발전하는 과정을 지켜보셨습니다. 개인용 컴퓨터 및 주변 기기가 대만에서 빠르게 성장하는 사이, 반도체 산업은 지난 40년 동안 어려움을 겪다가 번창하는 데 성공했습니다. 이는 결코 쉬운 일이 아니었습니다. 이 책은 다음과 같은 정부 정책의 후원하에 거친 다양한 진화 단계를 자세히 설명합니다. 우호적인 투자 환경을 조성하는 방법과 국내외 기업 간의 줄다리기, 부적절한 정치 및 비즈니스의 개입, 국제 무역 협상 등에서 겪었던 어려움과 좌절에 대해 설명합니다. 투자 환경은 또한 산업 공급망 유지, 국제 파트너 유치, 인프라, 인재 양성과 같은 여러 요인으로 특징지어집니다. 각 장의 마지막에는 대만의 관점에서 바라본 구체적인 관찰, 분석 및 권장 사항을 제시하여 독자들이 복잡한 산업 공급망과 변화하는 지정학적 위험에 대한 개요를 파악할 수 있도록 했습니다. 복잡한 산업 공급망과 변화하는 지정학적 위험 속에서 이 책은 독자들이 상황을 보다 완전하고 명확하게 파악할 수 있도록 도와줄 것입니다.

미국의 양손 전략이 세계적인 충격을 불러오다

글로벌 반도체 산업 구조가 현 상태로 진화한 데에는 내재적인 이유가 있습니다. 각국의 산업 발전에서 경쟁할 때 강점이 다르기 때문에 세계화 과정에서 자국의 이익에 따라 선택하는 전략이 달라서 현재의 산업 상태가 되었습니다. 글로벌화 과정에서 각국은 자국의 이익을 선택할 때 서로 다른 전략을 채택하여 현재의 글로벌 산업 체인을 형성했습니다. 그 결과 오늘날의 글로벌 산업 체인이 형성되었습니다. 1980년대 일본은 반도체 황금기에 접어들면서 미국의 선도적 위치를 심각하게 약화시켰습니다. 큰 타격을 입은 미국은 일본에 반격을 시작했고, 이는 '잃어버린 30년'으로 이어졌습니다. 당시 한국은 이러한 상황을 틈타 디램(DRAM) 메모리의 세계 점유율을 장악하여 한국과 일본의 관계를 악화시켰습니다. 한·일의 오랜 역사적 불화도 악화되었습니다. 이에 일본은 핵심 소재 수출을 차단하고 통제함으로써 한국과의 협상에서 우위를 점하는 방식으로 대응했습니다.

미국은 반도체 기술의 선구자입니다. 그들은 제2차 세계대전이 끝나고, 후진국에 반도체 기술을 도입하도록 지원하기 위해 미국 시장을 개방했습니다. 그 수혜자가 일본, 대만, 한국 및 기타 국가들입니다. 하지만 이러한 기술 및 경제력은 역사상 여러 번 방향을 바꿨습니다. 지원 대상 국가의 경쟁력이 강화되어 미국의 이익을 위협하기 시작하면 미국은 즉시 다양한 제재를 가했기 때문입니다.

미·중 무역 마찰이 기술 전쟁으로 번지면서 반도체 웨이퍼 전쟁이 촉발되었습니다.

중국의 개혁개방과 세계무역기구(WTO) 가입 이후 중국 경제는 저렴한 인력과 넓은 시장이라는 매력으로 빠르게 성장하면서 세계에서 두 번째로 큰 경제 규모를 갖췄습니다. 하지만 중국의 반도체 산업의 발전은 기대에 미치지 못했습니다. 정부가 적극적인 정책 방향과 목표를 거듭 공표했음에도 짧은 시기에 지나친 성과를 얻으려는 경향이 작용해 발전이 둔화되었습니다. 오히려 많은 자원이 업계에 투입되면서 부작용이 발생했고, 미완성 프로젝트와 부패 사건이 많이 생겨났습니다. 이러한 중국의 상황 때문에 미국은 높은 수준의 정부 보조금, 무역에 대한 시장 장벽, 해외로부터의 부적절한 기술 획득 및 지적 재산권 문제에 직면했습니다. 그리고 미국 제조업의 부흥과 중국의 발전 차단이라는 두 가지 전략을 채택하여 세계적인 혼란을 초래했습니다.

이 책의 마지막 부분에 인치밍 선생님은 "반도체 산업만큼 복잡한 공급망을 가진 산업은 없습니다. 이 공급망에 속한 기업들은 한편으로는 공급망 중단에 대비하고, 다른 한편으로는 공급망의 정상적인 기능을 유지하기 위해 협력하는 것이 중요합니다. …(중략)… 맹목적인 산업 자율성 추구는 궁극적으로 자원 낭비입니다. 세계화의 혼란은 산업의 혁신과 발전, 기업의 성장에 해를 끼칠 뿐 아니라 경제 논리에도 어긋납니다. 또한 경제 운영의 원칙과 기업의 이윤 추구에도 완전히 반하는 것입니다."라고 말합니다. 왜냐하면 반도체는 모든 생활 영역에서 석유보다 더 중요해졌고, 복잡한 공급망 속에서 각국의 반도체 사용 의존도가 점점 더 커지고 있습니다. 공급망이 복잡하고 여러 국가가 상호 의존하는 상황에서 자급자족은 불가능합니다. TSMC 창립자인 모리스 창(張忠謀)이 예측한 대로 '한 국가에서 반도체를 자급자족한다는 환상은 너무 순진한 일'입니다.

대만은 세계적으로 반도체 제조 능력을 선도하고 있으며 복잡한 양안 관계로 인해 다른 국가들은 대만에 대한 의존에서 벗어나려는 움직임을 보이기 시작했습니다. 하지만 이러한 전략이 성공할 수 있을까요? 그리고 대만은 이렇게 위험하고 긴장된 상황에서 어떻게 대처해야 할까요? 이 책은 이러한 문제들을 다각도로 살펴볼 수 있도록 깊은 분석을 독자에게 제공합니다. 대만의 미래경제와 운명에 관련된 과학기술 전쟁에 대한 관심을 키울 수 있을 것입니다.

스친타이(史欽泰), 국립칭화대학교(清華大學) 명예강좌 교수

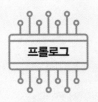

승자 없는 전쟁

제가 공무원 생활을 마친 시점에서는 이 책을 쓸 계획이 없었습니다. 이 책을 집필한 것은 그저 우연한 일이었으며, 인생이라는 여정에서의 우연한 만남처럼 예상치 못한 일이었습니다.

기술 산업의 위기에 직면한 지금,
정부는 가만히 있을 수 없습니다

몇 년 전 저는 전기전자산업협회의 지원을 받아 중국의 반도체 산업에 대한 여러 연구 프로젝트를 수행했습니다. 덕분에 중국의 반도체 산업 발전에 대해 대략적이지만 포괄적으로 이해할 수 있었습니다.

그 후 우리는 다시 전기전자산업협회와 현재 대만의 반도체 산업 발전 동력과 주요 이슈를 파악하고 향후 발전 방향을 모색하는 프로젝트를 수행했습니다. 이 프로젝트는 정부가 산업 정책을 수립하는 데 참고할 수 있는 자료로 활용되는 것이 목표였습니다. 이 프로젝트를 진행하면서 여러 업계 전문가를 초청하여 운영위원회를 구성하여 프로젝트 실행에 대한 전략적 조언을 받았으며, 열 군데 이상의 업·다운스트림으로 구분되는 장비 및 소재 기업을 방문하여 업계 현황에 대한 심층적인 산업 분석을 수행했습니다.

이 연구 프로젝트를 통해 반도체 산업의 발전이 정부에 의해 오랫동안 방치되어 왔다는 점을 알게 되었습니다. 정부의 과학 기술 프로그램은 반도체를 기피하고 있으며, 업계에 대한 인센티브는 생명 공학 및 신약에 비해 상대적으로 낮습니다. 프로젝트가 완료되고 최종 보고서가 제출된 후 우리는 정부 당국이 이 보고서를 반도체 산업 발전을 위한 전략이나 계획 수립의 기초 자료로 활용하길 바랐지만 예상대로 보고서는 여전히 보류된 상태입니다.

프로젝트가 시작될 무렵, 전 세계 반도체 산업은 일련의 주요 사건들을 겪으며 급격한 전환점을 맞이했습니다. 그 사건들은 다음과 같습니다. 반도체 및 패널 제조용 핵심 화학 소재를 둘러싼 일본과 한국의 무역 전쟁, 중국의 반도체 기술 및 산업 발전에 대한 미국의 방어, 미국·일본·유럽연합이 첨단 반도체 제조 부흥을 위해 대대적으로 제공하는 인센티브, 반도체 산업에 적극 동참하는 인도도 있습니다. 이 모든 것이 대만 반도체 산업의 미래 발전과 세계에서의 경쟁력에 영향을 미치고 있습니다. 특히 미국 정부는 TSMC가 미국 내 첨단 제조 공정에 투자하도록 정치적 압력을 가하는 중입니다. 이는 대만의 산업 발전에 크나큰 위협입니다.

다양한 위기에 직면할 때 우리 정부는 여전히 움직임이 없었고, 구체적인 조치를 취하지 못했습니다. 이에 따라 산업은 스스로 파멸의 길을 걷게 되었고, 그 결과로 저는 이 책을 다시 쓰기로 결심했습니다.

이 책의 주요 목적은 세 가지입니다. 첫째, 정부가 반도체 산업의 개발 전략이나 계획을 마련하는 데 참고 자료를 제공하는 것입니다. 둘째, 반도체 업계의 전 세계적인 투자 배치와 운영 계획을 위한 참고 자료로 활용되는 것입니다. 셋째, 투자자들이 전 세계 반도체 산업의 변화와 위험을 이해할 수 있도록 하는 것입니다. 이 책의 핵심 목표는 사회적으로 반도체 산업에 대한 관심을 일깨우고자 하는 것입니다.

이 책은 총 8개의 챕터로 구성되어 있으며, 내용은 네 가지 주요 방향으로 진행됩니다. 첫 번째로 주요 반도체 국가들의 반도체 산업의 기원, 배경, 역사, 방식, 성공과 실패의 핵심 요소, 산업 정책 및 반도체 산업의 발전을 탐구합니다. 예를 들어 대만과 한국, 일본, 미국 등은 서로 다른 사회 경제적 환경과 발전 모델로 인해 반도체 산업 사슬에서 각기 다른 역할을 담당하고 있습니다.

두 번째로 미·중 장기 무역 전쟁의 기원과 과정, 진화를 추적하고 양측이 채택한 경제 및 무역 조치가 반도체 산업, 특히 산업 기술의 중요한 원천인 미국과 세계 최대 성장 경제인 중국에 미치는 영향과 향후 동향을 정리했습니다. 미국은 산업 기술의 주요 공급원이며 중국은 세계 최대 성장 시장이자 두 나라는 세계 1, 2위 경제 대국인데 이 두 강대국의 경쟁이 글로벌 산업에 많은 혼란을 야기하고 있습니다.

세 번째로 대만 반도체 산업의 발전 환경과 산업 정책의 변화, 성장 과정, 역사적 교훈, 지정학적 상황으로 인한 대만의 도전 과제에 초점을 맞추어 대만의 미래 방향을 탐구합니다.

마지막으로 전 세계 반도체 산업의 미래 상황과 현존하는 문제점,

산업 정책의 시사점, 각국의 발전으로 초래될 결과, 국제 무역 규칙, 경제 및 비즈니스 관리 이론의 조정 필요성에 대해서도 자세히 다룰 예정입니다.

이와 같은 네 가지 주요 주제를 기반으로 하여, 이 책의 챕터 1에서는 반도체 산업과 기술의 발전 및 진화 과정을 설명하며 반도체 산업의 특성과 각 국가의 산업 공급망에서 주요 분야가 분포한 상황을 설명합니다.

챕터 2부터 챕터 4까지는 일본, 유럽연합, 한국, 인도, 중국 등 주요 반도체 산업 개발 국가들을 다루며 그들의 반도체 산업 발전 과정을 탐구할 예정입니다.

챕터 5에서는 중국이 세계무역기구에 가입한 이후의 상황을 다룹니다. 특히 미·중 장기 무역 전쟁을 집중적으로 들여다봅니다. 챕터 6에서는 미·중의 전통적인 무역 전쟁에서 미국이 중국의 반도체 산업과 기술을 제재하고, 첨단 반도체 제조를 재건하는 정책 조치로 전환되는 과정을 다룹니다. 챕터 7에서는 대만 반도체 산업의 발전을 설명하고, 현재 직면한 병목 현상과 지정학적·정치적 압박을 이야기하며 더 나은 발전 방향에 대해 논의합니다. 챕터 8은 전 세계 반도체 산업과 관련된 미래 이슈를 종합적으로 정리합니다.

대만은 미국의 우선 전략에
희생양이 되지 않도록 해야 합니다

이 책에서는 미국 정부의 행동을 비판적으로 다루고 있지만, 저는 반도체 산업과 국제 무역 규칙에 관해서는 회의론자가 아닙니다. 오히려 저는 미국 정부가 글로벌 반도체 공급망을 파괴하고, 글로벌 반도체 산업의 발전을 해치고, 동맹국을 압박하고 있다고 확신합니다. 특히 대만에 심각한 산업 손실을 입히기 위해 압력을 가하고 있습니다. 게다가 미국은 국제 무역 및 경제 문제에 관한 세계무역기구 규칙을 아무런 양심의 가책없이 위반하고 있으며, 이는 점점 더 미국이 중국을 비난하는 강도와 비슷해지고 있으며 갈수록 심해지고 있습니다. 이러한 터무니없는 행위는 '미국 우선주의(America First)'라는 미국의 최고 원칙을 이행하고, 자신의 이기적인 이익을 충족시키려는 시도에 기반합니다.

미국이 중국의 반도체 기술 및 산업 발전을 제재하기 위한 노력을 확대하고 강화하기 전에 글로벌 반도체 산업은 글로벌 분업과 다양한 경제 주체 간의 경쟁을 따랐습니다. 미국이 중국의 반도체 기술 및 산업 발전을 제재하기 위한 노력을 확대하고 강화하기 전까지 글로벌 반도체 산업은 각국의 경쟁력과 생산성을 바탕으로 글로벌 공급망에 합류하는 글로벌 분업 구조를 따랐습니다. 글로벌 반도체 산업은 글로벌 분업에 따라 각국이 경쟁력과 생산성을 바탕으로 글로벌 공급망에 참여하여 반도체 기술 혁신의 선순환을 이끌고 있습니다. 반도체 기술의 응용은 민간, 과학 기술 및 국방의 다양한 분야에 침투하여 전 세계의 발전과 인류의 복지가 향상될 것입니다.

중국과 아시아가 기술 분야에서 세계화의 흐름을 따라잡는 동안 미국 외교 기구인 외교관계협회(Council on Foreign Relations)의 고급 사이버 보안 및 중국 전문가 아담 시갈(Adam Segal)은 2011년에 《장점: 미국의 혁신이 아시아 도전을 극복하는 방법(Advantage: How American Innovation Can Overcome the Asian Challenge)》이라는 책에서 "미국의 최상의 혁신 전략은 세대 간의 선도를 유지하는 것이다."라고 언급하였습니다. 시갈은 뒤처진 나라들이 발전하는 동시에 미국의 혁신적인 선도를 유지하는 것이 미국의 최고 이익에 부합한다고 보는 것입니다.

그러나 도널드 트럼프(Donald Trump)와 조 바이든(Joe Biden) 정부는 이러한 전략적 원칙을 파괴했습니다. 미국 국가안보보좌관인 제이크 설리번(Jake Sullivan)은 상무부가 2022년 10월에 발표한 중국과 관련된 반도체 수출 통제 규정을 설명하면서 과거 미국의 중국 전략은 기술적으로 몇 세대를 앞서는 것이었다고 말했습니다. 하지만 그는 중국이 군민융합주의(軍民融合主義)를 채택하고 산업과 기술의 자주성을 추구하여 미국의 지적 재산권을 도용하였다는 이유로 미국이 전략을 크게 변경했다고 덧붙였습니다. 중국과 기술 발전 차이를 최대한 벌리고, 중국의 군사력을 억제하기 위한 정책으로 바꾼 것이라는 주장을 펼쳤습니다.

조금만 생각해 보면 이러한 주장이 궁색한 변명이라는 것을 알 수 있습니다. 기술과 산업 자주성을 추구하는 '중국 제조 2025' 계획은 이미 2015년에 중국 국무원에 의해 발표되었으며 오늘날 미국도 첨단 반도체 제조의 자주성을 추구하고 있습니다. 미국의 태도가 중국과 어떤 차이가 있을까요? 또한 군민융합에 대해서는 미국의 유명한 지식재단 랜드연구소(RAND Corporation)가 2005년에 출간한 《중국의 국방 산업의 새로운 방향》이라는 책에 상세히 기술되어 있다고 알려져 있습니다. 그렇다면 왜 지금까지 미국 정부가 이를 알아차리지 못했을까요? 미국 관료들은 이러한 거짓말과 미국 정부의 정당성을 꾸며주는 일에 열심이기 때문에 금세 들통날 궁색한 변명을 하는 것입니다.

대만은 자립 자강뿐 아니라
선제적인 대응을 해야 합니다

미국은 글로벌 첨단 기술의 주요 원천이자 중심지로 인류의 복지를 향상시키기 위해 변화해야 하지만, 현재 지정학적 불안정을 야기하고 있습니다. 반도체 산업은 현재 대만의 가장 중요한 경제 및 무역의 기둥입니다. 지난 수년간 관세청 수출입 데이터에 따르면 반도체 산업에서 집적 회로는 2000년 대만 수출의 12.6%를 차지하며 IT 산업을 제치고 1위 수출품으로 부상했습니다. 이후 대만 수출에서 차지하는 비중은 계속 증가하여 2022년에는 대만 수출의 38.4%를 차지하며 집적 회로 무역 흑자만 960억 달러에 이릅니다. 그래서 미국이 주도하는 글로벌 반도체 공급망 붕괴는 대만의 경제 및 무역 이익에 심각한 영향을 미치고 있습니다.

또한 대만의 집적 회로 수출에서 중국이 차지하는 비중은 2000년 34%에서 2022년 58%로 계속 증가했습니다. 중국은 대만 반도체에 가장 중요한 시장이 될 것입니다. 중국은 대만 반도체에 가장 중요한 시장이며, 미국의 대중국 수출 통제는 대만의 수출에 심각한 피해를 줄 뿐 아니라 TSMC를 포함하여 중국에 투자하는 많은 기업들에게도 막대한 사업 손실을 초래합니다.

생명공학 산업 외에도 반도체 산업은 기술 산업의 선두에 있으며 신흥 국가들은 이들을 따라잡기 위해 멀고 험난한 길을 걸어야 합니다. 그리고 첨단 제조 역량을 잃은 선진국들이 과거의 강점을 되찾으려면 크나큰 대가를 치러야 할 것입니다.

대만의 반도체 산업은 글로벌 경쟁의 전쟁터에서 번성하고 성장해 왔으며, '경쟁에 직면하는 것' 자체가 대만 산업의 생존과 발전을 위한 철칙입니다. 미래를 전망해 볼 때 대만은 자립을 해야 할 뿐만 아니라 글로벌 변화 속에서 대만에 대한 미국의 음모와 정치적 책략에 어떻게 대처할 것인가에 가장 우선적으로 관심을 기울여야 합니다.

그다음으로는 중국에 대한 미국의 제재에 주목해야 합니다. 지금까지 미국은 아직 중국의 숨통을 끊을 수단을 쓰지 않았습니다. 이 서문을 쓰는 동안 「뉴욕타임스」는 미국의 바이든 대통령이 미국 기업이 중국에서 군사 또는 감시 애플리케이션을 사용하는 첨단 반도체, 양자 계산 및 인공지능에 투자하는 행위를 금지하여 중국의 첨단 과학 기술에 대한 접근 제한을 확대하였고, 다양한 차단 및 제재 조치를 취하고 있음을 보여주었다고 보도했습니다. 이는 모든 종류의 예방 및 제재가 증가하고 있음을 보여줍니다.

마지막으로, 미국이 산업 공급망을 중국 밖으로 옮기도록 추진하고 있으며, 이는 대만 반도체 시장에 더 직접적인 영향을 미칠 것입니다.

따라서 반드시 이에 대한 대응책을 마련해야 합니다.

미국이 일으킨 세계적인 반도체 산업의 전쟁은 제 생각으로는 승자 없는 전쟁을 보여주고 있습니다.

2023년 2월 타이페이에서

PART 1

명예전쟁

Chapter 01

수십 년간
혁신을 거듭한
글로벌 반도체 산업

수십 년간 반도체 및 관련 산업은 기술 발전 심화, 비용 절감, 시장 규모 확대를 위해 각 지역의 비교우위를 바탕으로 글로벌 분업에 참여하면서 촘촘하고 복잡한 공급망이 형성되었습니다. 각 지역은 반도체 생태계에서 서로 다른 역할을 수행하면서 경제 및 무역 글로벌화의 급속한 발전으로 글로벌 반도체 산업의 경쟁력이 더욱 강화되었습니다.

글로벌화는 다양한 산업의 글로벌 공급망에서 전문적인 분업을 더욱 강화하여 비용 절감, 제품 성능 및 산업 발전으로 이어졌습니다. 비용 절감, 제품 성능 향상, 연구개발 및 혁신에서 업계의 급속한 발전은 디지털 애플리케이션의 급속한 발전으로 이어졌고, 이는 다시 디지털 애플리케이션의 급속한 발전을 가속화했습니다. 디지털 애플리케이션은 스마트폰, 클라우드 서버, 최신 자동차, 산업 자동화 그리고 중요 인프라, 국방 시스템 등 다양한 분야로 보급되었습니다. 또한 반도체는 원유, 석유, 자동차에 이어 세계에서 세 번째로 큰 무역 상품이 되었습니다.

이로 인해 반도체 산업의 생태계는 매우 크고 복잡해졌습니다. 반도체 산업의 핵심 제조 기능은 설계, 생산, 패키징 및 테스트, 심지어 다운스트림 애플리케이션으로 나뉩니다. 설계 도구, 생산 장비, 재료, 공정 화학 물질 등을 포함한 주변 산업은 글로벌 분업 원칙에 따라 여러 국가에 분산되어 있습니다. 모든 국가는 서로 상호 의존하는 글로벌 공급망에 통합되어 있는 상황입니다.

반도체 산업 진화의 가속화

반도체 트랜지스터는 1940년대에 발명되었고 집적 회로는 1950년대에 탄생하여 반세기가 훨씬 넘었습니다. 반도체 산업의 혁신에 대한 노력은 반도체 칩 성능의 지속적인 개선, 단가 인하, 애플리케이션 확대로 이어졌습니다. 나아가 반도체 시장과 산업은 장기적인 규모 성장 추세를 유지하며 선순환적인 발전을 거듭하여 반도체 시장 및 산업 규모는 성장 추세를 유지하고 있습니다.

무어의 법칙과 록의 법칙

무어의 법칙(Moor's Law)은 고든 무어(Gordon Moore)가 제시한 통찰과 예측으로, 반도체 칩 위의 단위 면적당 트랜지스터 수가 약 18개월마다 두 배로 증가한다는 내용입니다. 면적당 트랜지스터 수가 증가하면 트랜지스터의 크기가 축소되고 성능(속도 등)이 향상되며 비용이 감소하는 효과를 가져옵니다. 트랜지스터 크기의 축소를 수용하기 위해 트랜지스터 구조와 공정 기술 등도 발전해야 합니다. 반도체 산업에서는 전례상 트랜지스터 게이트 길이를 '프로세스 노드(Node)'로 정의하는데 이는 널리 알려진 선 너비입니다. 예를 들면 7마이크로미터(㎛), 10나노미터(nm) 등입니다.

공정 기술은 지속적인 발전을 거듭하며 게이트 길이를 미세하게 축소시키고 단위 부피 내 트랜지스터 수를 증가시킵니다. 보스턴 컨설팅 그룹(Boston Consulting Group, BCG)의 연구에 따르면 1972년에는 대략 10만

이크로미터의 고정 노드였는데, 1990년에는 0.8마이크로미터로 축소되었고, 2005년에는 약 90나노미터, 2020년에는 7나노미터로 이어졌습니다. |도표 1-1| 참조

칩의 크기가 지속적으로 축소되면서 칩 생산을 위한 웨이퍼(판) 재료의 면적은 계속해서 증가하고 있습니다. 1969년에는 웨이퍼의 직경이 약 2인치였는데, 1976년에는 4인치로 증가하였고, 1983년에는 6인치, 1992년에는 8인치로 진화하였으며, 2002년에는 현재 사용되는 최대 12인치 웨이퍼1까지 도달하였습니다. 웨이퍼 크기가 클수록 상대적인 용량과 수율은 높아지고 비용은 낮아집니다. 이는 지속적인 비용 절감으로 이어졌습니다.

반도체 밀도가 향상되고 웨이퍼 크기가 증가함에 따라 |도표 1-2| 참조 공정의 복잡성도 증가하였으며, 공장 건설 비용도 크게 증가하였습니다. 무어의 법칙과 마찬가지로 1960년대에 제시된 록의 법칙은 반도체 프로세서 생산을 위한 공장 건설 비용이 약 4년마다 2배씩 증가할 것으로 예측하였습니다.

시장조사기관인 디지타임즈 리서치(DIGITIMES Research)의 2021년 8월 자료에 따르면 공정 노드의 축소에 따라 공장 건설 비용도 증가하였으며 월 생산 능력이 5만 장인 12인치 웨이퍼를 기준으로 28나노미터 공장은 약 60억 달러, 14나노미터는 100억 달러, 7나노미터는 120억 달러, 5나노미터는 160억 달러가 필요합니다. 물론 공장 건설 비용은 지역과 시기에 따라 다르며, 미국과 대만에서 공장을 건설하는 경우 비용 차이가 20% 이상 날 수 있습니다.

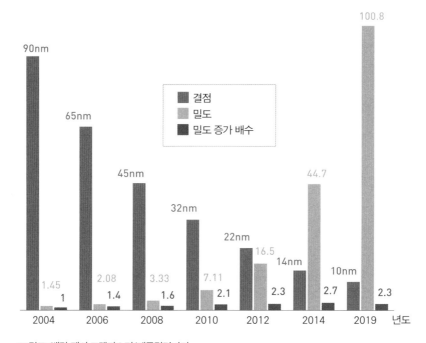

| 도표 1-1 | 2004-2019 인텔 공정 노드(node) 밀도 변화

범례:
- 결점
- 밀도
- 밀도 증가 배수

90nm (2004): 1.45 / 1
65nm (2006): 2.08 / 1.4
45nm (2008): 3.33 / 1.6
32nm (2010): 7.11 / 2.1
22nm (2012): 16.5 / 2.3
14nm (2014): 44.7 / 2.7
10nm (2019): 100.8 / 2.3

년도

※ 밀도: 백만 개의 트랜지스터/제곱밀리미터
자료 출처: 〈전자공학다이제스트(電子工程專輯)〉(EE Times), 2020년 10월호.

산업 발전 모델의 변천

산업의 발전과 기업의 사업 운영 방식은 국제 무역 규칙의 변화, 시장 변화, 산업 경쟁, 기술 혁신, 산업 자체의 특성 등 다양한 요인으로 끊임없는 변화를 겪게 됩니다. 1990년대 IT 산업, 생명공학 및 제약, 반도체 산업은 밸류체인 구조 재편이라는 유사한 산업 변화를 겪었습니다.

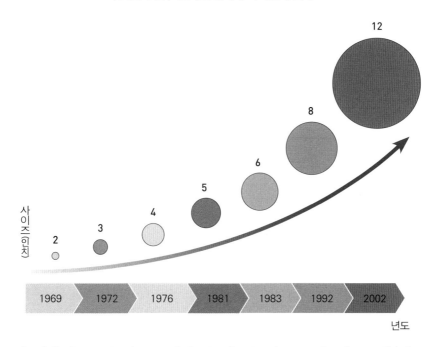

| 도표 1-2 | **실리콘 웨이퍼 사이즈의 진화**

사
이
즈
(인
치)

2 3 4 5 6 8 12

1969 1972 1976 1981 1983 1992 2002

년도

자료 출처: Congressional Research Service, 'Semiconductors:U.S. Industry, Global Competitiveness,and Federal Policy', 10월 26일, 2020년.

글로벌 분업화를 향한 산업 발전 및 비즈니스 모델

IT 및 컴퓨터 산업의 경우 1980년대 이전에는 대형 컴퓨터 제조업체인 컨트롤 데이터(Control Data Corporation, CDC)와 크레이(Cray) 등의 회사, 메인 컴퓨터 제조업체인 IBM, 미니 컴퓨터 제조업체인 데크(Digital Equipment Corporation, DEC)와 왕 연구소(Wang Laboratories) 등이 각각 독자적인 아키텍처(Architecture)를 채택하여 관련 소프트웨어, 부품, 주변 장비 등을 특정 컴퓨터 시스템에 맞추어 개발했습니다. 각 브랜드의 컴퓨터는 독자적인 공급망을 보유하고 있어서 상호 호환되지 않아, 사용자에게는 다른 브랜드의 컴퓨터로 전환하는 게 매우 어려웠으며 새로운 소프트웨어를 학습하고 투자해야 했습니다.

1990년대에는 마이크로프로세서의 성능 향상으로 인해 개인 컴퓨터 등 정보 제품이 급속히 발전했습니다. 시스템 아키텍처는 폐쇄적인 방식에서 개방적인 방식으로 전환되었습니다. 규격이 대중적으로 사용 가능하여, 사용자들은 해당 아키텍처를 기반으로 추가 소프트웨어나 하드웨어를 설계할 수 있었습니다. 또한 기술의 발전으로 정보 제품은 모듈화 수준이 높아졌으며, 하드웨어와 소프트웨어가 다른 기업들에 의해 개발 및 조립 생산될 수 있었습니다. 이는 많은 집적 회로, 하드웨어 구성품, 소프트웨어, 시스템 소프트웨어 등 전문 업체들을 만들어, IT 기업들은 핵심 사업 또는 핵심 활동에 집중할 수 있게 되었습니다. 이전에 기업 내에서 수직 계열화되었던 공급망은 해체되었고, 공급망의 활동은 거의 어느 곳에서나 이루어질 수 있게 되어 글로벌화된 가치 네트워크가 형성되었습니다.

마찬가지로 과거 글로벌 제약 산업은 소수의 대형 제약 회사에 의해 지배되었는데, 이러한 대형 제약 회사들은 수직 계열화 방식을 채택하여 신약 발견, 동물 실험(약리학, 독성학 실험 등), 인체 임상 실험(1상, 2상, 3상 임상 시험 등), 생산, 판매 등의 모든 단계를 하나의 조직에서 수행했습니다. 신약 개발은 종종 5~10년 이상의 시간이 소요되며, 연구개발 비용은 수억 달러 이상이 들었습니다.

신약 규제의 강화로 신약 개발에 소요되는 시간이 늘고, 개발 비용과 생산에 필요한 자금이 크게 증가하였습니다. 또한 생명과학 기술의 발전으로 인해 제약 산업의 공급망이 재편되었습니다. 각 단계에서 많은 전문 업체들이 다양한 국가에 분산되어 있으며, 기존의 수직 계열화 구조를 갖춘 대형 제약 회사들은 영업 모델을 변경하여 자원을 핵심 활동에 집중시키고, 다른 활동은 전문 제약 회사와 대학, 연구기관과 협력을 통해 수행하고 있습니다. 이러한 영업 모델은 신약 개발 기간을 단축시키고, 연구개발 투자를 줄이고, 자금 부담을 줄이는 등 경쟁력을 향상시킬 수 있어서 제약 산업의 발전 모델이 변화하고 있습니다.

비즈니스 모델 이면에 승패가 달렸다

1980년대 이전에는 미국 반도체 산업에서 기본적으로 세 가지 운영 모델이 존재했습니다.

첫째는 '종합 반도체 회사'(Integrated Device Manufacturer, IDM)로, 반도체 기업이 설계, 제조, 패키징을 하나로 통합하여 반도체 디바이스를 하위 업체에 제공합니다. 예를 들어 인텔(Integrated Electronics, Intel)이 이에 해당합니다. 둘째는 '전용 생산자'로, 생산된 반도체 디바이스는 기업 자체의 컴퓨터나 통신 장비에만 사용됩니다. 예를 들어 IBM이 이에 해당합니다. 셋째는 '혼합 파생 모델'로, 일부 전용 생산자가 반도체 디바이스를 다른 기업에 판매하는 경우입니다. 예를 들어 계산기를 생산하는 텍사스 인스트루먼트(TI)가 이에 해당합니다.

그 이후 일본은 미국에서 반도체 기술을 전수받아 산업을 구축했는데, 이러한 기업 대부분은 종합 전기 제조업체인 니혼전기 주식회사

(NEC), 소니(SONY), 후지쯔(FUJITSU), 히타치(HITACHI) 등이었습니다. 이 기업들은 다양한 유형의 전기 제품, 통신 장비, 컴퓨터, 소비자 전자 제품 등을 주로 생산하였으며, 이러한 제품을 조립하기 위해 대부분의 기업이 반도체 디바이스를 동시에 생산했습니다. 동시에 외부로 판매했습니다. 따라서 일본 기업의 운영 모델은 전용 생산자나 혼합 모델에 속합니다.

반도체 생산은 학습 곡선 효과가 뚜렷해서 누적 생산량이 2배로 증가할 때 비용이 20~30% 감소합니다. 1970년대 일본의 가전제품들인 TV 등은 세계 시장을 석권하였으며 일본 기업들은 내부적으로 전자 관련 다운스트림 제품들이 업스트림 구성품에 대한 대규모 수요를 제공함으로써 일본의 반도체 업체들이 품질과 가격 측면에서 높은 경쟁력을 갖게 되었습니다.

미국 시장에 진출한 후 일부는 인텔을 포함한 미국의 통합 구성품 제조업체들을 손실에 이르게 하였으며, 또 다른 일부는 하위 제품들로 인해 미국의 독점적인 생산업체들이 차례로 패배하면서 내부적으로 반도체 수요에 충격을 주었습니다. 반대로 미국의 반도체 산업은 일본 시장이 종합 전기 제조업체들의 손에 있고 상대적으로 가격이 높아 일본 시장으로 진출하기 어려웠기 때문에 미·일 간 반도체 전쟁이 발발하였고 반도체 산업은 점차 한국과 대만으로 이동하게 되었습니다. 따라서 미·일 반도체 산업 경쟁의 결과를 결정짓는 가장 중요한 요소 중 하나는 비즈니스 모델 이면에 숨은 규모의 경제입니다.

파운드리 모델의 부상

1980년대에 TSMC가 등장하며 순수한 파운드리 서비스 모델을 개척하여 집적 회로 디자이너에게 제조 기능을 제공하고 첨단 공정을 선도적으로 발전시켰습니다. 또한 다양한 제품과 공정에 대해 짧은 납기, 높은 수율 및 신뢰성 등의 이점을 가지고 다수의 고객을 대상으로 하였습니다. 게다가 TSMC는 지식 재산권을 적극적으로 확보하여 지식 재산권 라이브러리를 구축하고 고객이 클라우드 플랫폼을 통해 이를 활용할 수 있도록 하여 설계 일정을 단축시키고 고객과의 전략적 파트너십과 상호 신뢰 및 공평한 협력 관계를 발전시켰습니다. 이러한 것들은 파운드리 업체에게 가장 귀중한 자산과 경쟁 우위입니다.

기업 자체의 경쟁력 외에도 산업 특성과 시장 요구가 위탁 생산 산업의 발전 기회를 제공했습니다. 종합 반도체 회사는 설계와 제조를 동시에 담당하였지만 공정 기술의 빠른 발전으로 매년 최신 공정과 연구개발에 필요한 자본 지출이 증가하여 수십억에서 수백억 달러에 이르는 대규모 투자를 감당할 수 없는 업체들이 생겼습니다. 또한 시장 수요의 빠른 변화와 새로운 응용 분야의 지속적인 확장으로 제품 수명 주기가 단축되어 기업은 제품 개발 속도를 향상시키기 위해 설계와 제조를 분리하여 제품 설계에 집중하고 제조를 위탁 생산업체에 위탁하는 '팹리스(Fabless)' 업체로 변화하게 되었습니다. 이러한 팹리스 설계업체로는 미국의 퀄컴(Qualcomm)과 같은 잘 알려진 기업이 있으며 반도체 산업의 공급망과 발전 모델이 다시 변화하였습니다. 현재 퀄컴, 브러드 컴(Broadcom), 엔비디아(Nvidia)와 같은 팹리스 설계업체들은 반도체 매출 상위 10대 기업입니다.

순수한 파운드리업체인 TSMC와 같은 예외적인 경우 외에도 종합 반도체 회사로 알려진 인텔 같은 기업도 IDM 2.0 전략을 채택한다고 2021년에 발표했습니다. 이 전략은 크게 세 가지 요소로 구성되어 있습니다. 첫째, 자체 디자인 제품의 대부분을 자체 생산하는 것입니다. 둘째, 외부 파운드리 기업을 활용하여 일부 제품을 생산하는 것입니다. 셋째, 파운드리 서비스의 새로운 영역에 진출하는 것입니다. 인텔의 신임 CEO인 팻 겔싱거(Pat Gelsinger)는 "이 전략은 제품과 비용에서 우위를 점하고 공급 측면에서 독특한 유연성과 탄력성을 갖추게 될 것이다."라고 말했습니다.

IDM 2.0 전략은 실제로 다음과 같은 세 가지 운영 모델을 포함하고 있습니다.

1. 제품을 직접 디자인하고 제조하는 것은 종합 반도체 회사 업체로 분류되며 이는 현재 인텔의 주요 비즈니스 모델입니다.
2. 자체 디자인 제품을 파운드리 기업에 외주하여 생산하는 '팹리스 디자인' 업체 형태의 모델입니다.
3. 가장 전형적인 파운드리 서비스 형태의 모델입니다.

인텔이 위에서 언급한 세 가지 운영 모델을 어떻게 통합하여 경쟁에서 우위를 창출할지에 대해서는 아직 명확하지 않았습니다. 하지만 이 전략과 목표는 기업의 운영 모델과 산업 발전 모델에 관한 논쟁을 불러일으키고 있습니다.

전망을 살펴보면 디지털 기술은 급속하게 발전하고 응용 분야도 확대되고 있습니다. 반도체 산업의 원천 수요도 점점 다양화되고 있으며 산업망은 디자인, 제조, 패키징/테스트까지 더욱 복잡하고 순간적으로 변화합니다. 기업의 운영 모델은 끊임없이 조정되어야 합니다. 하지만 각각의 운영 모델이 성공하려면 해당 운영 모델에 필요한 핵심 요소를 달성해야 합니다. 조건 없는 변화는 좋은 결과를 가져오지 못할 수 있습니다. 마치 호랑이를 그렸는데 개가 그려진 것과 같습니다.

지속적인 시장 성장을 이끄는 분야

반도체는 트랜지스터와 집적 회로가 발명된 이래 60년 이상 사용되어 왔습니다. 시장 규모는 지속적인 기술 발전과 응용 분야 확대, 밀고 당기는 힘의 균형에 힘입어 성장 추세를 유지하고 있습니다.

산업의 성장을 유지하는 혁신

컴퓨터 연산 속도와 네트워크 전송 속도에 따라 디지털 기술 세대를 나누면 다음과 같습니다.

- 1990년대 이전은 컴퓨터 시대였습니다. 점차 대형 컴퓨터에서 개인용 컴퓨터로 즉, 기업 및 기관에서 사용을 시작해 개인 사용으로 전환되었으며, 이때 반도체 기술은 8마이크로미터에서 점진적으로

3마이크로미터, 1마이크로미터로 발전했습니다.

- 1990년대 이후에는 인터넷 시대입니다. 이때는 전자상거래가 발전했습니다. 인터넷 검색, 온라인·모바일 음성 등의 애플리케이션이 유행했고 반도체 기술은 1마이크로미터에서 0.18마이크로미터로 발전했습니다.

- 2000년대는 모바일 통신 시대로, 소셜 네트워크와 모바일 네트워크, 모바일 비디오, 대화식 멀티미디어 등의 애플리케이션이 네트워크 장치 및 데이터 양의 폭발을 이끌었습니다. 반도체 기술은 0.18마이크로미터에서 40~28나노미터로 발전했습니다.

- 2000년대에 이르러 사물인터넷 시대에 접어들었습니다. 클라우드 서비스, 빅데이터, 스마트 애플리케이션 등이 보급되었고 반도체 기술은 40~28나노미터에서 5나노미터 수준으로 발전했습니다.

- 2020년대에는 인공지능 시대(또는 2세대 사물인터넷 시대)로 진입했습니다. AI라고도 불리는 인공지능이 자율 주행 자동차, 드론, 스마트 공장, 스마트 라이프 등을 포함한 다양한 애플리케이션 및 산업에 도입되었습니다. 반도체 기술은 5나노미터에서 계속해서 발전해 나가고 있습니다. |도표 1-3| 참조

새로운 애플리케이션 분야는 반도체 산업에 지속적인 성장 동력을 제공합니다. 2022년 9월에 발표된 세계반도체무역통계협회의 통계에 따르면 2021년 글로벌 반도체 시장 규모는 5,559억 달러로 26.2% 성장했습니다. 2022년에는 5,801억 달러로 예상되며, 성장률은 4.4%로 축소될 것으로 예상됩니다2. 성장률이 감소한 건 세계적인 인플레이

선과 시장의 과열 이후 수요가 약화되었기 때문입니다. 2023년에는 4.1%로 더욱 감소할 것으로 예측됩니다.

또한 세계 반도체 무역 통계 협회가 발표한 데이터에 따르면 집적 회로가 반도체 시장에서 83%의 큰 비중을 차지하며, 나머지는 대부분 개별 부품입니다. 집적 회로 중에서는 메모리와 로직 칩의 비중이 가장 높습니다. 지리적 관점에서 시장을 보면 아시아태평양 지역은 다운스트림 제품 조립 기지로 반도체 시장에서 가장 큰 시장입니다. 아시아태평양 지역은 약 58%의 점유율을 가지고 있습니다. |도표 1-4| 참조

시장 출처에 대해서는 대만 산업경제지식센터 MIC(Market Intelligence & Consulting Institute)가 시장 조사업체 가트너(Gartner)의 조사 결과를 기반으로 정리한 2023년 2월 데이터를 살펴보겠습니다. 이 조사에 따르면 현재 컴퓨터와 이동통신이 두 가지 주요 분야로 30% 이상의 점유율을 차지하고 있으며, 그다음으로는 소비성 전자 제품, 자동차 및 산업

| 도표 1-3 | **반도체와 디지털 기술 세대의 동시적 발전**

	컴퓨터	인터넷	이동통신 (모바일)	사물인터넷	인공지능
디지털 세대					
반도체 기술	마이크로미터	마이크로미터	마이크로미터	나노미터	나노미터 이하
연대	1990	2000	2010	2020	2020

자료 출처: 대만 공업기술연구원의 소장 자료 정리, 2020년 12월 25일.

용이 있습니다. 2020년은 코로나19의 영향으로 전 세계적으로 자동차 판매량이 감소하여 반도체 수요도 감소했습니다. 하지만 2021년

| 도표 1-4 | **2021~2022년 세계 반도체 시장과 성장**

년도	금액(억 달러)		성장률(%)	
	2021	2022	2021	2022
1. 나라별				
미국	1215	1421	27.4	17.0
유럽	478	538	27.3	12.6
일본	437	481	19.8	10.0
아시아	3430	3362	26.5	−2.0
합계	5559	5801	26.2	4.4

년도	금액(억 달러)		성장률(%)	
	2021	2022	2021	2022
2. 상품별				
분리형 반도체	303	341	27.4	12.4
광전자 소자	434	438	7.4	0.9
센서	191	223	28.0	16.3
IC	4630	4800	28.2	3.7
•아날로그	741	896	33.1	20.8
•마이크로프로세서	802	788	15.1	−1.8
•로직 반도체	1548	1772	30.8	14.5
•메모리	1538	1344	30.9	−12.6
합계	5559	5801	26.2	4.4

※ 본 책의 데이터는 반올림을 채택했고 성장률은 해당 연도를 전년도로 나눈 값입니다.
자료 출처: 세계반도체무역통계협회(World Semiconductor Trade Statistics), 2022년 9월 29일 발표 보도 자료.

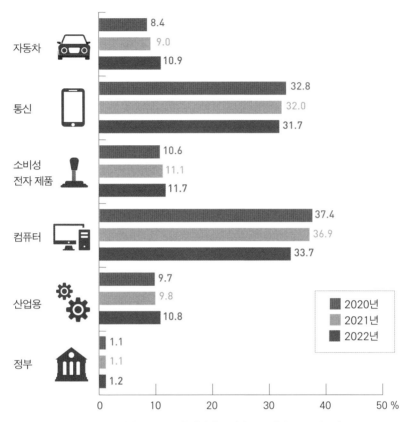

| 도표 1-5 | 2020~2022년 반도체 시장 구조

자동차 8.4 / 9.0 / 10.9

통신 32.8 / 32.0 / 31.7

소비성 전자 제품 10.6 / 11.1 / 11.7

컴퓨터 37.4 / 36.9 / 33.7

산업용 9.7 / 9.8 / 10.8

정부 1.1 / 1.1 / 1.2

■ 2020년
■ 2021년
■ 2022년

0   10   20   30   40   50 %

자료 출처: 대만 산업경제지식센터 가트너의 데이터를 기반으로 정리. 2023년 2월.

이후에는 수요가 회복되며 심각한 칩 부족 현상이 발생했습니다. 또한 5G 기술의 적용으로 통신 응용 분야에서 수요가 계속해서 증가하고 있습니다. |도표 1-5| 참조

글로벌 분업 체계를 형성하고 있는 반도체 산업

반도체 부품은 내부적으로 매우 복잡하고 상호 연결된 회로 시스템입니다. 외부적으로는 전문화되고 전 세계적으로 분산되어 상호 의존적으로 상호 연결된 고도로 집중된 산업 생태계입니다. 이 시스템은 반도체 제조를 중심으로 장비, 재료, 특수 화학 및 가스를 포함한 다양한 관련 산업으로 둘러싸여 있습니다.

우연한 기회에 형성된 분업 체계

이 시스템의 개발은 몇 가지 핵심 동력에 의해 추진되었습니다. 각 지역의 비교우위에 따라 공급망의 여러 부분에 참여합니다. 예를 들어 노동력이 풍부한 국가는 패키징, 테스트 등 백엔드 제조를, 기술력과 인적 자원이 우세한 국가는 프론트엔드 제조를, 선진국은 지식 집약적 반도체 제조를 주도하는 식입니다.

자유 무역 동향

또한 국제 무역 환경이 점차 자유 무역에 우호적인 상황으로 발전하고 있습니다. 1995년 세계무역기구가 설립되면서 자유 무역의 속도가 빨라졌습니다. 2001년 세계무역기구는 무역의 자유화를 더욱 촉진하기 위해 다자간 무역 협상인 도하 회담을 출범시켰습니다. 하지만 2008년 협상이 중단됐다고 공식적으로 선언되면서, 지역 경제 및 무역 통합과 자유 무역 협정(FTA) 협상이 급증하는 계기가 되었습니다. 한편 정보, 통신, 반도체, 전자 부품 등 전자 제품(가전제품 제외)과 반도체 장비의 업스트림 및 다운스트림 제품에 대한 관세를 2000년까지 단계적으로 무관세로 인하하는 정보 기술 협정(ITA)이 1997년 7월 1일 정식으로 시행되면서 기업의 해외 진출이 더욱 활발해졌습니다.

또 다국적 기업의 글로벌 입지 관리를 가능하게 하는 정보 통신 기술(ICT)의 발전, 물류 및 운송 비용을 절감하는 운송 기술의 발전, 국경 간 무역을 용이하게 하는 제품 및 생산 기술의 발전 등 다양한 분야에서 기술이 발전하면서 자유 무역이 힘을 받았습니다. 운송 기술의 발전으로 물류 및 운송 비용이 절감되고, 제품 및 생산 기술의 발전으로 국경 간 무역이 촉진되었습니다.

소비자도 잠재적 힘이 되어주었습니다. 소비자의 수요는 제품의 수명 주기를 점점 더 짧아지게 만듭니다. 이에 산업 체인에 속한 기업들은 연구개발(R&D), 디자인, 제조, 유통, 판매 활동에서 혁신을 가속화하고 효율성을 개선해야 한다는 지속적인 압박을 받고 있습니다. 이러한 압력은 장비, 설계 도구, 재료 등 반도체 생태계의 모든 측면으로 확대되어 결국 기업이 무한 경쟁에 대처하기 위해 국경을 넘어 가장 효율적인 전략을 모색하게 만들었습니다.

미국반도체산업협회(Semiconductor Industry Associatind, SIA) 네이션 컨설팅 사(Nathan Associates)의 2016년 보고서에 따르면3 반도체 산업의 생태계는 단계적인 진화를 보여주고 있습니다. 초기 기업들은 통합 부품 제조업체로 설계, 제조, 패키징 및 테스트 등의 활동을 하나로 통합하여 수직 계열화의 이점을 얻었습니다. 1980년대에는 팹리스 설계업체와 파운드리(위탁 생산) 서비스업체가 등장했습니다. 팹리스 설계업체는 설계와 제품 혁신에 전념하여 공장 건설, 확장, 유지 등에 들이는 투자를 대폭 줄일 수 있었습니다. 위탁 생산 서비스업체는 다수의 팹리스 설계업체에 높은 생산 능률과 효율을 제공함으로써 이득을 얻었습니다. 이렇게 두 부류의 업체들은 전문 분업을 통해 효율을 극대화하고 상호 보완적인 우위 혜택을 얻으며 협력하였습니다.

1990년대에는 지적 재산권(Intellectual Property, IP) 제공자가 등장했습니다. 이러한 기업들은 반도체 설계 이전의 회로 모듈을 개발합니다. 그리고 이 회로 모듈을 설계 회사들이 더 큰 칩 디자인에 통합할 수 있도록 제공합니다. |도표 1-6| 참조

거대한 반도체 생태계는 복잡한 공급망을 엮어 복잡한 공급 네트워크를 형성합니다. 이 보고서는 미국의 한 반도체 회사가 전 세계에 약 16,000개의 공급업체를 두었다고 언급합니다. 이 중 약 7,300개는 미국의 46개 주에 분포되어 있고, 약 8,500개는 미국 이외의 지역에 흩어져 있습니다. 이러한 공급업체들 중 많은 수가 소규모 기업으로 다양한 산업에 분포된 상태며 공급망의 다양한 단계에서 역할을 수행합니다.

상대적으로 높은 집중도

세계 각지에서 비교 우위를 발휘하며 반도체 공급망의 다양한 환경에 참여하므로 공급망은 다른 특징을 가지는데, 그중 하나는 여러 환경에서 집중도가 상대적으로 높다는 점입니다. 2021년 보스턴 컨설팅

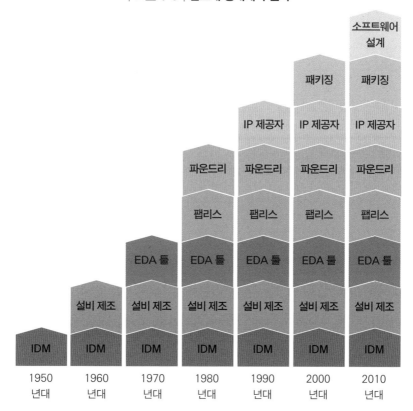

						소프트웨어 설계
					패키징	패키징
				IP 제공자	IP 제공자	IP 제공자
			파운드리	파운드리	파운드리	파운드리
			팹리스	팹리스	팹리스	팹리스
		EDA 툴	EDA 툴	EDA 툴	EDA 툴	EDA 툴
	설비 제조	설비 제조	설비 제조	설비 제조	설비 제조	설비 제조
IDM	IDM	IDM	IDM	IDM	IDM	IDM
1950 년대	1960 년대	1970 년대	1980 년대	1990 년대	2000 년대	2010 년대

자료 출처: SIA& Nathan Associates Inc., "Beyond Boarders-The Global Semiconductor Value Chain.", 2016년 3월.

그룹(BCG)의 분석에 따르면 미국은 세계적인 대학교, 다양한 분야의 엔지니어 인재, 시장 주도형 혁신 생태계 등의 장점으로 인해 전문 분야인 전자 설계 자동화(Electronic Design Automation, EDA) 툴, 지적 재산(IP Core), 칩 디자인, 첨단 제조 장비 등의 연구개발 활동에서 선도적인 입지를 가지고 있습니다.

대만, 일본, 한국을 포함한 동아시아 지역은 웨이퍼 제조에 집중하고 있으며 대규모 자본 투자를 지원하는 정부 혜택, 우수한 기반 시설 및 숙련된 기술 인력 등의 장점으로 웨이퍼 제조의 중심지가 되었습니다.

중국은 조립, 패키징, 테스트 등의 기술 수준이 낮고 자본 집약도가 높아 제조 공정의 백엔드 기지가 되었습니다. 현재는 전체 밸류체인을 확장하고 프론트엔드 웨이퍼 제조에 대한 참여를 확대하는 데 많은 투자를 하고 있습니다. |도표 1-7| 참조

광범위한 시야에서 관찰하면 반도체 공급망은 다양한 환경이나 국가에서 각각의 단계에서 높은 집중도의 경향을 보입니다. 다양한 분야에서도 유사한 상황이 있다는 점을 더욱 자세히 살펴보면 여러 분야에서도 비슷한 문제가 발생할 수 있다는 점을 의미합니다.

장비 측면에서는 공정 순서에 따라 주요 장비 공급업체가 미국, 일본 및 유럽에 집중되어 있지만 각 나라는 공정 단계별로 각각의 강점을 가지고 있습니다.4 & |도표 1-8| 참조

첨단 반도체 공정에서 에칭과 포토레지스트 코팅 공정의 중요성이 높아지면서 일본 기업은 점유율에서 상대적으로 높은 우위를 가지고 있는 것으로 나타납니다.

- 웨이퍼 위에 포토레지스트(Photoresist)를 코팅하여 이미지를 형성하는 코팅 및 현상 장비는 도쿄 일렉트론(東京電子)이 약 90%의 점유율을 가지고 있습니다.
- 웨이퍼 표면을 세척하는 장비는 스크린 홀딩스(SCREEN Holding Co., Ltd.)와 도쿄 일렉트론이 65%의 점유율을 가지고 있습니다.

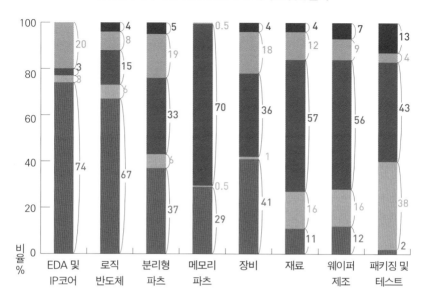

| 도표 1-7 | 반도체 공급망에서 지역별 점유율비

	미국	중국	아시아	유럽	기타
EDA 및 IP코어	74	3	3	20	—
로직 반도체	67	6	15	8	4
분리형 파츠	37	6	33	19	5
메모리 파츠	29	0.5	70	0.5	—
장비	41	1	36	18	4
재료	11	16	57	12	4
웨이퍼 제조	12	16	56	9	7
패키징 및 테스트	2	38	43	4	13

자료 출처: BCG, 'Strengthing the Semiconductor Global Supply Chain in an Uncertatin Era', 2021년 4월.

| 도표 1-8 | 반도체 주요 장비 공급업체

웨이퍼 제조 공정 / **장비 공급업체**

증착 과정(deposition process)
알박(ULVAC, 일본)
어플라이드 머티어리얼즈(Applied Materials, 미국)
콜린 연구개발(미국), 도쿄 일렉트론(일본)

포토레지스트 코팅
도쿄 일렉트론(일본)

포토마스크 제조 및 리소그래피 (노광)
ASML(네덜란드), 캐논(Canon,일본)
니콘(Nikon,일본), 레이져테크(Lasertec,일본)

에칭(식각)
콜린 연구개발(미국) / 도쿄 일렉트론(일본)

세척
스크린 홀딩스(SCREEN Holdings, 일본)

웨이퍼 검사
동경정밀(東京精密, 일본)

커팅
디스코(DISCO,일본)

패키징 및 테스트
어드반테스트(Advantest,일본)
테라다인(Teradyne, 미국)

완성

자료 출처: 「일본경제신문 중국어판(日經中文網)」, 2021년 3월 23일.

- 웨이퍼 표면에 산화막을 형성하는 리시 오븐 장비는 도쿄 일렉트론과 고쿠사이 일렉트릭(KOKUSAI ELECTRIC)이 80% 이상의 점유율을 가지고 있습니다.
- 웨이퍼를 커팅하는 백엔드 슬라이서(커팅 머신)는 디스코(DISCO)와 동경정밀(東京精密)이 약 85%의 점유율을 가지고 있습니다.

또한 재료 측면에서는 「일본경제신문 중국어판」의 연구에 따르면 다음과 같은 점유율을 보입니다.5

- 반도체 기판으로 사용되는 실리콘 웨이퍼에서는 신에츠 실리콘(Shin-Etsu Silicone)과 섬코(SUMCO)가 전 세계 시장의 50% 이상을 점유하고 있습니다.
- 전자 회로를 인쇄하는 포토레지스트는 일본 기업들이 90%의 시장 점유율을 차지하며 JSR, 신에츠 화학(Shin-Etsu Chemical), 도쿄오카공업(Tokyo Ohka Kogyo) 등이 선도적인 위치에 있습니다.
- 쇼와덴코(Showa Denko) 등은 반도체 표면 연마에 사용되는 CMP 슬러리(연마액)의 점유율이 40%를 넘습니다.
- 다나카 전자공업(TANAKA Electronics Co.,Ltd), 니폰 마이크로메탈(Nippon Micrometal) 등은 칩 외부의 연결선에서 50%의 점유율을 차지하고 있습니다.

무어의 법칙의 빠른 발전이 저해되고 칩 축소화가 도전에 직면할 때 백엔드 고급 패키징 기술은 반도체 성능을 향상시킬 수 있으며, 그

중요성이 점점 높아지고 있습니다. 일본은 이 분야에서 장비와 재료를 통해 우위를 확보하고 있습니다.

2021년 TSMC는 일본의 이바라키현 쓰쿠바시(茨城縣筑波市)에 백엔드 재료 센터를 건설하고 다수의 일본 기업과 협력을 모색하여 현지의

| 도표 1-9 | **2019년 웨이퍼 제조 용량 점유율**

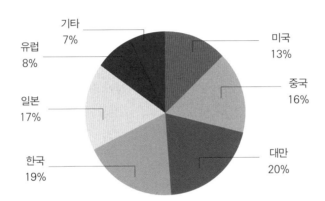

	미국	중국	대만	한국	일본	유럽	기타	합계
	■	■	■	■	■	■	■	
메모리	5	14	11	44	20	2	4	33
로직 반도체								41
10 나노미터 미만	–	–	92	8	–	–	–	2
10~22 나노미터	43	3	28	14	–	12	–	8
28~45 나노미터	6	19	47	6	5	4	13	9
45 나노미터 이상	9	23	31	10	13	6	7	22
DAO	19	17	3	5	27	22	7	26

자료 출처: 보스턴 컨설팅 그룹, "Strengthing the Semiconductor Global Supply Chain in an UncertatinEra.", 2021년 4월.

우위 조건을 활용하고자 하였습니다. 한편 극자외선(EUV) 기술을 사용하는 노광 공정 장비는 현재 네덜란드의 ASML사가 독점적으로 공급하고 있습니다.

장비와 재료뿐 아니라 제조 공정 기술도 고도로 집중되고 있습니다. 로직 반도체 제조 공정 기술은 10나노미터 이하의 선도적인 첨단 공정에 대해 대만의 TSMC가 선두를 달리는 중입니다. 이는 스마트폰 및 고속 연산에 적용되고 있습니다. 미국은 10~22나노미터 범위에 집중되어 있으며, 중국은 28~45나노미터 및 45나노미터 이상으로 분산되어 있습니다. 한국은 특히 D램(DRAM) 분야에서 우위를 차지하고 있으며 유럽과 일본은 DAO(Device Applications of Other) 부품(이산 소자, 아날로그 소자, 기타 소자)에 대해 상대적으로 높은 점유율을 갖고 있으며 해당 부품은 주로 산업 및 자동차 분야에 적용됩니다.[6] & |도표 1-9| 참조

제조업체의 공정 기술 측면에서 공장 건설 또는 확장 비용이 공정 기술의 발전과 함께 급증하므로 점차적으로 일부 웨이퍼 제조업체가 첨단 공정을 따라가지 않거나 팹리스 디자인업체로 전환하고 있습니다. 따라서 첨단 공정 업체의 수는 점점 줄어들며 첨단 공정에서의 웨이퍼 제조 집중도가 높아지는 상황입니다. 2020년에는 10나노미터 이하 공정에선 TSMC와 삼성전자만 남아 있었습니다.[7] & |도표 1-10| 참조

세계화의 양면성

1961년 미국의 페어차일드(Fairchild Semiconductor)는 경쟁력을 향상시키기 위해 반도체 패키징 및 테스트를 홍콩으로 이전하는 조치를 취

| 도표 1-10 | 2001-2020년 첨단 노드 공장의 수량

연도	나노미터	첨단 노드 공장 수	
2001	130	18	
2003	90	17	
2005	65	14	
2007	45	12	
2009	32	9	
2012	22	6	
2015	14	4	
2017	10	3	TSMC, 삼성, 인텔
2020	7	2	TSMC, 삼성

자료 출처: 주석7과 동일

했습니다. 이는 생산 비용을 낮추고 해외 반도체 산업의 분업을 시작하는 시대를 열었습니다.

이 조치는 신흥 개발 도상국의 참여를 통해 경제 성장을 도모하고 글로벌 경제 번영에 기여했습니다. 전문 분업은 산업 자체와 시장 간의 유익한 혁신 순환을 구축하여 반도체 산업이 장기적인 성장세를 유지할 수 있도록 했습니다.

그러나 반도체 산업의 생태계와 공급망이 여러 단계에서 높은 집중도를 보이면서 공급망 단절의 잠재적 위험이 증가하고 있습니다. 특정 공정에서 천재지변, 전쟁, 질병, 무역 갈등 등 사고로 인해 심각한 충돌이 발생하면 즉시 외부로의 파급 효과(spill-over effect)가 발생하여 산업 내 업스트림과 다운스트림에 영향을 미치며 시스템적 위기를 형성합니다.

예를 들어 2019년, 7월 일본 정부는 한국에 대한 보복 조치로 폴리이미드, 포토레지스트, 불화수소 등 OLED 패널과 반도체 생산에 사용되는 세 가지 핵심 전자 소재를 한국으로 선적할 때마다 약 90일 동안 정부 심사를 받아야 하는 새로운 수출 규제 조치를 채택했습니다. 8월 말에는 한국을 화이트리스트 국가에서 제외하기도 했습니다. 일본은 국가 안보에 우호적인 국가를 화이트리스트 국가로 지정하고 있는데, 이 국가의 기업들은 특별한 제한이 없는 한 자유롭게 제품을 수출할 수 있습니다.

한국을 화이트리스트 국가에서 제외한 후 일본 경제산업성은 언제든지 국가 안보를 이유로 수출 심사 대상 품목으로 지정할 수 있었습니다. 90일간의 수출 심사는 사실상 수출 규제로, 한국의 반도체 및 패널 산업에 공급망 차질을 발생시키는 위협이었습니다.

대만의 반도체 및 패널 업계는 재고 확대와 생산 비용 증가에 대비해 선제적 조치를 취하고 있습니다. 특히 포토레지스트의 경우 일본 기업의 시장 점유율이 90%에 달하고 한국의 일본 의존도는 80%에 달합니다. 따라서 공급망의 정상적인 운영을 유지하는 방법은 반도체 제조업체의 일반적인 과제가 되었습니다.

반도체 산업의 미래 발전 동향

반도체 산업의 발전은 지금까지 약 70년의 역사를 이어 왔습니다.

이 긴 시간 속에서 반도체 산업은 기술, 제품, 응용 분야, 산업 구조 등에서 상당한 혁신과 변화를 겪어 왔으며 지금까지 그 발전은 더욱 활발한 역동성과 추진력을 보여주었습니다.

첨단 패키징 기술의 중요성 증대

반도체 산업의 역사에서 고부가 가치 반도체 제조에 비해 백엔드 패키징 및 테스트는 노동 집약적이고 부가 가치가 낮은 것으로 간주됩니다. 미국 기업들은 백엔드 패키징 및 테스트 활동의 대부분을 해외, 특히 아시아로 이전했습니다.

그러나 무어의 법칙이 발전함에 따라 트랜지스터 선폭의 축소는 점차 물리적 한계에 가까워지고 있으며, 2010년 이후에는 트랜지스터의 선폭이 원자 크기에 가까워져 더 이상 트랜지스터를 축소하기가 어려워졌습니다. 핀펫(FinFET), GAA(Gate All Around) 발명과 같은 트랜지스터 구조의 혁신과 더불어 업계는 웨이퍼 성능 향상에 패키징의 중요성을 인식하고 첨단 패키징 기술 개발 및 생산에 집중하기 시작했습니다.

그중 가장 중요한 방법은 여러 개의 반도체 웨이퍼를 3D로 수직으로 쌓거나 수평으로 연결하여 선폭 축소와 동일한 효과를 얻고, 웨이퍼의 성능을 향상시키는 방법입니다. 그러면 칩이 선폭 축소와 동일한 효과를 얻을 수 있으며 처리 성능과 전력 효율을 향상시킬 수 있습니다. 첨단 패키징 기술에는 칩렛(chiplet), 웨이퍼 레벨 패키징(wafer-level packaging) 등이 포함됩니다. 하지만 웨이퍼를 3D 방향으로 적층하기 위해서는 열과 전류 문제를 해결해야 하며 비용도 높습니다. 이 분야를 적극적으로 추진하고 있는 기업으로는 팹리스 설계업체, 웨이퍼 제조 업체, 전통적인 전문 패키징업체, 장비 및 재료 제조업체가 포함됩니다.

웨이퍼 제조에서 첨단 패키징의 중요성이 커지면서 TSMC는 자체 3D 패브릭 플랫폼을 혁신하는 것 외에도 이종(異種) 집적(Heterogeneous Integration, HI) 및 시스템 통합, 시스템 축소로 발전했습니다. 또한 2021년 3월 일본 쓰쿠바산업기술연구소에 3DIC 연구 센터를 설립해 일본의 강점인 장비, 소재, 연구 인력을 활용하여 현지 기업, 연구소, 대학교와 협력해 3DIC 및 패키징 기술 및 소재를 개발하고 있습니다.

칩 자체 설계를 위한 테크기업들의 투자

점점 더 많은 테크기업이 자사 제품에 사용되는 반도체 칩을 직접 설계하고 있습니다. 애플, 오포(OPPO), 테슬라가 자체 칩을 설계하고 있을 뿐만 아니라 구글, 메타, 아마존, 마이크로소프트와 같은 클라우드 기술 회사들도 데이터 센터용 칩을 개발하는 중입니다. 칩 설계를 내재화하면 타사 설계에 의존하는 불확실성을 피하고, 맞춤형 소프트웨어와 하드웨어를 통해 경쟁사보다 우위를 점할 수도 있습니다.

예를 들어, 구글은 2016년에 자체 브랜드 픽셀(Pixel) 스마트폰을 출시하면서 과거에는 퀄컴(Qualcomm)이 설계한 칩에 의존해 왔지만, 2021년에는 표준 칩보다 높은 성능과 효율성을 제공하는 자체 AI 모델에 최적화된 독점 AI 칩을 개발했습니다. 구글은 2023년까지 크롬북과 태블릿 전용 CPU를 개발할 계획이며, 애플은 2020년에 아이맥

(iMac)과 맥북(MacBook) 노트북에 탑재된 인텔의 칩을 자체 설계한 CPU로 교체할 것이라고 발표했습니다. 더 많은 테크기업이 자체 칩을 설계함에 따라 TSMC와 삼성은 칩을 제조할 수 있는 더 많은 기회를 얻게 될 것입니다. 자체 칩 설계 추세는 앞으로 TSMC나 삼성전자 같은 파운드리업체뿐만 아니라 AMD, 필립, 퀄컴과 같은 팹리스 설계업체에도 큰 영향을 미칠 것으로 예상됩니다.

화합물 반도체 개발을 주도하는 신생 애플리케이션

모든 재료에는 장단점이 있습니다. 지난 수십 년간 반도체 산업의 발전은 실리콘이 주도해 왔습니다. 하지만 새로운 애플리케이션의 등장과 성장으로 차세대 화합물 반도체의 개발이 활발히 진행되고 있습니다. 화합물 반도체는 와이드 밴드갭(WBG) 반도체 또는 3세대 반도체라고도 부릅니다. 와이드 밴드갭 반도체라고 불리는 주된 이유는 기존 반도체 재료와 절연체의 중간 정도의 전기적 특성을 가지고 있기 때문입니다. 1세대는 1947년 이후의 실리콘과 게르마늄(마이크로일렉트로닉스에 사용)을, 2세대는 1960년 이후의 갈륨비소(통신에 사용)를 말합니다.

1세대는 1947년 이후의 실리콘과 게르마늄(마이크로일렉트로닉스에 사용), 1960년 이후의 갈륨비소(통신에 사용)와 형광체(조명에 사용)를, 3세대는 2020년 이후 고주파 통신 부품용 질화갈륨(GaN)과 고전압 전력에 사용하는 탄화 규소입니다.

탄화 규소는 일반적인 실리콘 소재와 비교하여 보다 와이드 밴드갭을 가지므로 더 높은 온도에서 안정적으로 작동할 수 있으며, 높은 열

전도율로 열전달 능력을 향상시킬 수 있고, 높은 관통 전기장을 가지며, 고전압에 대해 내구성을 가지며, 낮은 전도 저항과 고주파 특성을 가지기 때문에 전기차, 충전기, 풍력 발전, 태양광 등의 친환경 장비에 적용할 수 있습니다. 하지만 탄화 규소는 제조 과정이 어렵고, 성장 속도가 느리며 비용이 높다는 게 문제입니다.

2018년 테슬라의 Model 3 전기차는 ST마이크로일렉트로닉스의 탄화 규소 인버터를 채택했으며, 2020년 비와이디(BYD)의 신에너지 차는 탄화 규소 소자를 사용하는 모터 컨트롤러를 도입했습니다. 관련 보도에 따르면 전기 차에서 탄화 규소 인버터를 사용하면 전력 소비량을 5~8% 줄일 수 있으며 열 생성을 억제하여 주행 거리를 연장하고 배터리의 부피와 무게를 감소시키는 장점이 있습니다.

반면 질화갈륨은 물리적 특성의 제약으로 인해 큰 사이즈 및 두꺼운 기판을 대량 생산하기는 어려우며 다른 에너지 갭을 가진 재료를, 예를 들면 질화갈륨 실리콘(GaN on Si)이나 질화갈륨 반도체(GaN on SiC) 등을 시드로 사용해서 결정을 성장시켜야만 합니다. 전자의 경우 저전력 통신 소형 기지국 RF 소자, 소비재 제품의 고속 충전 장치 등에 적용됩니다. 후자인 질화갈륨은 고주파, 고온, 고열방사 요구가 있는 제품에 적용됩니다. 다시 말해 레이더, 대형 기지국 무선통신 장치 등에 사용됩니다.

트랜드포스(TrendForce)의 추정에 따르면 2020년부터 2025년까지 탄화 규소 시장은 6.8억 달러에서 33.9억 달러로 성장이 예상됩니다. 질화 갈륨 전력 반도체는 0.48억 달러에서 8.5억 달러로 성장이 예상됩니다. 비록 현재 금액은 반도체 산업 전체 판매액에 비해 미미하지만 연간 성장률은 매우 높습니다. 미래를 전망해 보면 세계적으로 탄소 중립으로 가는 발걸음이 점점 빨라질 것이며, 화합물 반도체는 거대한 시장 잠재력을 가지고 있기 때문에 그 결과로 많은 대기업들이 산업 생태계의 각 단계에 적극적으로 진출하고 있습니다.

반도체 제조 국산화 및 산업 정책 재가동

코로나19는 공급망 혼란과 자동차용 칩 부족 현상을 일으켰습니다. 그로 인해 자동차 생산이 중단되어 경제적으로 큰 손실이 발생하였습니다. 일부 선진국에서는 자국 내 반도체 산업을 지원하고 공급망의 탄력성을 보장하기 위해 다시 한번 산업 정책에 관심을 기울이고 있습니다.

여러 해 동안 산업 정책은 국제적으로 금기로 여겨졌습니다. 이는 '산업 정책'이라는 용어로 정부가 특정 산업에 대해 보조금 지원, 보호 등의 정책 조치를 취하는 것을 의미합니다. 이런 정책은 국제적으로 공정하지 않은 경쟁을 야기하고 과잉 생산, 가격 붕괴 등의 심각한 결과를 초래하기 때문에 세계무역기구 규칙에 따르면 정부 주도하의 산업 정책은 모두 제거되어야 할 사항입니다.

중국은 자국 내 반도체 산업을 발전시키기 위해 오랫동안 대규모 보조금과 세제 혜택 등의 조치를 취해 왔습니다. 또한 미국 싱크탱크와 백악관의 '공급망 100일 평가 보고서'에서도 현재 글로벌 반도체 제조가 아시아에 집중되는 현상은 각국 정부가 제공하는 보조금 혜택에 기인한다고 말합니다. 따라서 반도체 제조에 대한 현지 투자를 촉진하기 위해 정부 보조금과 세제 혜택을 직접 사용하기 시작한 국가가 점점 늘어나고 있습니다. 미국, 유럽연합, 일본, 인도 등이 정부 보조금과 세제 혜택을 줍니다. 예를 들어 2022년 미국에서 시행한 '칩법'은 공장 설립에 대한 보조금과 세금 감면 등 산업 정책의 대표적 조치입니다.

미·중 대결에 따른 중국 기술 제재의 일상화

세계화에 힘입어 반도체 산업은 생산, 제조, 장비, 재료 및 연구개발 활동이 여러 국가에 흩어져 있어 글로벌 공급망에서 가장 섬세한 산업이 되었습니다. 이 산업은 산업 체인의 여러 부문, 시장 부문 및 제품 부문에 고도로 집중되어 있습니다. 이러한 산업 활동 운영의 높은 효율성으로 산업 혁신에 선순환으로 작용해 반도체 기술의 개발이 가속화되었습니다.

그러나 최근 미국이 시작한 미·중 대립은 무역 전쟁에서 기술 전쟁으로, 다시 기술 전쟁에서 반도체 전쟁으로 진화하고 있습니다. 여기에는 수출 통제나 미국 기업이 중국에 투자하는 상황에 엄격히 시행하는 조사와 인수 합병 등이 포함됩니다. 이는 서구 국가의 기술이 중국으로 이전되는 것을 방지하고 중국의 반도체 산업 발전을 억제하는 것을 목표로 합니다. 중국은 세계에서 가장 크고 빠르게 성장하는 반도체 시장입니다. 자급률은 약 20%에 불과하고 수입액은 장비와 재료를 제외하고도 3,500억 달러 이상에 달합니다. 또한 한국의 삼성전자와 SK하이닉스 등 외국 기업들도 중국에 중요한 제조 기지를 갖고 있습니다. 미국의 칩법 같은 제한 조치는 글로벌 반도체 산업 운영에 중대한 영향을 미칠 것입니다.

미·중 대립은 앞으로 장기적인 추세가 될 것이라고 생각합니다. 미국은 또한 중국을 막고, 중국을 기술로부터 분리하기 위해 칩4 동맹(한국, 미국, 일본, 대만)을 만드는 등 여러 나라와 손을 잡으려고 노력합니다. 이러한 모든 조치는 글로벌 반도체 산업의 운영 방식과 기업의 비즈니스 전략에 중대한 변화를 가져올 것입니다.

　반도체 산업은 미국에서 시작되어 70년 넘게 발전해 왔습니다. 일상생활의 모든 영역에 스며들어 석유 에너지에 버금가는 글로벌 산업으로 성장하여 전 세계 경제에 미치는 영향력을 가져왔습니다.

　지난 70년 동안 반도체 산업의 발전은 기본적으로 세 가지 주요 축을 따랐습니다. 첫째, 기술은 무어의 법칙을 따랐습니다. 둘째, 제품은 다양화되었습니다. 셋째, 응용 분야는 지속적으로 확장되었습니다. 이 세 가지 주요 축의 안내에 따라 반도체 산업은 끊임없이 혁신하고 변화해 왔습니다.

　기술이 지속적으로 발전하는 반도체 산업의 특수한 특징은 산업의 자본 및 기술 집약도를 높이고 산업을 파생시키는 데 기여했습니다.

　이로 인해 산업의 자본과 기술 집약도가 증가하여 여러 새로운 산업이 등장하게 되었습니다.

1. 팹리스 디자인업체의 등장(개발 모델의 변화)
2. 업무 분장의 세분화와 각 분야의 기업 집중도의 증가(산업 구조의 변화)
3. 진입 장벽의 증가, 강자가 더욱 강해지는 상황

　세계화라는 거시적 관점에서 볼 때 반도체 산업은 국경을 넘어 가장 광범위한 연관 산업체인을 가진 산업이자 세계에서 가장 많은 국가가 지원하는 산업이라고 할 수 있습니다. 전 세계의 공동 노력으로 반도체 산업은 계속 성장할 것입니다. 이러한 반도체 산업의 특성상 어떤 국가도 자급자족을 추구할 수 없습니다. 어떤 국가도 산업 사슬의 모든 중요한 연결 고리를 마스터할 수 없으며 어떤 국가의 제품도 시장을 만족시킬 수 없습니다.

　보스턴 컨설팅 그룹[8]의 연구에 따르면 2019년 기준으로, 주요 지역에서 지역 반도체 소비자 수요를 충족하기 위해 현지화된 공급망을 구축하려면 실현 가능 여부와 관계없이 연간 9,000억~1조 2,000억 달러의 추가 투자와 450억 ~1,250억 달러의 운영 비용이 필요합니다. 결과적으로 반도체 제품 가격은 35~65% 상승할 것입니다. 다시 말해 반도체 수요와 공급은 즉, 반도체 자급자족의 꿈은 비현실적이라는 의미입니다.

세계화된 반도체 산업을 마주하는 것은 바다를 마주하는 것과 같습니다. 반도체 산업을 구축하거나 활성화하고자 하는 국가는 자국의 기존 여건을 바탕으로 산업 발전을 위한 명확한 전략을 세워야 합니다. 글로벌 프레임워크에서 산업을 포지셔닝하고, 산업이 나아갈 방향을 제시하며, 적절한 역할을 수행해야 합니다.

서로 다른 분야에서
경쟁하고 있는
선진국들

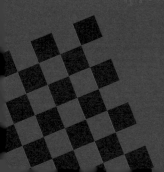

일본과 유럽연합은 아시아의 신흥 국가들과 비교했을 때 반도체 산업 발전에서 선두주자로 꼽힙니다. 일본은 과거에 반도체 제조 왕국을 구축하여 D램 메모리 분야에서 세계를 지배했습니다. 하지만 황금기가 지난 후 장비와 재료 중심으로 산업이 재편되어 전 세계 공급 기반을 구축하고 반도체 산업에서 필수적인 역할을 담당하는 중입니다.

일본무역진흥기구가 발표한 2022년 세계 무역 및 투자 보고서에 따르면 2021년 일본은 집적 회로 수출이 339.3억 달러로 전 세계의 3.3%를 차지했지만 반도체 제조 장비 수출은 304.9억 달러로 전 세계의 24.7%를 차지했습니다. 반면 유럽연합은 자동차 및 산업 등 다운스트림 수요를 지원하는 역할을 고수하며 아시아와는 다른 시장 영역에서 활동하고 있습니다. 주력 분야는 다르지만 일본과 유럽연합은 반도체 관련 연구 분야에서 많은 경험과 기반을 축적하여 산업 기술 면에서 선도적인 위치에 섰다는 공통점이 있습니다.

ⓘ 일본의 반도체 산업

일본은 다른 국가에 비해 반도체 산업을 상당히 초기에 개발하였으며 강력한 산업 기반을 구축했었습니다. 하지만 미·일 반도체 무역 전쟁이라는 사건은 일본의 반도체 산업 개발 궤적을 바꾸었고, 일본의 반도체 제조는 급격한 쇠퇴를 겪게 되었습니다.

세계 반도체 무역 전쟁은 초기에 미국과 일본 사이에서 발생했습니다. 이 무역 전쟁은 일본의 반도체 산업을 뒤바꾸고 동시에 전 세계 반도체 산업의 판도를 변경하여 다른 국가들이 반도체 산업을 개발할 때 교훈으로 삼는 중요한 사례가 되었습니다.

그러나 미·일 반도체 무역 전쟁은 독립된 사건이 아닙니다. 역사적인 맥락에서 반도체 무역 전쟁은 미·일 장기 무역 전쟁의 필연적 결과로 볼 수 있습니다. 미·일 반도체 무역 전쟁을 이해하기 위해서는 미·일 무역 간의 오랜 원한과 갈등을 되짚어 봐야 합니다.

미·일 무역 전쟁의 전말

미국의 일본에 대한 무역 제재 조치는 매우 이른 시기에 시작되었습니다. 두 나라의 무역 갈등은 30년 이상에 걸쳐 지속되었으며 일본은 미국의 무역 제재 때문에 피해를 입었습니다.

뒤얽힌 미·일 무역 전쟁

1950년대에 일본은 제2차 세계대전 후 폐허에서 빠르게 회복했습니다. 일본의 산업 기반은 경공업에서 중공업, 섬유, 철강, 음향기기, 컬러 텔레비전, 자동차, 반도체, 통신 등 전통 산업에서 기술 산업에 이르기까지 연이어 성장했습니다. 이러한 산업의 성장은 세계 시장, 특히 미국에서는 가을 바람이 낙엽을 쓸어버리듯 주요 산업을 연달아 제패했습니다. 중서부, 동북부, 서해안의 실리콘밸리에 이르기까지 일본의 그늘 아래에 놓였습니다.

1979년 하버드대학교의 교수 에즈라 보겔(Ezra Vogel)은 충격적인 저서 《1등 일본: 미국을 위한 교훈(Japan as Number One: Lessons for America)》을 출간했습니다. 제목에서 알 수 있듯이 보겔은 일본이 세계 강대국으로 변모한 것을 강조하는 목적이 아니라 전후 실패에서 성공으로 전환한 일본을 미국 정부에 이해시키고자 이 책을 집필했습니다. 하지만 미국 정부는 이야기의 전반부, 즉 일본이 강대국이 된 후 가해진 위협만 보았습니다. 일본에게 여러 산업에서 패배한 원인을 검토하고 일본의 성공에서 배우지 않은 채 잇달아 무역 제재를 부과했습니다.

미국과 일본의 무역 전쟁은 1950년대 후반 섬유에서 시작되었습니다. 섬유 이후로도 일본의 여러 산업이 미국의 무역 제재를 받았습니다. 일본 제품의 수출이 급격히 증가하여 미국 산업의 생존을 위협하고 노동자의 실직이 발생한다는 패턴은 거의 모든 산업에서 나타났습니다. 그 결과, 미국 이익 단체의 항의와 의회의 시위가 촉발되었습니다. 국내 시장 보호를 위한 제안이 이어졌고, 결국 행정부가 제재를 채택했습니다. 주로 섬유, 컬러 TV, 철강, 자동차, 반도체, 통신 등에서 제재가 가해졌으며, 그중에서도 통신 산업은 다른 산업과 달리 미국이 일본의 무역 장벽을 제거하고 일본 내수 시장까지 개방하려는 시도에서 이뤄졌습니다.

일본의 수치스러운 '자발적 수출 제한'

초기 대일(對日) 제재는 주로 일본이 대미(對美) 수출량을 자발적으로 제한하는 자율수출규제(VER)에 기반했습니다. 예를 들어, 1957년에 체결된 미·일 섬유 협정은 일본의 연간 대미 면직물 수출을 5년 동안 2억 5,500만 제곱미터로 제한했습니다. 미·일 컬러 TV 협정은 1977년 7월부터 3년간 일본의 대미 컬러 TV 수출을 완제품 156만 대, 반제품 19만 대로 제한하는 내용이었습니다. 이때 일본의 입장에서 가장 수치스러운 점 중 하나는 자국의 이익을 해치는 수출 규제를 채택하는 것이 명백히 '강제'되었음에도 불구하고, 이를 '자발적'이라고 말해야 했다는 점입니다.

1980년대 초, 일본 반도체 산업의 급부상은 미국 산업에 심각한 영향을 미치고 있었습니다. 반도체 산업은 양국 간 무역 마찰 목록에 추가되었고, 미국은 처음으로 반도체 산업에 대한 분쟁을 국가 안보 문제로 삼았습니다. 1986년 일본은 자발적 수출 제한과 시장 개방을 주요 내용으로 하는 미·일 반도체 협정에 강제로 서명했습니다. 산업별로 미국과 일본 간의 무역 마찰에서 미국이 취한 주요 조치는 다음과 같습니다.

- 일본의 수출량 자체 제한
- 일본의 수출 제품에 공정한 가격 설정
- 일본 제품에 대한 처벌적 관세 부과
- 일본 시장 개방
- 미국 기업의 일본 시장 점유율 보장
- 일본 기업의 미국 투자 강화
- 미국 기업의 일본 기업에 대한 인수합병 개입

301 조항

미국은 개별 산업에서 전개하던 전쟁 이외에도 두 나라 간 구조적 무역 장벽 문제에 주목하고 있었습니다. 이는 국내 단일 법률인 미국 종합무역법(Omnibus Trade and Competitive Act of 1988)의 슈퍼 301조(Super 301)에 근거합니다.

1974년에 제정된 미국 통상법의 제301조는 미국 기업이 해외에서 불공정하거나 부당한 대우를 받았을 때 대통령에게 해당 국가와의 협상을 위해 행정 조치를 취할 수 있는 권한을 부여합니다. 협상이 실패할 경우 무역 제재를 시행할 수 있습니다.

그러나 미국의 무역 적자가 계속되면서 국내 보호주의가 점차 두드러졌습니다. 1988년 미국은 '종합 무역 법안'을 통과시켜 301조에 '스페셜 301조항(Special 301)'과 '슈퍼 301조항'을 추가했습니다. 전자는 지적 재산권에 대한 불공정한 대우를 대상으로 하며 후자는 특정 국가의 불공정한 무역 장벽에 대응합니다. 조사 대상 국가는 미국과 협상을 진행할 수 있으며 협상이 합의에 이르지 못할 경우 미국 정부는 추가적인 보복 조치를 취할 수 있습니다. 이러한 조치에는 수입 관세 인상 등이 포함됩니다.

일본은 수출 촉진, 국내 산업 보호 및 수입 제한 정책을 채택해 왔기 때문에 1989년 미국은 일본에 슈퍼 301조를 발동시켰습니다. 이로 인해 일본은 '구조적 무역 장애 협정'에 서명하여 일부 시장을 개방했습니다. 1993년 미국은 다시 일본에게 시장 개방 확대를 요구했지만 일본은 수용하지 않았습니다. 이에 미국은 다시 슈퍼 301조를 위협으로 내세워 압박했습니다. 결국 일본은 1994년 5월, 미국과 합의를 이루어 수입 제품 및 외국 기업에 대한 차별적 대우를 개선하고, 시장을 더욱 개방하며, 외국 기업이 일본 시장에 진입하는 것을 방해하는 '대상점포법'을 개정하기로 했습니다.

미·일 무역 분쟁의 모델

일본 노무라종합연구소는 1980년 발간한 '재계관측 특집 보고서(財界觀測)'에서 미·일 경제 마찰의 결과를 다음과 같이 추정했습니다.[1]

1. 미국의 신기술과 신제품 개발

2. 미국의 대일 수출

3. 일본은 미국으로부터 수입 제한 및 직접 투자 제한 등의 조치를 채택

4. 일본은 기술을 따라잡기 위해 노력하며 기술을 확보

5. 일본은 제품을 개선하고 생산 기술을 혁신

6. 미국과 일본 간의 생산력 격차

7. 일본은 미국으로 수출

8. 미국과 일본 사이 생산력 격차 확대

9. 미국에서 일본 제품 점유율이 급속히 상승

10. 특정 분야에서 미·일 무역의 불균형이 확대

11. 실업, 국가 안보, 선거 등의 문제로 미국에서 정치적 어려움이 발생하면 정치적 용인 한계 초과

12. 일본이 자발적인 수출 제한을 채택

13. 아래 세 가지 상황 발생

■ 경쟁 조건의 급격한 변화, 일본의 경쟁력 상실, 대미 수출 감소, 자율수출규제는 더 이상 필요하지 않습니다.

  ex) 섬유산업이 해당됩니다.

■ 일본 기업은 첨단 시장을 유지하고 대미 수출을 줄이기 위해 미국에 직접 투자했습니다. 이익은 낮지만 단기 시장을 유지하고 장기적인 이익을 확대하기 위해 여전히 필요합니다.

  ex) 컬러 TV, 오픈카, 반도체 제조 등이 해당됩니다.

■ 생산 요소의 특성상 직접 투자가 불가능하므로 생산력을 향상시키는 기술 개발을 통해 자발적 수출 제한 원칙에 따라 미국에 기술 지원을 제공합니다. 자체적으로 70% 생산 능력을 유지하며 이익을 창출할 수 있습니다.

  ex) 철강 산업이 해당됩니다.

1960년대 - 일본 반도체 산업의 성장

제2차 세계대전 이후 미국은 일본의 복구를 적극적으로 지원했으며 1950년대부터 일본은 미국의 지원을 받아 기술을 대규모로 일본에 이전시켰습니다. 1960년대에도 일본은 미국의 지원 대상이었고 미국으로부터 기술을 얻는 데 큰 어려움이 없었습니다.

기술 도입의 시작

1953년 소니의 전신 도쿄통신공업주식회사(東京通信工業株式会社)에서
미국의 웨스팅하우스 전기 회사(Westinghouse Electric)로부터 트랜지스터
기술을 도입했지만 소니는 웨스팅하우스의 제안을 따르지 않고 자체
적으로 1955년에 세계 최초의 트랜지스터 라디오를 개발하였습니다.
이후 다른 일본 기업들도 개발을 시작하였으며 제품 혁신을 통해 미
국 시장을 개척하였습니다. 1959년 일본은 미국으로 라디오를 4백만
대 수출하여 약 57백만 달러의 수익을 올렸으며, 1965년에는 6배로
늘어난 2,421만 대를 수출하였으며, TV와 전자계산기 등도 제품 혁신
과 가격 경쟁력을 내세워 미국 시장에 진출하였습니다.

당시 미국은 이러한 상황을 신경 쓰지 않았습니다. 일본 기업들이
비용 우위를 활용하여 로엔드 저가 제품을 생산한다고 여겼으며, 미국
의 반도체 기업은 군사 수주를 충족시키는 데 중점을 두었습니다.
1960년대 미국의 반도체 수요는 전체 반도체 시장의 절반을 차지했
습니다. 1965년까지 미국 군사 관련 수주는 전체 반도체 시장의 28%
를 차지했으며 집적 회로의 경우 72%를 차지했습니다.[2]

이 기간 동안 일본 기업들은 대량 생산 기술 문제를 안고 있었습니
다. 1962년, 미국의 페어차일드가 평면 리소그래피 기술을 개발하여
최초의 트랜지스터 생산 테스트·패키징 공장을 설립했습니다. 니혼
전기주식회사는 즉시 이 핵심 기술을 페어차일드로부터 도입하여 트
랜지스터 생산 문제를 해결하고 생산량을 크게 증가시켰습니다.

미국이 전자 산업의 초점을 첨단 군사 용도에 둔 동안 일본의 전자

제품 산업이 기회를 붙잡은 것입니다. 하지만 미국에 비교하면 일본의 기술은 여전히 많이 뒤떨어져 있었으며 미국과 직접 경쟁하기는 어려웠습니다. 당시 일본 경제산업부의 통상산업성(Ministry of International Trade and Industry, MITI)이 신생 산업을 보호한다는 명목으로 관세 장벽과 무역 보호 정책을 채택했습니다. 이로 인해 반도체 산업이 성장하기 시작했습니다. 1968년 미국의 텍사스 인스트루먼트가 합작 모델로 일본 시장 진출을 승인받았지만 여전히 엄격한 기술 이전 제한을 준수해야 했습니다.

이 외에도 반도체는 PMOS, NMOS, CMOS 등의 다양한 공정이 있으며 각 공정의 제품은 각기 다른 특성을 가지고 있습니다. 미국의 업체들은 군사 용도에 중점을 두었기 때문에 PMOS와 NMOS 공정을 선호하였고, 일본의 엔지니어들은 CMOS가 소비 전력을 줄이고 미니어처라이제이션에 유리한 잠재력을 가졌다고 판단하였습니다. 따라서 CMOS 공정을 선택하였으며, 1980년대에 산업 표준이 CMOS로 전환될 때는 일본 기업들이 이미 이 분야에서 깊은 기술적 역량을 쌓아 놓았습니다.

1970년 9월 아이비엠은 System370/Model145 메인 컴퓨터를 출시했습니다. 이를 통해 반도체 메모리인 D램을 내부 주요 저장 장치로 채택하여 자기 코어 메모리를 대체하였습니다. 덕분에 D램은 거대한 시장을 보유하게 되었습니다. D램은 1968년에 아이비엠이 특허를 등록했지만 인텔이 1K D램 칩을 출시했습니다.

인텔은 1K D램 제품을 출시한 이후 약 3년마다 용량이 4배인 새로운 제품을 시장에 내놓으며 시장을 주도하였습니다. 무어의 법칙에 따르면 평균적으로 18개월마다 칩 용량은 2배씩 증가합니다. 1K D램 시대에는 인텔이 패권을 지키고 있었으며 4K와 16K 시대에는 각각 텍사스 인스트루먼트와 모스텍이 최대 공급업체였습니다.

새로운 기술 공동 개발 시기

인텔 다음으로 1971년에 니혼전기주식회사가 D램 칩을 출시하였지만 기술적으로는 미국 기업에 뒤처져 있었습니다. 당시 일본은 아이비엠이 4세대 미래 컴퓨터 개발을 위해 초고밀도 집적 회로(VLSI) 기술을 사용하고 있음을 알게 되었습니다. 반면 일본은 16K의 고밀도 집적 회로(LSI) 기술을 사용하고 있었습니다. 이를 인지한 통상산업성은 업계의 강점을 결합하여 기술 연구개발을 수행하기로 결심했고, 이는 일본 반도체 역사에서 중요한 전환점이었습니다.

1971년 이전 일본의 카시오(CASIO)와 같은 계산기 제조사들이 미국 시장을 대거 공략하여 시장을 거의 80% 가까이 점유해 미국의 시선을 끌었습니다. 1972년 미국은 핵심 집적 회로를 일본에 계속 공급하는 것을 거부하였고, 이로 인해 일본은 기술 개발에 어려움을 겪게 되었습니다. 일본 기업들이 대규모로 계산기 시장에서 철수하면서 시장 점유율은 50%로 급격히 떨어졌고, 1974년에는 더욱 떨어져 27%가 되었습니다.[3]

1976~1979년 정부의 주도하에 일본은 초고밀도 집적 회로 공동 기술 혁신 행동 프로젝트를 시작하였습니다. 통상산업성이 주도하고 히타치, 미쓰비시, 후지쯔, 도시바(TOSHIBA), 니혼전기주식회사 다섯 곳

이 핵심이 되어 통상산업성의 전기기술연구소(通産省的電氣技術實驗室)(EIL), 일본산업기술연구원 전자종합연구소(日本工業技術研究院電子綜合研究所) 및 컴퓨터종합연구소(計算機綜合研究所)와 함께 737억 엔을 공동 투자하여 초고밀도 집적 회로 기술 연구소를 설립하였습니다. 이들의 목표는 '미래 컴퓨터에 사용되는 고밀도 집적 회로를 만드는 것'이었습니다.

그러나 5개 기업들이 서로 경쟁자였기 때문에 초고밀도 집적 회로 기술 연구소가 설립될 때 경쟁자들이 서로 협력할 수 있을지에 대한 문제를 고려하였습니다. 따라서 개발 목표는 '기본적이고, 공통적인 기술'에 두었고 각 기업들의 공통점에서 연구 및 개발을 진행하였습니다. 그중 통상산업성에서 291억 엔을 지원했고 이는 투자액의 39.5%에 달했는데 이는 당시 통상산업성 지원 지출의 약 50%에 해당하였습니다. 또한 일본 개발은행도 반도체 기업들에게 저리 대출을 제공하였습니다. 반면 이 기간의 미국 이자율은 4~5%에 이르렀습니다. 1969년 이후 세법 개혁으로 인해 양도소득세가 25~49%로 인상되었고 실리콘밸리의 벤처 투자가 타격을 입었습니다. 이는 1978년에 세율이 28%로 인하될 때까지 이어졌고 벤처 투자가 다시 일어나기 시작하였습니다.[4]

초고밀도 집적 회로 프로젝트는 4년 동안 진행되었습니다. 1,210개의 특허와 347개의 상업적 비밀을 획득하면서 두드러진 성과를 냈습니다. 1970년대에는 일본이 중요한 공정 장비와 생산 원료를 미국에게 80% 이상 의존하고 있었지만 1980년대 초 일본은 반도체 제조 장비의 국산화를 70% 이상 달성했습니다. 이로 인해 일본은 미국을 추월하여 반도체 산업의 패권자가 되었고 현재까지도 일본이 세계 반도체 산업의 중심지가 되는데 결정적인 역할을 하는 중입니다.

D램 시장에서 일본 기업들은 1970년대부터 빠르게 성장하였고 1982년 D램 시장 점유율에서 미국을 초월하여 세계 1위가 되었습니다. 64K D램 시대의 최대 제조업체는 히타치였는데 1981년에는 히타치의 세계 시장 점유율이 40%, 후지쯔는 20%, 니혼전기주식회사는 9%였습니다. 하지만 256K시대가 되자 주도권이 니혼전기주식회사로 넘어갔고, 1M는 도시바가 주도하였습니다. 1986년에는 일본 기업들의 D램 시장 점유율이 최고점인 80%에 이르렀습니다.

반면 1974년에 D램 세계 시장 점유율이 83%에 이르렀던 인텔은 일본에게 시장을 빼앗긴 후 1985년에 드디어 D램 산업에서 철수하고 마이크로프로세서(microprocdssor) 개발에 집중했습니다. 또한 1970년대 후반에 D램 시장 점유율이 55%에 이르렀던 모스텍은 금융 문제를 겪고 나서 유나이티드 테크놀로지스(United Technologies Corporation, UTC)에 인수되었고 그 후에 STM에 매각되었습니다. 1978년에 모스텍의 몇몇 임직원들은 마이크론 테크놀로지(Micron Technology)로 이어지는 회사를 설립하였으며 2001년에는 텍사스 인스트루먼트의 메모리 부문을 인수하였습니다. 이렇게 일본은 D램 산업에서 미국을 이긴 후 반도체 산업의 패권자가 되었습니다.

1970년대 – 반도체 산업의 황금 시대로 진입하다

1973년까지 전 세계 반도체 산업은 미국의 전유물이었습니다. 하지만 1978년부터 일본이 생산하는 집적 회로가 빠르게 성장했습니다. 1979년 집적 회로 제조업체 Top 10에는 유럽 회사가 한 곳도 없었습니다. 반면 일본은 니혼전기주식회사, 히타치, 도시바 등 3개 회사가 있었습니다. 이후 일본은 1977년의 14.8%에서 1979년의 19.5%로 점유율을 높였습니다. 노무라종합연구소의 '재계관찰'에서 일본 전자기계공업협회(日本電子機械工業會)의 추정을 인용하면 1979년 미국, 일본, 유럽의 생산 비율은 70:23:8이었고, 소비 비율은 50:27:23이었습니다. 이는 미국 업체가 여전히 세계 집적 회로 산업을 주도하는 위치임을 보여줍니다.

반도체 강국, 일본

그러나 1979년 8월부터 일본의 집적 회로 거래는 적자에서 흑자로 전환되었고 그해 총 거래 수치는 흑자를 기록했습니다. 일반적인 분석 결과는 다음과 같습니다. 집적 회로 수요가 크게 증가하는 상황에서 일본 기업들은 기회를 이용하여 생산 능력을 대폭 확장했으나 미국은 이런 기회를 잡지 못하여 집적 회로 공급 부족 현상이 발생했고, 일본은 이를 계기로 미국에 수출을 대폭 확대하였습니다. 1980년대 초, 일본은 반도체 세계 1위 국가가 되었고 1986년에는 전 세계 D램 시장 점유율이 80%에 달했습니다.

그리고 일본 경제산업부가 영국의 시장 조사 회사인 옴디아(Omdia)의 데이터를 정리해 보니 반도체 칩 전체 시장에서 1988년 일본의 점유율은 53%, 미국은 37%, 유럽은 12%, 한국은 1%로 그 어떤 국가도 일본을 따라잡을 수 없었습니다. 노무라종합연구소에 따르면 1990년 반도체 Top 10 기업 중 일본이 여섯 곳을 차지하였고, Top 20 중에는 열 곳이었습니다. 일본의 반도체 산업은 원재료, 제조, 패키지 가공부터 최종 제품 제조까지를 포함하는 완전한 산업 체인이었으며 자국 내 생산 비율이 70%에 달하는 그야말로 전성기였습니다.

일본 반도체 산업이 빠르게 부상한 이유에는 다양한 외부, 내부, 산업 및 기업 특성 등 여러 요인이 작용했습니다. 초기 발전은 미국이 일본의 복구를 돕는 정책하에 기술 이전이 이루어지면서 진입 장벽을 극복하고 발전을 시작했습니다.

일본 정부는 무역 보호와 초고밀도 집적 회로 기술 돌파 등에서 중요한 역할을 하였고, 동시에 미국 제조업체는 군사 시장에 중점을 둔 채 상업 시장에서 '규모의 경제'를 무시함으로써 일본에 추월 기회를 제공했습니다. 또한 일본 기업의 경영 모델이 반도체 산업의 특성과 잘 어우러져 그들은 경쟁 우위를 최대한 활용했습니다.

종합 전기 제조업체가 중요한 역할을 차지했다

일본의 반도체 업체들은 종합 전기 제조업체로 구성되어 있으며 집적 회로 산업은 대규모 투자, 연구 및 제조를 필요로 합니다. 자금 수요는 막대하며 지속적으로 증가합니다. '재계관측 특집 보고서'는 미국 상무부(United States Department of Commerce)의 보고서를 인용하여 1954년에는 10만 달러면 반도체 생산에 투자할 수 있었지만 1973년에는 400만 달러가 필요했으며, 1980년에는 1973년보다 10배 이상의 비용이 필요하다고 언급합니다. 일본의 종합 전기 제조업체는 일반적인 미국의 집적 회로 중소 제조업체보다 유리한 위치에 있으면서 각 부문에서 벌어들인 영업 이익은 집적 회로 장비 및 연구에 투자해 자금을 조달합니다. 특히 시장 수요가 빠르게 증가할 때 일본 기업들은 생산 능력과 규모를 확장하는 기회를 잡아 시장 선점과 점유율 확보에 성공하는 경향을 보입니다.

또한 기술 개발 경쟁에서 종합 전기 제조업체는 가전, 산전, 통신 장비, 컴퓨터 등 다양한 분야의 기술을 개발할 수 있으며 각 부서의 기술 과제와 각 부서 제품이 필요로 하는 집적 회로가 무엇인지 정확하게 알고 있으므로 기술 개발에 유리합니다. 시장 측면에서도 종합 전기 기업은 거대한 기업 내부 시장을 보유하고 있어 새로운 세대의 집적 회로 개발에 필요한 초기 시장을 제공할 수 있습니다. 이를 통해 학습 곡선 효과를 이용해서 초기 비용을 줄이고 경쟁력을 획득합니다. 하지만 일본 기업들은 이에 만족하지 않고, 자국 내 군사 또는 정부 시장 지원이 없는 상황에서 수출에 집중했는데 이때 수출 비율은 80% 이상에 달했습니다.

각자의 분야에서 강점을 가진 일본과 미국

반도체 산업은 디자인과 제조라는 2개의 큰 영역으로 나뉩니다. 집적 회로의 기능은 로직 회로도가 나타내는 작업으로, 집적 회로의 밀도가 높고 복잡할수록 수행할 수 있는 기능이 더 커지며 디자인 작업이 더 중요해집니다. 설계자는 전자 회로 전문가일 뿐만 아니라 강력한 논리적 사고력과 창의적 상상력을 갖춰야 자신의 재능을 자유롭게 발휘할 수 있습니다. 미국의 자유롭고 개방적인 혁신을 장려하는 사회는 시스템 디자인 인재를 키울 만한 좋은 환경을 제공합니다.

마이크로 컴퓨터는 인텔이 발명하였고 집적 회로는 텍사스 인스트루먼츠와 페어차일드가 발명하였습니다. 1951년부터 1968년까지 반도체의 주요 신제품 13개 중 12개는 미국에서 발명되었습니다. 창조적인 신제품 개발 능력은 미국이 뛰어납니다. 시스템 디자인 엔지니어링 분야에서 미국은 일본을 앞서며 오늘날에도 미국은 집적 회로 설계에서 다른 나라보다 우위에 있습니다.

제조 과정에서는 집적 회로의 집적도가 높아질수록 공정이 복잡하고 길어지며 각 제조 공정에서의 수율이 낮아집니다. 전체 공정의 수율은 각 공정의 우량품 비율을 곱하여 누적된 결과로 계산됩니다. 집적 회로 수율은 집적 회로의 밀도가 증가하고 공정이 연장됨에 따라 점차 감소하며 칩의 밀도가 5배 증가하면 수율이 1/3 감소합니다.

따라서 집적 회로의 기능이 강해질수록 각 제조 공정과 작업 절차의 품질 관리는 더욱 중요해지며 이런 측면에서는 일본의 제조업이 미국보다 우위에 있습니다. 일본의 기업들은 현장에서 품질 관리(Quality Control, QC) 서클을 사용하여 팀 단위로 문제를 해결하고 양품 수율을 향상시키는데, 이런 품질 관리 서클은 불량품을 예방하는 품질 관리 시스템이 되어주며 양품 수율이 자연스럽게 높아집니다. 미국의 사후 검사에 중점을 두는 품질 관리와는 대조적입니다. 미국은 문화적으로 개인주의를 중요시하므로 일본식 품질 관리 서클을 적용하기 힘듭니다. 집적 회로 제품의 미국과 일본 간의 가격 차이는 두 나라의 제

장점	1. 종합 전기 제조업체는 장비 투자 자금과 기술 인력의 수에 우세함. 2. 종합 전기 제조업체는 재료를 포함한 종합 기술력을 충분히 발휘할 수 있음. 3. 종합 전기 제조업체는 대규모의 기업 내부 시장을 보유함. 4. 관리 시스템에서 엄격한 품질 관리 체계를 실행함으로써 품질이 우수하고 더 쉽게 일본 시장의 인정을 받을 수 있음. 5. 전통 문화, 예를 들어 모방에 능숙하고, 메모리 생산 기술에 능숙함.
단점	1. 전통 문화 때문에 창의적인 기술 개발 및 시스템 설계 능력이 상대적으로 부족함. 2. 유럽에 대한 투자가 뒤처짐. 3. 군사적 요구가 없기 때문에 초대형 시스템 개발 경험이 부족함. 4. 미국과 유럽에 투자할 때 문화적 차이로 인한 장애가 발생함.

자료 출처: 노무라종합연구소(재계관측 특집 보고서), 1980년 6월.

조 기술 차이를 보여줍니다.

또한 집적 회로 제조는 특별한 학습 곡선 효과를 가집니다. 제품의 생산 누적량이 2배씩 증가할 때마다(즉, 누적량이 원래의 2배가 될 때) 제조 비용이 20~30% 감소합니다. 새로운 제품을 더 일찍 개발하고 초기에 대량 생산 단계에 들어가면 더 낮은 가격으로 판매하며 경쟁에서 이길 수 있습니다. 일본 기업들은 종합 전기 제조업체로, 이 측면에서 우위를 차지하고 있습니다. | 도표 2-1 | 참조

1980년대 – 무역 전쟁이 가열된 시기

일본의 반도체 산업이 전 세계 시장을 계속 확대하고 미국 기업이 하나씩 시장에서 철수하면서 미국 내에서 일본과 미국의 반도체 산업

분쟁이 국가 안보 문제로 인식되기 시작했습니다.

폭풍 전야의 분위기

1978년에 미국 비즈니스 잡지인 〈포춘(FORTUNE)〉이 '실리콘밸리의 일본 스파이'라는 기사를 게재하고, 1981년에는 일본이 미국 반도체 산업에 경고음을 울린다는 기사를 두 차례 게재했습니다. 1983년에는 〈비즈니스위크 (Businessweek)〉가 11페이지에 걸친 '칩 전쟁: 일본의 위협'이라는 특집 기사를 실어 일본의 반도체 산업이 미국 사회의 주목을 받고 있음을 시사했습니다. 하지만 일본 제조업체들은 계속 생산 능력을 확대해 시장 공급을 과다하게 만들었고, D램 메모리 가격은 크게 떨어졌습니다. 1985년 6월 미국반도체산업협회는 미국의 무역 대표부(United States Trade Representative, USTR)에 일본의 반도체 제품이 덤핑 현상을 일으킨다는 주장을 제기했습니다. 마이크론(Micron)이 미국 상무부에 일본의 64K D램 덤핑 소송을 제기하면서 미·일 반도체 무역 전쟁이 시작되었습니다.

1986년 미국의 압박에 의해 일본은 미·일 반도체 협정을 체결했는데, 이에 따라 일본은 '자발적인 수출 제한'을 했고 반도체 시장을 개방하며 5년 내에 미국 기업이 일본 시장에서 20% 이상의 점유율을 차지하도록 허용해야 했습니다. 또한 일본은 미국과 함께 반도체 기술 개발을 진행해야 했습니다. 그럼에도 다음해에 미국은 일본이 협정을 위반했다며 일본의 반도체, TV, 개인용 컴퓨터 등의 제품에 대해 100%의 패널티 관세를 부과했습니다. 미국 정부는 후지쯔의 페어차

일드 인수를 막았고 마이크론, 내셔널 세미컨덕터(National Semiconductor),
어드밴스드 마이크로 디바이시스(Advanced Micro Devices, AMD) 등이 일본
기업을 불법 덤핑, 침해 등으로 고발하여 일본 기업들에게 거대한 배
상금을 부담시켰습니다.

상황을 잘 활용한 한국

1980년대 중반, 미국의 레이건(Ronald Reagan) 대통령 시기에는 재정
적 적자가 증가하고 무역 적자가 계속해서 확대되었습니다. 미국은 수
출 경쟁력을 향상시키고 재정적 적자를 개선하기 위해 달러 가치 하
락을 결정했습니다. 1985년 9월, 미국과 독일, 영국, 프랑스 및 일본
재무장관과 중앙은행 총재들은 뉴욕의 플라자 호텔(Plaza hotel)에서 회
의를 개최했습니다. 5개 국가는 달러의 가치를 10~20% 하락시키기
로 합의했습니다. 협력 기간은 6주였고, 이것이 그 유명한 '플라자 합
의(Plaza Accord)'입니다.

이 합의에 따라 일본 중앙은행은 1달러당 200엔으로 환율을 올리
는 것을 목표했지만 실제로 상황은 통제가 불가능해졌습니다. 1986년
9월에는 1달러가 1985년 9월의 250엔에서 187엔으로 크게 상승하
였고, 1987년 10월에는 1달러당 120엔으로 올랐습니다. 수출 경쟁력
이 크게 감소하는 상황을 마주하게 된 일본 기업들은 대거 해외로 이
동하기 시작했고 이는 산업 구조의 큰 변화를 가져왔습니다.

반면 플라자 합의 이후 일본 정부가 채택한 통화 및 재정 정책으로
인해 1986년부터 1989년까지 주가와 토지 가격이 3배 가까이 상승

하면서 일본은 거품 경제에 접어들었습니다.

거품이 꺼지면서 일본은 곧바로 10년, 20년, 30년의 스태그플레이션에 빠지게 되었고 기업들은 이전처럼 반도체나 액정 패널 등에 대규모 자금을 투자할 능력을 잃었습니다. 이는 자본 집약적인 과학 기술 산업이 해외로 이동하려는 압박이 커지며 산업 공허화 현상이 점점 심각해졌습니다.

일본의 반도체 산업이 미국 시장 진출에 어려움을 겪고 반도체 가격이 상승하고 일본 기업들이 대규모 투자를 할 능력을 잃은 상황은 한국 기업들에게 기회였습니다. 1992년 한국의 삼성전자는 D램 메모리 분야에서 시장 점유율이 이미 1위였고, 니혼전기주식회사와 도시바 등은 2001년에 D램 시장에서 물러섰습니다.

일본 경제산업부의 자료에 따르면 1988년에 일본의 세계 반도체 산업 점유율은 50.3%에 달했는데 이때 미국은 36.8%, 다른 아시아 국가들은 3.3%였습니다. 하지만 2019년에는 일본이 10%로 하락하고, 미국은 50.7%로 회복하며, 아시아는 25.2%로 확대되었습니다.[5]

2000년 – 점차 잠재적인 경쟁력을 회복하다

산업 재편 시기

1970년대 반도체 산업의 발전을 되돌아보면 한때 미국에서 일본으로 넘어갔으나 미·일 반도체 무역 전쟁과 플라자 합의 등의 위기를 겪은 후 1980년대 후반에는 일본의 반도체 산업이 점차적으로 한국으로 넘어가기 시작했습니다. 일본 정부는 몇 차례 산업 부흥을 시도했지만 시간과 환경적인 배경이 크게 달라졌고, 회복에 실패하여 특수 용도 반도체 생산 분야에서만 자리를 지키게 되었습니다.

예를 들어 1999년에는 통상산업성이 주도하여 일본 히타치와 니혼 전기주식회사 D램 사업부가 합병되어 엘피다(Elpida)가 설립되었고 이후에는 미쓰비시(MITSUBISHI)전기가 합류했습니다. 다른 반도체 기업들은 차례로 D램 사업에서 철수하고 더 높은 가치를 창출하는 시스템 집적 회로 등의 분야에 자원을 집중했습니다. 2008년 세계 경제 위기로 인해 수요가 급감하고 D램이 과잉되어 가격이 급락하면서 엘피다는 경영 위기에 빠졌습니다. 대만의 D램 산업도 같은 곤경에 처했을 때 정부는 산업을 재편하려는 시도를 했고 엘피다와 협력을 논의하였습니다. 엘피다는 강력한 의사를 보였지만 대만 산업 재편 작업이 입법원에서 좌절되어 협력이 무산되었습니다. 또한 일본 정부는 2009년에 엘피다에 자금을 투입하고 일본 정책 은행에서의 차입을 보증했지만 끝내 회복하지 못했습니다. 결국 엘피다는 2012년 2월에 파산을 선언하고 7월에 미국 마이크론에 인수되었습니다.

2003년에는 히타치와 미쓰비시전기가 합작해 르네사스(RENESAS)를 설립하였고 2010년에는 니혼전기주식회사가 합류하여 르네사스는 르네사스 일렉트로닉스(RENESAS ELECTRONICS)로 이름을 바꾸었습니다. 르네사스 일렉트로닉스는 2014년 세계에서 열네번째로 큰 반도체 회사로 명성을 떨쳤으며 주로 마이크로 컨트롤러를 생산하였습니다.

후지쯔는 2015년 이미지 센서, 배터리 MCU, 기타 제어 칩에 중점을 둔 연구개발 부문을 마쓰시타와 합병하였으나 2020년에는 대만의 누보톤(Nuvoton Technology Corporation)에 인수되었습니다.

또한 도시바는 반도체 부문에서 1980년대 초에 플래시 메모리를 개발했는데 2010년대 중반에 핵 에너지 사업과 함께 회사의 핵심 축으로 자리잡았습니다. 하지만 핵 에너지 사업 파트너사인 웨스팅하우스(Westinghouse Electric Company)의 손실로 어려움을 겪었다가 2018년 6월에는 컴퓨터 메모리 사업을 베인 캐피탈(Bain Capital)이 주도하는 미국, 일본, 한국 연합에 매각했습니다. 이 연합에는 베인 캐피탈 외에도 도시바, 호야(HOYA), SK하이닉스가 포함되어 있었습니다. 2019년 10월에는 회사 이름을 키오시아 홀딩스(Kioxia Holdings)로 바꾸고, 낸드 플래시 메모리(Nand Flash Memory)의 두 번째로 큰 제조업체로 자리매김하였습니다.

여전히 존재하는 일본의 반도체 생산 능력

제품 카테고리를 보면 일본은 메모리, 마이크로 컨트롤러, 이미지 센서 세 가지 분야에서 여전히 주요 위치를 차지하고 있습니다. '프랜드포스(FrendForce)', 'IC 인사이츠(IC Insights)', '스트래티지 애널리틱스(Strategy Analytics)' 등 분석 회사의 조사에 따르면 2021년에 키오시아 홀딩스는 낸드 플래시 메모리 시장 점유율이 약 20%로 두 번째, 르네사스 일렉트로닉스는 마이크로 컨트롤러 시장 점유율이 약 17%로 세 번째였습니다. 소니는 스마트폰용 CMOS 이미지 센서 시장 점유율이 49%로 해당 분야의 선두 기업입니다.

그러나 일본 기업의 강점은 바로 전력 반도체입니다. 전력 반도체는 전압과 전류를 제어하는 데 사용되며, 에어컨 등 가정용 전자 제품의 에너지 절약 변환 제어부터 전력 관련 산업 장비와 운송 차량에 이르기까지 광범위하게 사용됩니다. 이는 컴퓨터, 데이터 센터, 스마트폰 등의 소비성 전자 제품에서 계산 및 데이터 저장에 사용되는 반도체와는 별개의 영역으로 양쯔강과 황하처럼 각각의 발전을 이루고 있습니다.

현재 전력 반도체 시장은 전체 반도체 시장에서 약 10%를 차지하고 있지만 '전 세계적인 기후 변화'라는 도전을 마주하면서 장비의 에너지 절약 기능을 향상시키는 데 필요한 전력 반도체의 수요는 계속해서 크게 증가할 것입니다. 예를 들어 국제에너지기구(IEA)는 2021년 '글로벌 전기 자동차 전망 보고서'에서 순수 전기 차가 매년 30%의 속도로 성장하고 2030년에는 전 세계적으로 약 1.45억 대에 이를 것으로 예측했습니다. 이는 전력 반도체가 미래의 스타가 될 것임을 암시합니다.

영국 옴디아의 통계에 따르면 2020년 4월에 발표된 2021년 세계 전력 반도체 회사 Top 10 중 일본이 다섯 곳을 차지했습니다. 이 회사들은 미쓰비시(4위), 후지쯔, 도시바, 르네사스 일렉트로닉스, 로옴(ROHM)이었으며 이들의 매출은 전체 산업의 21.1%를 차지합니다.

전력 반도체는 다품종 소량 생산이라는 특성상 고객 맞춤형으로 제작되기 때문에 신규 장비에 많이 투자하지 않고도 기존 장비를 활용해 고객의 요구에 대응할 수 있습니다. 다만 진입 장벽이 상대적으로 높아 특수 분야와 유사해 일본 기업이 발전할 여지가 있습니다.

이처럼 전력 반도체는 미래가 유망해서 중국 기업들이 적극적으로 경쟁에 참여하고 대형 웨이퍼 생산 장비에 투자하여 경쟁력을 강화하는 중입니다. 또한 산업이 3세대 반도체 또는 질화갈륨, 탄화 규소와 같은 화합물 반도체로 발전함에 따라 일본 기업들은 더욱 경쟁 압력을 받게 될 것입니다.

장비와 재료가 일본의 강점

반도체 제조 산업의 전성기는 이미 지났지만 반도체 장비와 공정에 사용하는 재료에서 일본은 여전히 중요한 역할을 맡고 있습니다.

미국 정부가 2021년에 발표한 '공급망 100일 평가 보고서'에 따르면 2019년 일본은 전 세계 반도체 장비의 31.1%를 차지하는 국가로, 이는 미국에 이어 두 번째였습니다. 전 세계 최대의 반도체 장비 공급 업체 다섯 곳 중 도쿄 일렉트론은 13.4%의 시장 점유율을 갖춘 세 번째로 높았으며 이는 세계 3대 에칭 장비 제조업체 중 하나입니다. 제조 과정 종류별로 나눠서 보면 웨이퍼 제조 운송 및 마킹 장비(점유율 75.3%), 조립 및 패키징(35.7%), 테스트(48.6%) 등 세 가지 분야에서 일본은 1위를 차지하고 있습니다. 또한 마스크 리소그래피, 침착(20.9%), 에칭 세척(14.2%), 공정 제어(14.2%), 웨이퍼 폴리싱(wafer Polishing)(14.2%), 이온 주입(8.0%) 등의 여러 분야에서는 2위를 차지하고 있습니다. 즉, 일본은 반도체 후 공정 제조 장비에서 강점을 가진 채 자리를 지킵니다.

더 깊이 관찰해 보면 반도체 제조 과정의 중요 단계에서 일본 업체들이 모두 중요한 위치를 차지하고 있음을 알 수 있습니다.6 그림

| 도표 2-2 | 반도체 제조 공정에서 일본의 주요 장비업체

웨이퍼

제조 공정	장비 공급업체
코팅	알박(ULVAC) 도쿄 일렉트론
포토레지스트 코팅	도쿄 일렉트론
포토마스크 제조 및 리소그래피	캐논(CANON) 니콘(NIKON) / 레이져테크(Lasertec)
에칭(식각)	도쿄 일렉트론
세척	스크린 에이치디(SCREEN HD)
웨이퍼 검사	동경정밀
커팅	디스코(DISCO)
패키징 및 테스트	어드반테스트(Advantest)

완성

자료 출처: 「일본경제신문 중문판」, 2021년 3월 23일.

2-2에서처럼 특히 도쿄 일렉트론이 그중에서 두드러져 보입니다.

반도체 재료 관련하여 일본의 실리콘 웨이퍼 점유율은 세계의 절반 이상에 달하며 신에츠 화학과 섬코가 각각 1위와 2위를 차지하고 있습니다. 대만의 글로벌웨이퍼스(GlobalWafers)는 3위며 원래 이 회사는 4위인 독일의 실트로닉(Siltronic)을 인수함으로써 섬코를 앞지르려 했지만 인수 사안이 독일 정부의 승인을 받지 못해 결렬되었습니다.

제조 과정에서 사용되는 중요한 재료인 포토레지스트의 경우 일본이 압도적인 우위를 차지하고 있으며, 시장 점유율이 약 90%로 추정됩니다. 일본 합성 고무(JSR)와 도쿄오카공업 및 신에츠 화학이 주요 기업입니다. 마스크의 경우, 다이 니폰 프린팅(Dai Nippon Printing)과 토판 프린팅(Toppan Printing), 호야 등이 있으며, 웨이퍼 연마액에는 쇼와덴코와 후지미(Fujimi Inc) 등이 있습니다. 또한 리드프레임에는 미쓰이하이텍(MITSUI High-tec)와 신코 전자 공업(Shinko Electries Industries Co Ltd), 반도체 연결선에는 다나카 전자공업과 니폰 마이크로메탈(NIPPON MICROMETAL, NMC) 등이 있습니다. 이 회사들은 모두 일본이 반도체 산업에서 중요한 역할을 하고 있음을 보여줍니다.

일본의 반도체 전략

반도체는 국가 안보에 중요한 전략적 의미를 가지며 미래의 디지털 사회를 지원하는 핵심 기반 시설의 역할을 하고 있습니다. 2050년 탄소 중립을 실현하기 위한 에너지 절약과 친환경을 위한 핵심 동력이며, 산업 공급망의 탄력성을 강화하는 중요한 역할을 하고, 또한 일본의 강력한 반도체 제조 산업의 영광스러운 역사 등 다양한 요인으로 인해 일본 정부는 반도체 제조, 새로운 제조 기반 설립 및 기존 공장 개조를 포함한 추진을 국가 정책의 핵심 사항으로 삼고 있습니다. 2021년에는 경제산업부가 '반도체 전략'을 제안했습니다.7

산업 기반을 강화하는 네 가지 방향

이 반도체 전략은 일본의 국내 산업 기반 강화와 국제 경제 안보 전략이라는 두 가지 주요 부분으로 나눌 수 있습니다. 일본 자국 내 산업 기반의 강화는 다음 네 가지 방향으로 나아갑니다.

1. 최첨단 반도체 제조 기술을 공동으로 개발하고 일본에 파운드리 공장을 설립합니다.
2. 디지털 투자와 첨단 로직 반도체의 설계를 강화합니다.
3. 반도체 기술의 친환경 혁신을 촉진합니다.
4. 일본 내 반도체 산업 포트폴리오 및 공급망의 탄력성을 강화합니다.

이 네가지 방향을 통해 친환경 경제, 디지털 전환, 반도체 생태계가 일본 전략의 핵심 포인트임을 알 수 있습니다.

반도체 제조 기술의 공동 개발과 일본의 파운드리 설립에 깔린 의도는 재료 및 생산 장비에서 일본의 장점을 활용하고 해외 파운드리, 산업 기술 연구 기관(산업 종합 연구소), 대학교, 연구 기관 및 일본 장비 및 재료 산업을 결합하는 핵심 전략으로 현재의 디지털 투자 기회를 잡는 것이라고 짐작합니다. 이를 통해 일본은 2나노미터 이상의 공정 및 새로운 구조의 트랜지스터 등의 프론드엔드의 초소형화 생산 기술과 백엔드 공정 단계의 개발을 추진하고 있습니다.

1. 첨단 로직 반도체의 3D 패키징 가공, 이종 집적 소형 칩(chiplet) 등
2. 메모리와 센서 등에 사용되는 3D 스태킹 기술

또한 차세대 첨단 반도체 제조에 필요한 장비와 재료의 연구개발을 지원하며 최종 목표는 프론트엔드 공정의 초소형화 생산 기술과 백엔드 공정의 3D 생산 기술 연구개발의 성과를 기반으로 일본 내에 대량 생산 공장을 건설하고 일본의 장비와 재료 산업을 더욱 강화하는 것입니다.

디지털 투자와 첨단 반도체 디자인 강화에 대해 주로 5G, AI, 사물인터넷 등 디지털 기술의 발전이 이들 기술의 응용 시스템과 디지털 기술 사용 사례를 만들어내기 때문에 첨단 로직 반도체를 개발해야 합니다. 반면 정부가 디지털 새 정책을 촉진하여 디지털 투자와 디지털 전환을 촉진함으로써 로직 반도체에 대한 수요는 증가될 것입니다. 정부는 5G 통신 인프라, 자율 주행, 헬스케어, 스마트 시티, 고성능 컴퓨팅 센터(High Performance Computing, HPV), 공장 자동화, 사물인터넷 등 첨단 로직 반도체의 사용자, 통신 운영자 및 공급자, 반도체 디자인 회사와 함께 엣지 컴퓨팅 반도체 디자인 기술 개발을 포함하여 공동으로 추진할 것입니다.

반도체 기술의 친환경 혁신을 촉진하기 위해 디지털 기술과 응용의 빠른 발전이 데이터 센터, 정보 및 통신 장비 등과 관련된 전력 소비를 크게 증가시킬 것으로 예상됩니다. 그래서 앞으로 기술적 혁신으로 전력 수요를 감소시킬 수 있는 방향은 다음과 같습니다. 차세대 전력 반도체의 혁신, 광전자 장치 및 광전자 융합 프로세서의 개발 촉진, 차세대 엣지 컴퓨팅 기술 및 초분산형 친환경 컴퓨팅 기술이 개발될 것이며, 이를 통해 전력 소비의 감소와 더불어 반도체 기술의 친환경 혁신을 촉진하고자 합니다.

그리고 마지막 주요 방향인 자국 내 반도체 산업 생태계 및 공급망의 탄력성 강화에 대해서는 주로 일본 내 반도체 산업 발전 환경을 강화하는 데 초점이 맞춰져 있는데 주요 조치로는 다음과 같은 사항들이 있습니다. 기존 반도체 공장 및 생산 시설의 개선, 장비, 재료 등 반도체 공급망을 강화하기 위한 보조금 활용, 기반 시설 비용의 감소, 인재 양성, 대학교 등 반도체 연구를 지원하기 위한 공유 시설 및 시술 플랫폼 구축 등이 필요한데 이를 통해 일본 자국 내 반도체 산업의 발전 환경을 강화하고 공급망의 탄력성을 높이는 노력이 진행되고 있습니다.

글로벌 경제 안보 전략 세 가지

글로벌 경제 안보 전략 부분은 주로 세 가지 분야로 나뉩니다.

1. 첨단 지능 기술을 강화하여 반도체 생태계에서 필수적인 핵심을 파

약합니다.

2. 다른 국가들과의 협력을 통해 국제적인 공동 연구 및 개발을 촉진합니다.

3. 동맹국과의 협력을 통해 수출 및 기술 관리, 반도체 산업 체인 정보 공유 등 산업 정책 조정을 진행합니다.

해외 반도체 제조업체 중에서 일본 정부가 주요 동맹 대상으로 삼는 업체는 대만의 TSMC입니다. 웨이퍼가 물리적 한계로 인해 트랜지스터 밀도를 높이는 무어의 법칙의 발전이 점점 어려워지는 이 시점에 다중 칩을 3D 수직 정합하는 것이 나아갈 방향 중 하나로 제시되고 있습니다. 또한 일본에는 TSMC의 재료 및 장비 공급업체가 다수 존재하므로 양쪽의 강점을 결합한다면 TSMC의 경쟁력을 향상시킬 수 있을 뿐 아니라 일본의 제조업 발전과 관련 기술의 가속화를 촉진하여 상호 이익을 창출할 것입니다.

주도권을 잡는 TSMC

2021년 2월 9일, TSMC 이사회는 일본에 100% 지분을 소유한 재료 연구 센터를 설립하기로 결정했습니다. 이 센터의 자본금은 약 50억 대만 달러며 위치는 도쿄 북동쪽의 이바라키현입니다. 이 센터는 TSMC의 현재 주요 개발 영역인 3D 패키지 재료와 기술에 초점을 맞출 것입니다. 일본 경제산업부에 따르면 일본 정부는 이 투자를 대략 절반의 비용으로 지원할 예정입니다. 자금 지원 외에도 중요한 점이 있습니다. 일본의 첨단 패키지 기판 기술을 보유한 이비덴(Ibiden) 및 웨이퍼 백그라인딩 기계를 공급하는 디스코(DISCO) 등 약 20개 기업이 TSMC의 연구에 참여한다는 점입니다. 이는 TSMC가 협력을 통해 개발 기간을 단축하는 이점을 얻도록 부스터 역할을 할 것입니다.

일본 정부의 적극적인 지원 아래, TSMC는 일본 소니의 자회사인 소니 반도체와 2021년 11월에 다음과 같은 발표를 했습니다. TSMC는 구마모토현에 일본 첨단 반도체 제조업체인 쟈스므(JASM)라는 자회사를 설립할 예정이며 소니 반도체는 5억 달러 정도를 투자하여 쟈스므의 지분을 20% 이내로 확보할 계획입니다. 쟈스므는 2022년에 12인치 웨이퍼 공장을 건설하고 2024년 말부터 22나노미터 및 28나노미터 공정을 채택하여 생산을 시작할 예정이라고 합니다. 월 생산량은 약 4.5만 개의 웨이퍼에 이를 것이며 제품은 주로 이미지 센서, 마이크로 컨트롤러 등을 포함합니다. 이 프로젝트는 일본 정부의 지원을 받을 것으로 약속되었습니다.

TSMC, 소니 반도체, 덴소(DENSO)는 2022년 2월에 덴소가 쟈스므에 약 3.5억 달러를 투자하고 10% 이상의 지분을 보유할 것이라고 발표했습니다. 이는 자동차 반도체의 안정적인 공급원을 확보하기 위해 'Connectivity(연결), Autonomous(자율 주행), Shared(공유), Electrified(전동화)' 즉, CASE 시대에 대비하자는 목적이 깔려 있습니다.

2021년 12월, 일본 상원은 첨단 반도체 공장의 신설과 확장을 지원하는 법안을 통과시켰습니다. 이 법안은 새로운 반도체 공장의 신설과 확장에 필요한 비용의 최대 절반을 보조금으로 지원하며, 보조금 수혜자는 일정 기간 동안 지속적인 생산 운영을 해야 하는 조건을 따릅니다. 보조금은 '신에너지 산업기술종합개발기구'(New Energy and Industrial Technology Development Organization, NEDO)의 기금에서 제공됩니다. 이 기금은 2021년 보충예산에서 먼저 617억 엔으로 할당되었으며 필요에 따라 추가로 증액될 예정입니다. 이 법안은 대만 TSMC의 쟈스므 투자뿐 아니라 일본에 메모리 공장을 갖고 있는 미국의 마이크론 및 일본의 키오시아 홀딩스 등에도 적용됩니다.

미·일 합작 반도체 연구개발 센터 설립

미국과 일본은 반도체 제조에 대한 전략적 목표가 일치하므로 2022년 5월 미국 상무부 장관 지나 러몬도(Gina Raimondo)와 일본 재무대신 하기우다 고이치(荻生田光)가 반도체 협력 기본 원칙에 서명했습니다. 이어 7월 29일, 두 나라는 워싱턴에서 경제 협력 2+2 장관 회의를 개최했으며 하기우다 고이치와 외무대신 하야시 마사마사 등이 참석하였고 미국은 국무장관 토니 블링컨(Tony Blincoln)과 지나 러몬도가 참석했습니다. 이 회의에서 양국은 차세대 반도체를 위한 공동 연구개발 센터 설립을 합의했습니다. 「일본 경제신문 중문판」에 따르면 이 연구개발 센터는 예정대로 2022년 연말에 일본에 설립되며, 최첨단 2나노미터 공정 칩에 초점을 맞추고 실험 생산 라인을 구축할 예정입니다. 최소 2025년부터 양산이 가능할 것으로 예상됩니다. 하기우다 고이치는 이 센터에 관심 있는 다른 국가도 참여할 수 있도록 개방적이지만 아직 양국은 공식적인 세부사항을 발표하지 않았습니다.

보도에 따르면 이 공동 연구개발 센터는 미국 국립반도체기술센터

(NSTC)에서 장비와 인재를 도입하며, 일본의 산업 기술 종합 연구소와 이화학연구소(Rikagaku Kenkyusho, RIKEN) 및 도쿄대학교도 연구 프로젝트에 참여할 예정이며, 기업들도 초청될 것입니다. 협력 내용은 칩 디자인, 제조 장비 및 소재 개발, 생산 라인 설치 등을 포함합니다. 일본 정부와 산업계는 일본이 반도체 제조에서 거듭된 쇠퇴를 회복하기 위해 이번 일미 협력이 마지막 기회라고 생각하는 듯합니다.[8]

반도체 산업을 업그레이드하라

또한 「일본경제신문 중문판」 다른 기사에는 2019년 기준으로 일본에는 84개의 반도체 프론트엔드 공정 공장이 있으며 이들 대부분은 1980년대에 건립되었고 규모가 작으며 장비가 오래되었다고 합니다. 하지만 장기간 제조 경험을 축적한 직원들을 보유하고 있어, 이러한 공장들을 업그레이드(현대화)한다면 일본의 반도체 산업은 경쟁력을 빠르게 향상시킬 수 있다고 합니다.[9] 따라서 정책에 따라 일본의 금융기관들은 자금을 반도체 공장에 투자하여 반도체 산업을 부흥시키는 역할을 주도하고 있습니다. 일본 정책투자은행과 이토츠상사가 출자하는 투자 기금 등이 미국 온 세미콘덕터(ON Semiconductor)가 설치한 공장을 인수하려는 계획이며 전력 반도체를 위한 새로운 제조 장비를 도입하여 순수 전기차용 반도체를 생산할 예정입니다. 이는 일본의 반도체 산업을 재활시키기 위한 첫 번째 단계입니다.

최신 산업 연합을 구축하다

첨단 칩 제조를 촉진하기 위해 일본 경제산업성은 2022년 11월 '라피더스(Rapidus)'라는 이름의 새로운 회사를 도요타 자동차와 소니 그룹, NTT, 소프트뱅크, 덴소, 키오시아 홀딩스, 니혼전기주식회사, 미쓰비시UFJ은행 등 8개 기업이 공동으로 설립할 예정이라고 발표했습니다. 이 회사는 'Beyond 2 Nano'라는 차세대 컴퓨팅 로직 반도체 제조 기술을 목표로 하며 2027년에 생산 공장을 건설하고 2030년 전후에 국내외 파운드리 분야에 투입할 계획이라고 합니다. 라피더스는 각 기업이 10억 엔을 투자하고 신에너지 산업기술종합개발기구(NEDO)가 700억 엔의 보조금을 제공할 예정입니다.

라피더스는 설립 이후 2022년 말 미국 아이비엠과 기술 라이선스 계약을 체결했으며 아이비엠은 2021년에 이미 2나노 제품을 성공적으로 시제작하였습니다. 라피더스는 직원을 미국으로 파견하여 필요한 기술을 이전할 것입니다. 2023년 1월 「일본경제신문 중문판」은 라피더스의 사장인 고이케 아쓰요시와 인터뷰를 진행한 바 있는데, 그는 회사가 2025년 상반기에 시제작 생산 라인을 시작하고 2020년대 후반부터 2나노 제품을 양산하기 위해 노력할 것이라고 말했습니다.

진지한 노력 중인 일본

일본 정부의 반도체 보조금법 통과, TSMC의 투자 및 연구 센터 설립, 미국과의 공동 연구개발 센터 설립, 구형 반도체 산업 개선, 기업들의 합작으로 차세대 반도체 제조 기술에 투입 등의 적극적인 노력으로 알 수 있듯이 현재 세계적으로 첨단 반도체 제조를 회복시키는 주체는 일본 정부입니다. 일본은 반도체 장비와 재료 분야에서 강력한 기술과 산업 역량을 보유하고 있어, 제조 전반과 후반 기술의 연구와 진행에서 강점을 지녀서 앞으로 첨단 칩 제조 기술 분야에서 선도적인 위치를 차지할 것으로 예상됩니다.

Ⅱ 유럽연합의 반도체 산업

전 세계 반도체 산업에서 유럽은 눈부신 성과를 거두거나 주목받는 지역은 아닙니다. 전체 생산량에서의 점유율은 21세기 초에 25%였던 것이 2020년에는 10% 이하로 감소하였습니다. 하지만 여러 기업들이 반도체 공급망의 다양한 부분에서 자리를 잡고 있습니다.

특화 시장을 대상으로 한 반도체 산업

유럽연합의 반도체 산업은 지역 시장을 주요 대상으로 하며, 자동차 및 산업용 등의 특화 분야에 초점을 맞추고 있습니다. ING 그룹의 2022년 보고서 '유럽의 기술력을 높이고 경제를 강화하기 위한 유럽연합 반도체법'에 따르면 2019년 유럽의 최종 시장에서의 반도체 수요는 자동차가 약 37%, 산업용이 25%, 통신이 15%, 컴퓨터가 14%, 기타가 9%를 차지하였으며 자동차와 산업용 부문이 약 2/3를 차지하였습니다.

반도체 산업의 시장은 자동차 및 공업 등의 부문에 중점을 두고 있으며 센서, 전력 및 RF 칩 등의 제품 분야에서 강력한 경쟁력을 유지하고 있습니다. 이러한 분야에서는 재료와 성능 등의 혁신에 중점을 두며 소비성 전자 제품이나 컴퓨터와 같이 칩의 크기를 줄이는 것에 주력하는 양상과는 다릅니다. 따라서 유럽의 반도체 제조업체는 거의 20나노미터 이상의 공정 기술을 사용합니다. 유명한 회사로는 인피니온(Infineon), NXP(앤엑스피 반도체) 및 ST마이크로일렉트로닉스가 있습니다. 이들은 종합 반도체 회사로서 주로 40나노미터 이상의 공정을 사용합니다. 다른 기업들은 반도체 팹리스업체인데 제품을 설계한 후 아시아의 파운드리업체에 생산을 맡깁니다. 지역 내에서 대규모 소비성 전자 제품 산업의 수요가 부족하기 때문에 유럽은 첨단 로직 칩 분야의 발전이 상대적으로 뒤처져 있습니다.

전력 반도체를 살펴보겠습니다. 이 제품은 분리형과 집적 회로 두 가지 유형으로 나뉘며 가정용 전자 제품, 전기 자동차, 신재생 에너지, 클라우드 컴퓨팅, 5G 통신 등 다양한 분야에 적용됩니다. 옴디아의 2022년 시장 조사 데이터에 따르면 2021년 세계 전력 반도체 시장에서 상위 10개 기업 중 3개 기업이 유럽연합에 속한 제조업체입니다. 인피니온, ST마이크로일렉트로닉스, 넥스페리아(Nexperia) 등은 전체 시장의 31.2%를 차지하였으며 일본의 미쯔비시, 후지쯔, 도시바, 르네사스 일렉트로닉스, 로옴 등 5개 기업의 합인 21.1%보다 훨씬 높습니다.

특히 인피니온은 시장 점유율이 약 21%로, 두 번째로 높은 미국 온세미(Onsemi)의 8.8%보다 훨씬 앞서 있습니다.

인피니온은 독일의 지멘스(Siemens) 그룹 하위에 있던 지멘스 반도체에서 분리되어 1999년에 독립적인 기업으로 설립되었으며 2002년에는 인피니온으로 이름이 변경되었습니다. 주요 제품으로는 마이크로컨트롤러, IGBT 등 전력 전자 제품이 있습니다. NXP는 네덜란드의 필립스 그룹 하위 반도체 부문이었으며 2006년에 독립적인 기업으로 분리되어 현재의 이름으로 변경되었습니다. 자동차 전자 등을 주요 사업으로 하고 있습니다. ST마이크로일렉트로닉스는 이탈리아의 SGS 마이크로일렉트로닉스와 프랑스의 톰슨(Tomson)의 반도체 부문이 합병하여 1987년에 설립되었으며 1998년에 톰슨이 주식을 매각한 후 지금의 이름으로 변경되었습니다. 현재는 유럽연합 최대의 반도체 기업으로, 다양한 제품 라인을 보유하며 영상 센서와 플래시 메모리, 아날로그 및 전력 반도체, 자동차 및 무선 반도체 등을 생산합니다.

파운드리 측면에서 현재 제조 공장에서 사용되는 것은 상대적으로 성숙 공정입니다. 미국의 인텔은 아일랜드에 14나노미터 기술을 적용하는 공장을 보유하고 있으며 진행 중인 프로젝트는 7나노미터 공정입니다. 하지만 이 프로젝트가 원활하게 진행될 수 있는지는 여전히 의문입니다. 다른 회사인 글로벌파운드리(GlobalFoundries)는 독일의 작센주(Sachsen) 드레스덴(Dresden)에 위치한 공장에서 22나노미터, 28나노미터, 40나노미터 이상의 공정을 사용하고 있으며 이 회사는 2021년에 14억 달러의 생산 능력을 증설하는 계획을 진행하였습니다. 드레스덴은 독일의 반도체 생산 기지로, 독일 정부는 드레스덴을 유럽연합의 실리콘밸리로 육성하고자 합니다.

기술 개발은 유럽연합의 강점이다

유럽연합의 반도체 산업은 몇몇 특화 분야의 제조에서 중요한 위치를 차지하는 동시에 업스트림인 디자인 및 장비 분야에서도 핵심적인 역할을 담당합니다. 예를 들어, 영국 기업인 ARM의 지적 재산 코어는 많은 팹리스 디자인 기업에게 필수적인 요소입니다. 네덜란드의 ASML의 극자외선 노광 장비는 반도체의 고급 공정에서 핵심 장비로 사용되며 현재 이 회사가 전 세계에서 유일한 공급업체입니다.

기초 연구 분야에서도 유럽연합은 강점을 갖추고 있습니다. 예를 들어, 벨기에의 반도체 연구 기관인 아이멕(Interuniversity Microelectronics Center, IMEC)은 나노 기술 연구를 선도하는 세계적인 기관이며, 독일의 프라운호퍼(Fraunhofer)와 네덜란드의 응용과학연구기구(TNO), 프랑스의 신에너지 및 학제간 응용과학기술센터도 나노 기술 연구를 선도하는 기관입니다. 이 기관들은 모두 국제적으로 유명한 연구 센터로, 전통적으로 대학교와 긴밀한 관계를 유지해 왔습니다.

자동차는 주요 성장 영역

ING 그룹의 2022년 보고서는 가트너의 2021년 예측을 인용하여 미래를 전망합니다. 2020년부터 2025년까지 유럽의 반도체 수요는 연평균 성장률(CAGR) 7.4%를 기록할 것으로 예상됩니다. 최종 시장으로 분류하면 자동차 시장은 15.7%로 가장 높은 성장률을 기록하고 있으며, 그다음은 산업용 부문이 10.2%, 서버/데이터 센터 및 저장 장치가 8.0%, 소비자 전자가 7.8%, 스마트폰이 6.7%, 통신 인프라가 5.9%, 개인용 컴퓨터가 2.6%입니다.

다시 말해, 유럽은 주로 자동차와 공업 부문에 초점을 맞추어 가장 빠르게 성장할 지역으로 예상됩니다. 이는 전기 차의 생산 비중이 점점 높아지면서 더 많은 전자 부품이 필요하기 때문입니다. 또한 자동차는 자율 주행을 향해 발전하고 있으며, 자율 주행의 과도기 단계인 첨단 운전자 지원 시스템(Advanced Driver Assistance Systems, ADAS)의 사용이 증가하면서 점점 더 많은 칩이 필요해지고 있습니다. 칩의 복잡도도 동시에 증가하고 있으며 자동차에 사용되는 칩의 10나노미터 이하 비중은 현재 2%에서 2030년까지 10%로 증가할 것으로 추정됩니다. 자동차 이외에도 산업용 장비가 스마트화되고 기계, 통신 장비, 의료 장비 등에서는 더 나은 분석과 의사 결정 능력이 요구되므로 칩 수요는 증가할 것이며, 이는 유럽의 반도체 시장과 제조 기회를 동반할 것입니다.

'디지털 10년'을 향해

'디지털 10년'은 유럽이 번영하는 디지털 미래를 달성하고 2030년까지 디지털 경제를 발전시키며 유럽연합 제조업체의 전환을 촉진하기 위해 유럽위원회가 제시한 전략적 비전입니다. 2021년 3월, 유럽연합 이사회는 위원회에게 전체적인 '디지털 나침반 보고서'를 작성하도록 해 2030년까지의 디지털 목표를 수립하고 목표 달성을 위한 핵심 이정표와 방법을 제시했습니다. 모든 움직임은 네 가지 목표를 중심으로 하고 있습니다. 디지털 스킬, 기업의 디지털 전환, 보안 및 지속 가능한 디지털 인프라, 공공 서비스의 디지털화입니다.

'디지털 나침반'의 비전과 목표

디지털 나침반은 기본적으로 2030년 목표와 이정표에 대한 진행 상황을 모니터링하는 프레임워크며, 강력한 거버넌스 구조와 규제 시스템, 유럽연합, 회원국 및 산업계, 민간 부문 투자자 및 이해 관계자를 포괄하는 다국적 프로그램을 지원합니다.

기술에 대한 의존도가 높아짐에 따라 사회 통합, 공공 디지털 서비스에 대한 접근성, 노동 시장에서의 경쟁력을 위해 기술이 필요합니다. 이 비전은 2030년까지 유럽 시민의 80%가 기본적인 수준의 디지털 기술을 보유해야 한다는 목표를 설정했습니다.

디지털 경제에서는 정보 위협으로부터 유럽연합을 보호하는 것이 중요합니다. 그래서 유럽연합은 기본적인 디지털 기술을 구축하는 것 외에도 자격을 갖춘 유능한 정보 통신 기술(ICT) 전문가의 수를 적극적으로 늘리고, 더 많은 디지털 전문가를 양성하여 2019년 전체 인력의 4%인 780만 명에서 2천만 명으로 늘리기 위한 실행 계획을 시작할 것입니다.

네트워크 연결성(connectivity), 마이크로일렉트로닉스 및 대용량 데이터 처리 능력 개발과 관련된 목표는 안전하고 지속 가능한 디지털 기반 시설을 구축하는 것입니다. 네트워크 측면에서 2030년까지 모든 유럽의 가정이 기가비트(Gigabit) 고속 전송 네트워크를 보유하고, 사람들이 거주하는 모든 장소에서 5G 네트워크를 이용할 수 있도록 보장해야 합니다. '연결'은 디지털 전환의 전제 조건이며 마이크로 프로세서는 자동차 연결, 스마트폰, 사물인터넷, 고속 컴퓨터, 엣지 컴퓨팅, 인공지능 등의 핵심 전략적 밸류체인의 시작점입니다. 마이크로일렉트로닉스에 대한 목표는 2030년까지 유럽의 첨단과 지속 가능한 반도체, 프로세서를 포함한 전체 생산이 적어도 세계 20%에 이르도록 하는 데 있습니다. 여기서 첨단이란 반도체 공정 노드가 5나노미터 이하를 의미하며 목표는 2나노미터입니다. 지속 가능함은 현재보다 10배 이상 에너지 효율을 향상시키는 것을 의미합니다.

관련 법안과 그에 따른 후속 효과

디지털 나침반이 설정한 목표인 2030년까지 첨단 반도체 생산 능력을 세계의 20%로 달성하기 위해 유럽연합은 액션을 취할 예정입니다. 이에 따라 공공 및 사설 투자가 43억 유로 이상 투입될 것이며 관련 법안을 마련하여 적극적으로 추진할 계획입니다.

유럽의 칩 제조 법안

2022년 2월 유럽연합은 '유럽 반도체법(EU Chips Act)'이라는 법안 초안을 발표했습니다. 이 법안은 다음 다섯 가지 영역에 초점을 맞추고 있습니다. 첫째, 연구개발 분야로 3나노미터 이하의 트랜지스터 기술 등의 실현을 포함합니다. 둘째, 실험실에서 공장으로의 연결(lab to fab)로 칩 디자인 및 제품 프로토타입(Prototype)의 양산화에 투자하여 연구개발 성과를 산업 혁신으로 전환합니다. 셋째, 생산 능력 확장으로 첨단 생산 시설을 유치하기 위한 보조금을 포함합니다. 넷째, 소규모 이노베이션(innovation) 기업을 지원하여 첨단 기술, 산업 파트너 및 자산 금융(equity finance)을 확보하는 데 도움을 줍니다. 마지막으로 공급망 병목 현상을 극복하여 신뢰할 수 있는 공급망 구축을 목표로 합니다.

이 법안은 유럽연합 회원국과 유럽 의회의 승인을 거쳐야 하며 아직은 갈 길이 먼 과정으로 보입니다. 일부 회원국인 북유럽 국가와 네덜란드 등을 포함하여 국가 보조금 범위 확대에 대한 법안 또는 계획을 지지하지 않는 나라도 있기 때문입니다.

유럽연합이 '유럽 반도체법'을 제시하고 현지 생산 능력을 확대하기 위해 보조금을 지원하는 이유는 이해할 만합니다. 현재 유럽에는 첨단 칩을 생산하는 공장이 없으며 5나노미터 이하의 반도체 공장을 운영하기 위해서는 많은 기술과 관리에 대한 전문 지식이 필요한데, 이러한 지식은 단기간에 확보하기도 어렵습니다. 또한 현재 유럽에서 첨단 공장을 설립하는 것도 유력한 선택이 아니며 대량 생산을 위해 충분한 경제 규모를 확보하기도 어렵고 산업 생태계도 완전하지 않습니다. 따라서 기업 투자를 유도하기 위해 유럽은 상대적으로 높은 비용과 다른 불리한 요소를 잘 어울리도록 균형을 잡아 새로운 인센티브를 창출해야 합니다. 인텔이나 TSMC, 삼성전자 등 외국 기업의 투자를 유치하기 위해 보조금을 지원하는 것이 가장 빠른 방법이라고 생각합니다.

산업적 이점 가져다주기

외국 기업의 첨단 반도체 공장 투자를 유도하는 데에는 상당한 비용이 들지만 유럽은 상대적으로 이익을 빠르게 얻을 수 있습니다. 가장 직접적인 이점은 아시아 및 기타 지역에서 수입에 대한 의존도를 낮출 수 있으므로 지정학적 리스크를 줄일 수 있다는 점입니다. 또한 유럽연합은 지속 가능한 발전을 위해 첨단 반도체에 의존해야 하며 새로운 세대의 칩은 기능이 강화되면서도 에너지 효율성이 향상됩니다. 저전력화 및 디지털화를 향해 나아가는 과정에서 첨단 반도체의 수요는 증가하고 범위도 확대될 것입니다.

산업적으로는 대형 첨단 반도체 공장의 설립이 막대한 파급효과를 가져올 것입니다. 예를 들어 첨단 재료와 장비의 수요 증가, 팹리스업체의 설립 촉진, 더 높은 기술력을 가진 인력 양성, 유럽 지역의 혁신 활동 촉진 등이 있습니다. 따라서 전반적인 산업 생태계의 개선에 기여할 것입니다.

반도체 투자 열풍

반도체 법안을 토대로 독일, 스페인, 이탈리아, 프랑스 등 여러 나라에서 반도체 투자 및 발전을 촉진하기 위한 계획을 마련하고 있습니다. 예를 들어 독일 정부는 외국 반도체 기업을 유치하기 위해 100억 유로의 계획을 제시하며, 인텔에게 50억 유로의 공공 자금을 제공하여 독일의 반도체 신공장 투자를 지원하고자 합니다. 이탈리아 정부는 인텔에 대한 투자의 40%를 지원하고 반도체 패키징 및 테스트 공장을 설립하도록 유치할 계획입니다. 또한 스페인 총리인 페드로 산체스(Pedro Sanchez)는 4월에 110억 유로를 반도체 분야에 투자할 것을 발표했으며 5월에 경제부 장관인 나디아 칼비노(Nadia Calvino)가 정부는 반도체 분야에 122.5억 유로를 2027년까지 투자하는 추가 계획을 승인했다고 밝혔습니다. 이 중 93억 유로는 반도체 공장 건설을 위해 사용되고 13억 유로는 칩 디자인에 나머지 11억 유로는 연구개발 지원에 할당될 예정입니다. 이러한 자금은 주로 유럽연합의 파견 지원 펀드에서 지원되며, 해당 국가의 전자 및 반도체 산업의 설계 및 제조 역량을 발전시키고 디자인부터 생산까지의 공급망을 구축하는 것을 목표로 합니다.

유럽연합의 첨단 반도체 산업을 적극적으로 추진하기 위한 노력에 가장 먼저 입장을 밝힌 기업은 인텔입니다. 인텔은 3월 15일에 앞으로 10년 동안 유럽에 800억 유로를 투자하겠다고 발표했으며 첫 단계로 330억 유로 이상의 투자 계획을 시작할 것이며 유럽 전역에서 연구, 생산, 패키징을 포함한 반도체 업·다운스트림 공급망을 구축하려는 목표를 가지고 있습니다. 투자 지역은 독일, 아일랜드, 이탈리아 등 다양한 국가를 포함하며 이 중 약 17억 유로가 독일 마그데부르크 (Magdeburg)에 2개의 2나노미터 첨단 칩 공장을 건설하기 위해 사용될 예정입니다. 해당 공장은 2023년 상반기에 착공되어 2027년에 생산을 시작할 예정입니다. 이는 독일과 심지어 유럽에서 현재까지 가장 큰 외국인 투자 사업입니다. 독일 정부는 또한 2024년까지 인텔의 공장 투자를 위해 68억 유로의 보조금을 제공할 것이라고 밝혔습니다. 인텔은 한쪽으로는 TSMC의 기존 고객을 겨냥하고 다른 한편으로는 유럽연합 회원국의 보조금을 얻는 것이 목표입니다.

상기에 기재된 첨단 공장 투자 계획 외에도 인텔은 별도로 아래 항목을 약속하였습니다.

첫째로 프랑스에 새로운 칩 개발 및 설계 센터를 설립

둘째로 아일랜드의 기존 생산 기지를 확장

셋째로 이탈리아에 새로운 패키징 공장 설립에 대한 협상 진행

이 외에도 ST마이크로일렉트로닉스는 이탈리아에서 7.3억 유로를 투자하여 탄화 규소 기반 생산 공장을 건설할 계획입니다. 해당 제품은 전기 차 및 신재생 에너지 등에 사용될 예정이며, 2026년에 생산이 완료될 것으로 예상됩니다. 2022년 10월 유럽연합은 해당 투자에 2.952억 유로의 보조금을 승인하였습니다.

유럽의 첨단 반도체 제조에 대한 이견

유럽이 첨단 반도체를 개발하려는 계획을 두고 일부 반대 의견이 존재합니다. 독일 싱크탱크 SNV(Stiftung Neue Verantwortung)는 2021년 4월 8일에 발표한 보고서에서 유럽이 최고 성능의 컴퓨터 칩을 제조하려는 시도는 수십억 유로를 낭비할 수 있다고 지적하며 정책 결정자는 오히려 유럽 지역의 칩 디자인 산업에 집중해야 한다고 주장했습니다. 현재 유럽은 첨단 공정 반도체의 디자인업체가 부족한 상황입니다.

독일의 싱크탱크 SNV의 반도체 전문가인 얀 페터 클라인한스(Jan-Peter Kleinhans)는 "유럽 지역은 첨단 반도체 공장을 지원할만한 시장이 부족하여 어려움을 겪고 있습니다. 미국이나 아시아와는 달리 유럽의 문제는 칩 디자인 산업이 부족하여 다운스트림의 대형 공장의 비용을 합리화할 수 없다는 것입니다. 이는 유럽의 칩 공장이 외국 고객을 유치해야 한다는 매우 어려운 상황을 의미합니다. 예를 들어, TSMC와 삼성전자는 이미 미국에 투자하여 공장을 설립할 계획을 가지고 있으며 인텔도 생산 능력을 확대하여 파운드리 분야에 진출할 예정이기에 유럽은 칩 디자인 산업에 집중해야 합니다."라고 말하였습니다.

반면 유럽에서는 최근에 상장된 2개의 팹리스업체 중 하나인 다이얼로그 반도체(Dialog Semiconductor)가 일본의 르네사스 일렉트로닉스에 60억 달러에 매각되었으며 애플도 뮌헨에 1억 유로를 투자하여 새로운 칩 디자인 기지를 설립할 예정입니다. 이것이 유럽연합이 노력을 기울여야 할 부분입니다.

일본과 유럽은 모두 반도체 첨단 국가로, 현재 반도체 산업의 다른 영역을 고수하면서도 첨단 반도체 제조로 나아가려는 시도를 하고 있다는 공통점을 갖고 있습니다. 일본은 장비와 재료 분야를 고수하며, 유럽은 자동차와 공업 등 다운스트림 어플리케이션 분야의 반도체 제조에 집중합니다. 또한 두 지역 모두 오랜 역사를 가진 학문적 및 연구 기관이 산업을 지원하는 역할을 맡고 있습니다.

일본의 반도체 산업은 초기부터 발전했기 때문에 그 성장과 하락의 역사는 반도체 산업 발전사의 교재로 사용될 만합니다. 성공과 실패 요인을 추출하여 완전히 복제하거나 모방할 수는 없지만 다양한 발전 모델에서 산업과 기업의 성공과 실패의 핵심 요소를 이해할 수 있습니다.

일반적으로 일본의 반도체 산업은 대형 종합 전기 회사에 의존하여 발전하였으며 자본, 기술, 시장에 대한 내부적 우위가 반도체 산업이 필요로 하는 핵심 요소와 완전히 일치합니다. 이러한 대형 종합 전기 회사는 해외에 광범위한 기반을 보유하고 있어서 반도체의 글로벌 시장 개척에 큰 도움이 되었습니다.

일본 정부의 산업 정책 지원은 미국의 반격에 대비하는 데에도 중요한 역할을 합니다. 산업 발전 초기에는 일본 정부의 보호 및 지원 정책이 미국에 대한 위협으로 여겨지지 않았습니다. 하지만 일본 제품이 미국 시장에 침투하고 산업 위기를 초래하면서 일본 정부도 자각하지 못한 채 적절한 조치를 취하지 못했고, 결국 미국 정부의 시장 개입을 초래하게 되었습니다. 미국과의 반도체 무역 협정 체결 이후에도 일본 정부는 적절한 대응 조치를 취하지 못했습니다. 이로 인해 일본 반도체 제조업은 실패의 길을 걷게 되었습니다.

일본 정부의 다른 성공적인 산업 정책은 VLSI 연구소의 설립입니다. 이를 통해 주요 기업 5개와 기존 연구 기관을 통합하여 VLSI 연구 프로젝트를 공동으로 추진함으로써 일본의 반도체 기술이 큰 발전을 이루었습니다. 이러한 협력 모델은 미국의 세마테크(SEMATECH)와 유사합니다. 정부의 산업 정책이 연구 개발 능력을 통합하고 혁신을 지원할 때 가장 효과적이고 성과를 창출할 수 있다는 것을 보여줍니다.

'프라자 협정' 이후 엔화의 대규모 가치 상승으로 일본 산업은 수출 경쟁력이 하락했고, 기업은 대규모 투자 계획을 지원할 능력을 잃었습니다. 일본 반도체 산업은 더욱 치명적인 타격을 입었으며, 경제 정책이 산업 발전에 중요한 영향을 미친다는 점을 더욱 입증하였습니다. 이는 많은 국가들이 반도체 산업 발전을 위해 유리한 보조금과 인센티브를 제공하지만 경쟁력 문제를 간과하고 있다는 사실을 보여줍니다.

　일본이나 유럽연합, 심지어 미국을 포함하여 현재 가장 첨예한 관심을 모으는 분야는 연구개발과 공장 투자입니다. 공장 설립 이후의 경쟁력 문제에 대해서는 거의 이야기하지 않는 실정입니다. 현재 일본과 미국은 잃어버린 산업을 되찾고자 하며, 유럽 연합은 새로운 영역에 진입하려고 합니다. 모든 국가가 2나노미터 이하 공정에만 관심을 기울이고 있습니다.

Chapter. 03

신흥 반도체
생산 국가들의
발전과 경쟁

일본을 제외하고, 아시아 국가들은 반도체 제조의 후발주자입니다. 대만과 한국은 비슷한 시기에 반도체 칩 제조를 개발하기 시작했지만 정치, 경제, 사회적 배경이 다르며 발전 방식도 다르기 때문에 각자 다른 길을 걸어왔고, 각자 다른 성과를 얻었습니다. 두 국가의 공통점은 자국 내 산업 발전에 주력하고 있다는 점입니다.

동남아시아 국가들은 대부분 상대적으로 풍부하고 저렴한 인력, 안정적인 투자 환경, 세금 혜택 등의 조건으로 외국 기업이 반도체 제조 백엔드의 패키징 테스트를 위한 공장을 설립하도록 유도하고 의존합니다. 싱가포르는 특별한 정치, 경제, 환경을 토대로 프론트엔드 웨이퍼 가공 분야를 발전시켰습니다. 각 국가의 공통점은 외국 자본에 의존하여 공장을 설립한다는 점입니다.

인도도 반도체 제조 분야에 참여했습니다. 인도는 가장 거대한 잠재 시장을 갖고 있으며, 시장 보호 및 훌륭한 인센티브 조치를 통해 신흥 반도체 중심지가 되려는 시도를 하고 있습니다.

한국 반도체 산업의 성장과 미래 Ⅰ

한국 반도체 산업의 부상은 독특한 정치 및 사회 시스템에 기인하며, 성장 초기에는 드문 국제 시장 기회가 수반되었습니다. 이 두 가지 중요한 힘의 결합이 한국 반도체 산업의 장기적인 발전 틀을 형성했습니다.

우연한 성장 기회

S.Ran Kim의 연구에 따르면[1] 1970년대에 한국 정부는 경제 발전에 힘썼습니다. 1973년에는 '중화학 산업 촉진 계획'을 발표해 산업 발전의 기반을 마련했습니다. 하지만 중화학 산업은 자본 투자가 많이 필요하고, 수익 회수 기간이 길며, 경영 위험이 높은 영역에 속합니다. 따라서 한국 정부는 우대 대출, 세금 감면 등의 장려 조치를 통해 대기업이 철강과 석유화학, 조선 등의 산업에 투자하도록 유도했습니다.

이때 한국 정부의 정책 자금 지원은 실질적인 마이너스 이자율에 이르렀으며, 대형 은행의 정책 자금 대출은 대출 총액의 60%에 달했습니다. 다시 말해, 한국 정부는 한편으로는 자금 지원, 다른 한편으로는 이자 지원을 통해 대기업이 산업 발전의 임무를 맡아 투자하고 경영하게 했으며, 심지어 저가 판매를 통해 기업의 책임인 수출 활성화를 적극적으로 추진하였습니다. 수출 성과를 통해 경제 성장을 촉진하는 것이 목적이기 때문입니다.

산업 발전의 추진력이 된 재벌

정부와 기업이 긴밀히 협력하고 상호 보조하는 상황에서 한국 경제 활동은 소수의 재벌들에게 집중되어 특수한 정치, 경제, 사회 구조가 형성되었습니다. 많은 경제 자원을 소수의 재벌에게 몰아주어서 사회적으로 소득 격차가 벌어지고 중소기업의 발전이 제한되는 문제가 발생했습니다. 하지만 그 덕분에 재벌이 고도의 자본 집약적인 산업에 빠르게 진출할 수 있었고 사업 발전 초기에 발생하는 손실을 견뎌낼 수 있었습니다.

한국이 중화학 산업을 적극적으로 발전시키는 동안 전 세계적으로 1973~1974년, 1979~1980년 두 차례의 석유 파동이 발생했습니다. 이로 인해 1980년대에는 일부 대기업이 새로운 사업 분야를 탐색하기 시작했습니다. 1983년 삼성 그룹의 이병철 회장은 반도체 기억장치 D램 가공 제조로 진출을 결정하였고, 이는 한국의 초고밀도 집적 회로 시대의 시작을 열었습니다.

한국과 다른 아시아 신흥 개발국들은 모두 글로벌 분업 체제하에서 반도체 산업에 발을 디뎠습니다. 초기에는 반도체 백엔드에서 인력 집약적인 패키징 작업에 진입하였지만 미국의 모토로라(Motorola)와 페어차일드 등의 회사들이 간단한 반도체 패키징을 도입하면서 한국 집적회로 생산의 95% 이상을 차지했습니다. 이후에는 일본의 산요(Sanyo), 도시바 등의 회사들도 차례로 패키징 사업을 한국에 진출시켰습니다.

삼성의 반도체 제조 진출

1974년에는 한국에서 처음으로 반도체 웨이퍼 가공 제조하는 기업인 '한국 반도체'가 설립되었습니다. '한국 반도체'는 주로 CMOS 및 고밀도 집적 회로칩을 생산했으나 재무적인 문제로 인해 1978년에 삼성이 인수하면서 '삼성 반도체'로 개명되었습니다. 당시 한국의 전자 회사들은 반도체 부품을 주로 일본에서 수입했으며 공급 불안정 현상을 자주 겪었습니다. 이는 일본의 반도체 회사들이 대부분 종합 전기 기업이라 다운스트리밍 소비자 전자, 통신 등의 제품도 생산하면서 한국의 전자 회사들과는 다운스트리밍 제품 경쟁자로서 반도체 부품 공급을 전략적으로 관리했기 때문으로 의심됩니다. 그래서 1979년에 금성(Goldstar)은 '금성 반도체'를 설립하여 웨이퍼 가공 제조를 시작했습니다. 1983년 삼성이 D램 생산에 진출하기로 결정하기 전까지 웨이퍼 가공 제조는 한국의 반도체 생산과 수출에서 5% 미만을 차지했습니다.

이때 삼성의 이병철 회장은 반도체 칩이 핵심 사업에서의 전략적 위치와 경제적 잠재력을 인식했으며, 동시에 국내 소비자 전자 제품의 증가로 인한 경쟁 압박과 앞서 언급한 일본 반도체 공급의 불안정 등 여러 가지 문제에 직면했고, 이는 이병철 회장이 메모리 칩 생산에 투자하기로 결정한 계기가 되었습니다. 삼성은 D램을 선택했는데, 이는 메모리 제품 중에서 D램 시장이 크며, 제품 설계 구조가 주문형 반도체(Application Specific Integrated Circuit, ASIC)나 마이크로 프로세서 등에 비해 상대적으로 간단하며, 삼성이 공정 기술 경쟁력에 자신감을 가지고 있었기 때문입니다.

삼성은 D램에 집중하는 전략을 채택해, 한편으로는 반도체 생산의 학습 곡선 효과를 추구하고, 생산량을 빠르게 늘려 생산 수율을 향상시켜서 비용을 낮추는 것을 목표로 했습니다. 1984년에는 64K D램 생산 라인을 완료하고 미국으로 수출을 시작했습니다. 다른 한편으로는 연구개발을 지속해 시장 요구에 부합하는 신제품을 출시했습니다. 64K D램과 256K D램 부분에서 삼성은 미국의 마이크론으로 부터 기술을 도입했으며, 16K S램(Static Random Access Memory)과 256K 롬(ROM)은 일본의 샤프로부터 도입했습니다. 회사 내부에서는 프로젝트팀을 구성하여 학습과 개량을 진행했습니다. 1985년 삼성은 1M D램을 자체 개발하여 제품 디자인 기술에서 일정 수준에 도달했습니다.

현대와 금성의 합류

한국의 삼성 외에 현대 그룹의 정주영 회장은 사업의 다각화를 고려하여 자동차와 조선 등의 중공업 분야 이외에도 잠재력 있는 신흥 사업을 보유하고자 했습니다. 1983년 현대 그룹은 '현대전자'를 설립하여 반도체 제조 사업에 주력했습니다.

그러나 현대전자가 삼성과 달리 S램 제품 라인을 선택한 것은 결과적으로 잘못된 결정이었고, 많은 개발 기회를 놓치게 되었습니다. S램을 선택한 주된 이유는 일본 업체들과 직접적인 경쟁을 피하기 위한 것이었는데, 특히 일본 기업들은 여러 해 동안 선도 개발을 이루며 유리한 고지를 이미 보유하고 있었기 때문입니다. 그러나 S램은 기술적으로 D램보다 정교하고 복잡하기 때문에 칩 디자인 측면에서 문제가 발생하였고, 현대전자는 1984~1985년 사이에 16K S램 생산에서 요구되는 제품 수율을 달성하지 못했습니다. 이에 1985년에는 D램으로 전환해야 했지만 이미 현대전자는 삼성에 비해 크게 뒤처져 있었습니다. 따라서 현대전자는 외국 기업의 칩 디자인을 수입하고 외국 회사에 외주 생산하는 방식을 채택해야만 했습니다.

한국에서 세 번째에 꼽히는 주요 반도체 회사는 금성(현 LG)입니다. 1980년대에 금성은 원래 로직 칩과 마이크로 프로세서 생산에 관심을 가지고, 제품 포트폴리오의 다양성을 유지하여 리스크를 분산시키려 했습니다. 안타깝게도 회사 자체의 기술 능력이 충분하지 않아 미국 고객의 요구에 부합하는 품질을 달성하지 못했습니다. 이로 인해 금성은 1989년에 D램 분야로 진출 방향을 틀었습니다. 금성은 삼성을 빠르게 따라잡기 위해 자체 제품 개발이 아닌 해외에서 기술 라이선스를 확보하는 전략을 채택했습니다. 그래서 가장 밀접한 관계를 가진 일본의 히타치와 파트너십을 형성하게 되었습니다.

한국 반도체 산업에 찾아온 좋은 기회

한국이 D램 산업을 도입한 지 불과 3년도 되지 않은 시점에 미국과 일본 간 반도체 무역 전쟁이 발생했습니다. 아직 확고한 발판을 마련하지 못한 한국 제조 업체들에게는 발전 토대를 마련할 좋은 기회였습니다. 1986년에는 '미·일 반도체 협정'이 체결되었는데, 이 협정은 일본의 반도체 수출에 가격과 수량을 자체 제한하고, 일본 반도체 시장을 개방하여 미국 업체가 5년 내에 일본 시장 점유율을 20%로 확보하도록 요구하는 것이 주요 골자였습니다. 또한 그 해에 미국은 일본의 TV 및 컴퓨터와 같은 반도체를 포함한 제품에 대해 100% 반덤핑 관세를 부과했습니다. 이러한 일련의 조치로 일본의 반도체 가격은 상승하고 생산량은 감소했습니다.

이 시기에 미국의 D램 업체들은 일본 기업들과의 경쟁에서 지고 있었고, 텍사스 인스트루먼트와 마이크론을 제외하고는 조금씩 시장에서 퇴출되고 있었습니다.

한편 개인 컴퓨터 수요는 증가하여 1987년에는 256K D램이 부족하고 가격이 상승했습니다. 한국 업체들은 이 좋은 기회를 잡아, 생산 규모를 확대하고 수출 시장을 점유함으로써 재정적으로 힘든 초기 단계를 성공적으로 극복했습니다.

이어지는 1991년의 1M D램과 1993년의 4M D램 시장에서도 한국 기업들은 성장의 길을 걷게 되었습니다. 한국전자산업진흥회의 보고서에 따르면 1994년 한국의 반도체 산업은 세계 시장의 7%를 차지하여 미국, 일본, 유럽연합에 이어 높은 위치에 올랐습니다. MOS 메모리 분야에서는 24%를 차지하여 일본과 미국에 다음가는 높은 점유율을 가졌습니다. D램 시장에서는 한국이 29%의 점유율을 차지하여, 일본의 47.9%에 이어 한국의 반도체 산업, 특히 D램 산업의 발전을 기반으로 세웠습니다.

1980년대까지 한국 내부의 혁신 체계는 여전히 빈약했으며, 공립 연구 기관과 고등 교육 체계는 매우 뒤떨어져 있었습니다. 기업 간 연결도 상당히 떨어져 있었고, 완전한 산업 개발 체계가 부족하여 하이테크 산업을 발전시킬 수 있는 조건이 전혀 갖춰져 있지 않았습니다. 그럼에도 불구하고 미국과 일본 등 선진국들의 강력한 과학 기술력에 맞서 한국이 기술 집약적인 반도체 산업에서 빠르게 성장할 수 있었던 이유는 무엇일까요?

한국 부상의 요인

1996년에 영국 서식스대학교에서 연구 학자로 활동하던 S.Ran Kim은 미·일 반도체 무역 전쟁으로 인해 한국에게 제공된 산업과 시장 공간이 생존과 발전의 탁월한 기회를 제공한 것 외에도, 1970년대에 한국 정부가 육성한 특수 정경 유착 체계의 결과물인 재벌이 자본 집약적 산업 개발을 지원하는 데 중요한 역할을 했다고 지적했습니다. 재벌 내부의 계층 구조와 네트워크는 중요한 의사 결정을 신속하게 내릴 수 있도록 하여 새로운 산업과 시장에 빠르게 진출하도록 이점을 제공합니다. 자금과 인력 측면에서는 부서 간 자유로운 조정과 활용이 가능합니다. 이미 성숙한 단계에 도달하여 대규모 투자를 더 이상 필요로 하지 않고 여유 자금을 보유한 사업 부문에서는 기업이 자본 집약적인 분야로 진출하는 데 필요한 자원을 제공하며, 신생 부문에서는 사업 시작 단계와 경기 침체 및 재정 어려움을 극복하는 데 든든한 지원자 역할을 합니다.

또한 한국 기업들, 특히 삼성은 반도체 산업에 진입할 때 D램 제품을 선택한 것이 이후 이어진 제품 선정에도 성공적인 결과를 이끌어 냈습니다. D램 제품 기술의 발전은 256K, 1M, 4M과 같은 칩 통합 능력의 점진적인 발전으로 이루어졌으며, 새로운 세대의 D램은 시장의 지속적인 수요와 공정의 혁신을 이끕니다. 점진적인 공정 혁신과 '실행에 의한 학습(Learning by Doing)' 효과는 기술 혁신의 중요한 원천으로 작용합니다. 기업은 새로운 공정에서 생산하는 과정에서 학습하고 개선함으로써 누적 생산량이 증가함에 따라 제품 수율과 생산성을 지속적으로 향상시킬 수 있으며, 이는 다음 세대 제품 제조 기술의 밑거름이 됩니다. 이러한 혁신의 결과는 누적된 기술 역량과 결합하여 기업의 고유한 지식을 형성하고, 동적인 규모 경제를 유발하여 신규 진입 기업을 가로막는 장벽을 형성합니다. 또 이러한 혁신 행위는 단일 기업 내에서도 이루어질 수 있으며, 주문형 반도체와 같은 경우에는 중소 팹리스업체나 사용자와 대규모 생산업체처럼 밀접한 상호 작용에 의존해야 하는 기업들에게 또 다른 발전 모델이 되어줍니다.

이 '실행에 의한 학습' 모델을 따라 약 10년의 시간 동안 삼성은 기술 면에서 미국, 일본과의 격차를 좁히고 넘어서는 데 성공했습니다. 64K D램에서 삼성은 미국, 일본과 기술적으로 약 50개월의 차이가 있었지만 이후에는 각 세대의 새로운 제품을 통해 시간 차이를 줄이고, 64M D램에서는 미국과 일본과 기술적으로 동등해졌으며, 1G D램의 경우 미국, 일본의 수준을 뛰어넘었습니다.[2]

한국이 얻은 우위의 다른 측면

한국의 특수한 재벌 중심의 정경 유착 체제는 해당 국가가 초기에 빠르게 D램 산업에 진출할 수 있도록 했지만 동시에 일부 산업 개발 문제를 일으켰습니다. 가장 직접적인 문제 현상은 반도체 산업 활동이 대기업 자체에 집중되어 있어 생산업체와 국내 중소 공급업체 간의 긴밀한 협력 관계가 부족하다는 점입니다. 이로 인해 산업 생태계가 상당히 빈약해지게 되었습니다.

또한 반도체 산업은 주로 D램을 중심으로 한 메모리 부문에 집중되어 있어서 반도체 산업 제품의 다양성이 부족해졌습니다. 특히 D램 시장은 고도의 경기 순환 특성을 가지기 때문에 산업이 단일 제품에 과도하게 집중되어 시장 리스크가 높습니다. 예를 들어, 2015~2019년 메모리 칩은 한국의 반도체 수출에서의 비중을 53.7에서 67.1%로 높여 왔습니다.3

또한 D램에 중점을 두고 생산이 집중되어 있음에도 불구하고 한국 내 시장과의 격차가 심각하게 존재하며, 생산자와 사용자 간의 상호 작용이 부족하여 시장과의 상호 작용을 통한 학습과 혁신의 원천이 부족합니다. 게다가 새로운 애플리케이션 분야에서 기술의 시너지 효과를 얻기 어려운 상황입니다. 예를 들어 1993년 한국의 반도체 산업 매출액에서 메모리의 비중은 84.7%이지만 한국 내 수요 중에서는 메모리의 비중은 19.4%에 불과했습니다. 반면 다른 아날로그, 로직, 마이크로 프로세서 칩 등이 대량 수요를 가지고 있는 점을 보면 해당 산업과 국내 수요가 심각하게 차이가 난다는 사실을 알 수 있습니다.

그리고 한국은 정부가 산업 개발 임무를 대기업에게 맡겨 산업 발전 전체적인 계획이 부족했으며, 국가의 혁신 체계가 상당히 약하여 삼성전자와 현대전자의 등의 기업이 기술 기반을 외국에 구축하거나 기업 내부에 연구소를 설립해야 했습니다. 국내에서 필요한 엔지니어를 구하지 못하는 상황이었는데, 이는 정부의 지원을 적극적으로 받은 대만의 반도체 산업 발전 모델과는 매우 다른 양상을 보입니다.

삼성의 Vision 2030

삼성전자는 한국의 반도체 선두 주자로서, 2021년 D램 시장 점유율이 세계에서 약 40%로, 낸드 플래시 메모리의 글로벌 시장 점유율도 약 30% 정도를 차지했습니다. 다시 말해, 삼성의 제품 라인은 주로 반도체 메모리에 집중되어 있다는 뜻입니다.

반도체 사업을 확장하기 위해 삼성전자는 2019년 4월, '2030년 비메모리 영업 전략' 또는 'Vision 2030'이라고 불리는 전략을 발표했습니다. 이 전략은 2030년까지 비메모리 반도체 분야에 113조 원을 투자하여 3나노 프로세스 개발 및 칩 파운드리, 시스템 칩 통합, AI 기반 응용 프로세서(AP) 칩, 자동차 시장 진출 등의 사업에 투자하는 것을 목표로 합니다. 삼성은 2030년까지 시스템 반도체 분야의 선두 주자가 되기를 희망합니다. 삼성은 대표적인 신생 주요 사업으로 파운드리 분야를 개척하고, 미세 공정 개발에 최선을 다하고 있으며, 이로 인해 향후 TSMC의 파운드리 사업에 대한 경쟁 압박이 예상됩니다.

한·일 반도체 무역 분쟁

2018년 10월, 한국 법원은 일본 기업이 제2차 세계대전 기간에 한국 노동자를 강제 동원한 사건에 대해 일본제철(Nippon steel)이 배상을 해야 한다는 판결을 내렸고, 일본 정부는 불만을 표출했습니다.

2019년 7월, 일본은 한국의 주요 산업인 반도체와 OLED 패널 제조에 필요한 폴리이미드, 플루오로카본, 리소그래피 등 3개의 핵심 소재에 수출 강화 규제를 시행했습니다. 이 규제 조치에 따라 일본 기업은 한국으로 출하할 때마다 약 90일 정도의 심사를 거쳐야 합니다.

문제가 발생하고 나서야 원인을 알다

일본의 수출 규제 조치에 대응하기 위해 한국 정부는 2019년 8월에 100개의 핵심 제품을 국산화하고, 원자재와 장비에 대한 외부 의존도를 낮추기 위해 약 5.7조 원을 투자하기로 발표했습니다. 동시에 일본은 한국을 수출 우대 대상에서 제외하기로 결정했습니다. 보통 일본은 안보 친화국을 화이트리스트 국가에 포함시키는데, 특정 제한 제품을 제외하고 기업은 자유롭게 수출할 수 있습니다. 이제 한국이 화이트리스트 국가에서 제외되면 경제산업부는 언제든지 국가 안보를 이유로 특정 제품에 대해 90일의 수출 심사를 진행하여 실질적으로 수출 통제를 가할 수 있게 됩니다. 한국 기업은 공급망 붕괴의 위험을 피하고 재고를 미리 확보하려면 생산 비용 증가 사태를 맞이해야 한다고 생각했습니다.

한국은 2019년 10월에 일본의 수출 관리 조치를 세계무역기구에 고소했습니다. 2020년 7월에는 한국이 국산화 제품 대상을 338개로 확대했습니다. 한국은 대만과 마찬가지로 일본과의 무역 적자가 가장 큰 국가며, 실제로 2020년에는 일본과의 무역 적자가 약 27조 원에 이르렀습니다. 그만큼 핵심 원자재와 부품에 대한 의존도가 높습니다. 어쨌든 일본의 수출 규제 조치에 대응하기 위해 한국은 세 가지 방법을 적극적으로 추진했습니다. 첫째, 다른 국가나 일본 공급업체의 해외 생산 기지에서 수입한다. 둘째, 일본 공급업체가 한국에 투자하고 공장을 설립하도록 촉진한다. 셋째, 한국 기업이 수입을 대체하기 위해 자체적으로 연구개발과 생산을 촉진한다.

대일 의존도를 축소하다

한국은 재벌을 통한 반도체 주력의 특수 모델로 발전해 왔기 때문에 삼성전자는 과거 공급업체에 지원과 투자를 매우 적게 했습니다. 하지만 일본이 수출 규제 조치를 시행한 이후 삼성전자는 한국 내에 공급업체와 원료 제조업체로 구성된 공급망을 구축하기 위해 중소기업에 적극적으로 투자하고 있습니다.

이렇게 한국은 일본과의 무역 갈등과 미·중 대립 상황에서 해외 의존도를 낮추는 노력을 하고 있습니다. 삼성의 투자 열기는 2020년 7월에 반도체 화학 원료 제조업체인 솔브레인(Soulbrain)에 249억 원을 투자하는 것으로 시작되었습니다. 솔브레인은 칩 생산에 필요한 불화수소를 공급합니다. 또한 11월에는 웨이퍼 폴리싱 시스템 개발사인 케이씨테크(KC Tech)에 207억 원을 투자하고, 2021년 3월에는 마스크 소재 공급 업체인 에프에스티(Fine Semitech)에 430억 원을 투자하였으며, 8월에는 에칭 소재 회사인 디엔에프(DNF)에 210억 원을 투자했습니다. 삼성과 그 계열사는 2020년 7월부터 2021년 8월까지 총 9개의 회사에 2,762억 원를 투자한 것으로 삼성의 재무제표에서 확인되었습니다. 게다가 삼성전자의 한국 장비 제조업체들은 접착 및 노광 장비 등의 개발과 생산에 주력했습니다. 한국 정부의 보조금 및 장려 정책에 힘입어 SK, LG 그룹 등의 기업들도 재료 분야에서 활발한 연구개발을 진행하는 중입니다.

산업 자체의 노력 외에도 한국은 반도체 및 디스플레이 원자재와 장비 모두에서 거대한 시장을 보유하고 있기 때문에 일본 공급업체들은 한국에 공장을 설립하거나 생산 규모를 확대하라는 요청을 받고 있습니다. 도쿄오카공업, 다이킨공업(Daikin Industries) 등 일본 공급업체들은 한국에 공장을 설립하거나 생산 규모를 확대해야 한다는 압박을 받자 곧바로 생산 기지 확장에 나섰습니다. 스미토모 화학(Sumitomo Chemicals)도 2021년 8월, 한국에 100억 엔 이상을 투자해 첨단 반도체 생산에 사용되는 포토레지스트 생산 기지를 설립하겠다고 발표했습니다. 이러한 상황은 일본 산업이 공백화되면서 일자리가 줄어드는 결과를 가져올 것입니다.

2021년 7월, 한국 정부는 원자재 및 부품 산업의 성과 보고회를 개최했습니다. 문재인 대통령은 이 행사에서 "일본의 불공정 수출 규제에 맞서 자립의 길을 걸어온 지난 2년 동안 위기를 극복하고 일본에 대한 의존도를 줄이는 데 성과를 거뒀다."라고 언급했습니다. 8분에 이르는 연설에서 문재인 대통령은 "핵심 100개 항목 제품에 대한 일본 의존도가 31.4~24.9%로 감소했다."고 밝히며, 특히 불화수소의 일본 의존도는 42~13%로 크게 감소했다고 언급했습니다. 삼성전자가 투자한 솔브레인과 SK머티리얼즈(SK Materials) 등의 한국 기업이 일본 공급업체들을 대체한 결과입니다. 그럼에도 전반적으로 한국의 반도체 제조업이 일본에 의존하는 상황을 완전히 벗어나기는 어렵습니다.

K-반도체 전략

미·중 대립, 코로나19로 인한 반도체 칩 부족, 선진국들의 반도체 제조 역량 강화 등에 직면하여 한국은 국내 반도체 기술과 제조 기반, 새로운 산업 체인을 확보하기 위해 이전의 소극적이고 수동적이던 대응 방식을 전환하였습니다. 2021년 5월, 문재인 대통령은 삼성 공장을 방문하는 기회를 이용하여 'K-반도체 전략'이라는 종합 반도체 칩 산업 지원 계획을 발표했습니다.

파주, 화성, 평택, 용인 등 주요 반도체 산업 단지가 K자 형태로 분포되어 있기 때문에 정부가 이를 'K-웨이퍼 산업 벨트'로 명명하였습니다. 해당 전략 보고서에 따르면4 'K-반도체 전략'의 개발 비전은 2030년까지 세계 최고의 반도체 공급 체인을 구축하는 것입니다. 구체적인 추진 전략은 다음과 같습니다.

총 네 가지의 전략 방향이 있는데 첫째, K-웨이퍼 벨트 구축. 둘째, 반도체 시설 지원 강화. 셋째, 반도체 성장 기반 강화. 넷째, 반도체 위기 대응 능력 향상입니다. 그리고 이 네 가지 방향에 대한 목표는 아래와 같습니다.

1. 2020년에 992억 달러였던 수출액을 2030년에 2,000억 달러로 증가시킨다.

2. 2019년에 149조 원이던 생산 가치를 2030년에 320조 원으로 성장시킨다.

3. 2019년에 18.2만 명이던 고용을 2030년에 27만 명으로 늘린다.

4. 2020년에 39.7조 원이던 투자를 2030년까지 총 510조 원으로 누적
   투자한다.

K-반도체의 4대 전략

'K-반도체 전략'에서 펼치려는 네 가지 주요 전략도 구체적으로 살
펴보겠습니다.

- 전략 1. K-반도체 산업 벨트 구축

  이 전략은 주로 두 가지 주축을 따릅니다. 첫째는 메모리와 파운드
  리 두 가지 분야를 계속 발전시키는 것이고, 둘째는 클러스터
  (cluster), 전용 구역 및 플랫폼을 통해 공급망을 탄탄하게 만드는 것
  입니다. 이 전략에는 재료, 부품 및 장비 전용 구역, 하이테크 장비
  공동 기지, 하이테크 패키징 플랫폼, 팹리스 반도체 회사 캠퍼스 등
  이 포함됩니다.

- 전략 2. 반도체 시설 지원 강화

  이 전략은 세금 우대, 재정 지원, 규제 조정, 수력 및 전력 등 기반
  시설 개선을 중점으로 합니다. 세금 우대는 연구개발 비용과 시설
  투자 두 가지 유형으로 나누어 기업 규모와 기술 유형(일반 기술, 새로
  운 성장과 원천 기술, 핵심 전략 기술 등)에 따라 다른 우대율을 부여합니다.
  재정 지원은 장기 우대 대출 방식을 통해 산업 체인과 관련된 재료,
  장비, 설계, 제조, 패키징 기업 투자를 주로 지원합니다. 대출 납입
  기간은 5년의 유예 기간과 15년의 분할 납입으로 이자 우대율은

1.0%입니다.

규제 조정의 목적은 정부 규정이 반도체 산업 운영 특성과 투자 요구에 부합하도록 하는 것으로, 반도체 생산 설비 신규 건설에 대한 허가, 건축, 안전 점검 등의 승인 시간을 단축시키고 반도체 시설 운영 시 온실가스 등의 규제 규정을 합리화합니다.

기반 시설 개선은 반도체 제조에 불가결한 공급수, 전력 공급 및 폐수 처리를 우선적으로 지원하여 투자와 운영이 원활하게 이루어질 수 있도록 하는 것이 목적입니다. 예를 들어, 평택과 용인의 두 지역 반도체 클러스터의 공급수 안정성을 위해 2040년에 필요한 수량과 수원을 고려한 수자원 개발 계획을 수립하고 있습니다.

■ 전략 3. 반도체 성장 기반 강화

장기적인 발전을 위해 인재, 시장, 연구개발 세 가지 주요 축을 기반으로 구축합니다. 인재 육성은 반도체 인재 교육 능력을 확대하고, 다양한 프로젝트를 활용하여 산학 협력을 강화하여 산업에 필요한 인재를 육성하며, 한국 반도체 종합 교육 센터를 추진하여 반도체 설계 교육 및 제조 학습 등의 기능을 제공합니다.

시장 측면에서는 반도체 제조로부터 파생되는 시장 기회와 주변 소재, 부품 및 장비 등의 로지스틱(Logistic) 산업과 협력하여 강력한 산업 공급망을 구축합니다.

연구개발 측면에서는 더욱 구체적으로 다음과 같은 세부 전략을 추진합니다.

1. 탄화 규소, 질화갈륨, 산화갈륨 등의 새로운 세대의 전력 반도체
2. AI, 5G, 자율 주행 등에 대응하는 대용량 고속 데이터 처리를 위한 새로운 반도체 아키텍처
3. 하이테크 융합 센서
4. 반도체 및 제조에 필요한 관련 재료, 부품, 장비 등의 연구개발

— 전략 4. 반도체 위기 대응 능력 강화

주요 목표는 한국 내 건전한 생태계를 유지하기 위함입니다. 첫째, 반도체 산업의 인재 양성과 수도 전력 등의 기반 시설, 투자 가속화 및 연구개발, 관련 관리 규정 등의 필요에 따라 '반도체 특별법'을 마련합니다. 둘째, 중장기 차량용 핵심 반도체 공급망의 국내화를 추진하여 독자적인 생태계를 완성합니다. 셋째, 관리 체제를 강화하여 반도체 핵심 기술 유출을 방지합니다. 넷째, 탄소 중립에 대응하도록 반도체 산업에 지원을 제공하고 연구개발을 지원하며 인증 시스템을 구축합니다.

정리하자면 'K-반도체 전략'은 안정적인 칩 생산을 위한 공급망 기반 인프라를 구축하여 반도체 대국을 구현하려는 종합적인 산업 발전 전략입니다. 이전과는 다르게 세금 혜택과 금융 지원뿐만 아니라 물과 전력 등의 기반 시설 확대, 인재 육성 등의 지원도 포함되어 있습니다. 특히 한국 정부는 산업계의 제안을 수렴한 후 용인과 화성 등 핵심 반도체 공장에 10년 동안 사용 가능한 수자원을 미리 확보할 계획인 것이 눈길을 사로잡습니다.

한국 정부의 강력한 지원과 민간 기업의 늘어난 투자에 기반하여 극자외선 장비 공급업체인 ASML은 경기도 화성에 2,400억 원을 투자하여 인재 양성 센터를 건설하기로 결정했으며, 장비 공급업체인 램 리서치(Lam Research Corporation)는 생산 시설을 현재의 2배로 확장하는 계획을 가지고 있습니다.

싱가포르는 반도체 다국적 기업의 중심지 (II)

동남아시아 국가 중에서 싱가포르는 자유무역 환경, 외국인 투자에 대한 매력적인 세율 제도, 안정적인 정치·경제 체계, 완비된 기반 시설 및 효율적인 정부 행정 능력 등으로 반도체 제조의 중심지며 다국적 기업의 지역 본부로 알려져 있습니다. 2021년 싱가포르와 말레이시아는 대만이 동남아시아에서 반도체를 수입하는 국가로 각각 6%의 비중을 차지하고 있습니다. 하지만 싱가포르는 대만이 수출하는 반도체의 주요 수출국으로, 대만의 반도체 수출의 12%를 차지하며 중국과 홍콩을 잇는 중요한 시장입니다.

현재 글로벌파운드리(Global Foundries)와 UMC 등이 싱가포르에 파운드리 공장을 설립하고 있습니다. UMC의 12i 웨이퍼 공정은 0.13마이크로미터에서 40나노미터 공정을 제조하며, 월 생산 능력은 약 5만 장의 12인치 웨이퍼입니다. 이 공장은 20년 넘게 운영되고 있으며 제조 외에도 UMC의 특수 공정 연구개발 센터 역할도 수행하고 있습니다. 마이크론은 3개의 메모리 공장과 1개의 조립 및 테스트 공장을 운영하고 있습니다. 또한 외주 패키징 및 테스트 공장으로는 ASE(日月光集團, 르웨광)과 JCET(長電科技) 등의 중요한 기업들이 있습니다.

싱가포르의 발전 환경 전망은 긍정적이어서 다국적 기업들은 추가 투자를 표명하고 있습니다. 2022년 7월, 프랑스의 웨이퍼 제조업체 소이텍(Soitec)은 싱가포르 공장에 4억 유로 투자하여 확장하고, 생산 능력을 전체 글로벌 생산 능력의 2/3인 200만 장의 12인치 웨이퍼로 향상시킬 예정입니다. 파운드리 분야에서는 글로포(GloFo)가 40억 달러를 투자하여 생산 능력을 확대해 새로운 공장을 2022년 6월부터 가동하기 시작했으며, 2026년까지 연간 150만 장의 12인치 웨이퍼 생산 능력을 보유할 것으로 예상됩니다. 또한 UMC는 2022년 2월에 증자 50억 달러로 기존 12인치 공장을 28/22나노미터 공정으로 확장할 것을 발표했습니다. 자동차 전자, 사물인터넷 및 5G 등의 수요를 충족시키는 데 사용될 예정이며, 2024년까지 월간 생산 능력은 3만 장의 웨이퍼에 이를 것입니다.

반도체 제조 외에도 공급망 관련 기업들이 싱가포르에 투자, 공장 설립, 기술 서비스 센터 설립 등을 하려고 관심을 보입니다. 예를 들어, 미국의 주요 장비업체인 어플라이드 머티어리얼즈(Applied Materials)는 여러 해 전부터 싱가포르를 지역 본부로 선택했습니다. 이는 싱가포르의 세제 우대 혜택을 고려한 결과입니다.

말레이시아는 풍부하고 저렴한 인력과 정부의 정책 지원으로 전자 조립 공장이 번성하고 있습니다. 이에 따라 반도체 제조 백엔드 단계인 테스트 및 패키징의 중심지로 발전하였습니다. 인피니언(Infineon), NXP 및 ST마이크로일렉트로닉스와 같은 50여 개의 반도체 다국적 기업이 말레이시아에 테스트 패키징 공장을 운영하고 있으며 인피니언의 말레시아 패키징은 회사 전체 사업에서 3분의 1 분량을 차지합니다.

　관련 기관의 추산에 따르면 말레이시아의 테스트 및 패키징은 세계의 약 13%를 차지하며, 대만과는 반도체 제조 프론트엔드와 백엔드에서 상당한 수준의 업무 분업 관계를 가지고 있습니다. 또한 말레이시아 정부 통계에 따르면, 2019년 말레이시아의 반도체 수출은 세계의 5%를 차지하며, 그중에서 테스트 및 패키징이 주요 부분을 차지하고 있습니다. 2021년 8월 신종 코로나19 팬데믹이 심각해지면서 말레이시아의 반도체 테스트 및 패키징에 공급망에도 위기가 발생하여 결국 글로벌 자동차 전자 산업에 영향을 주었습니다.

　대만의 최대 테스트 패키징 업체인 ASE는 1991년부터 말레이시아에 투자해 오면서 수십 년간 말레이시아에 진출한 상황입니다. 2022년 11월에는 말레이시아에서 2025년까지 완공될 예정인 말레이시아 제4공장과 제5공장 기공식을 추가로 개최해 5년 동안 3억 달러를 투자할 것이라고 발표했습니다.

　인피니언은 2022년 7월 15일, 말레이시아에서 탄소 규화와 질화갈류 반도체 제조 능력을 향상시킬 최첨단 웨이퍼 제조 공장의 기공식을 거행했습니다. 80억 랑깃(약 2조 3천억 원) 이상을 투자한 이 공장은 2024년까지 완공될 예정입니다.

한편 미국의 램 리서치는 말레이시아에 반도체 제조 장비를 설치한 최초의 기업으로, 약 10억 말레이시아 링깃을 투자했습니다. 이 장비를 갖춘 말레이시아 공장은 램 리서치의 가장 큰 공장으로, 앞으로의 말레이시아 공장의 생산 능력이 램 리서치 전체의 1/3을 넘을 것이라고 주장하고 있습니다.

Ⅳ 미래 반도체의 중심이 되기를 원하는 인도

중국을 제외한 개발 도상국 중에서 반도체 제조국으로 진출하고 더 나아가 세계적인 반도체 중심지(semiconductor hub)가 되고자 하는 나라는 인도입니다.

산업 구조 혁신의 과제를 받은 인도

인도는 오랫동안 서비스 산업을 통해 경제 성장을 이끌어 왔으며 고객 서비스 센터, 소프트웨어 디자인 아웃소싱 등의 정보 기술 외주 대행 서비스는 국제적으로 명망 높은 산업입니다. 아시아개발은행

(ADB)의 '2022 아시아 태평양 주요 지표 보고서'에 따르면 2000년에는 인도의 서비스 부문이 GDP의 46.8%를 차지했고, 산업 부문은 29.9%에 그쳤습니다. 하지만 2021년에는 서비스 부문이 52.7%로 상승하였으며, 산업 부문은 28.7%로 감소하였고, 농업 부문은 여전히 18.6%를 차지하고 있습니다.

인도 정부는 최근 10~20년간 제조업 발전에 힘썼지만 산업 개발 환경에서 큰 변화를 이루지 못했습니다. 비즈니스 환경이 크게 개선되지 못하였으며 과도한 정부 규제, 번거로운 세법 체계, 중앙 및 지방 정부의 정책 조정 부족 등의 문제가 여전히 존재합니다. 제조업 개발을 위해 외국 투자를 유치하기 위한 특별경제구역(SEZ) 및 노동 법규 개정 등은 실질적인 성과를 얻기까지 시간이 오래 걸렸습니다.

세계은행의 '세계 개발 지표(World Development Indicators, WDI)' 통계에 따르면 2000년에 제조업은 인도 GDP의 15.9%를 차지했으나 2021년에는 14.0%로 감소하였습니다. 또한 중요한 기술 분야에서는 인도가 여전히 큰 무역 적자를 내고 있습니다. 2019년에는 전자 관련 장비 및 부품 무역 적자가 63.4억 달러에 이르렀으며 컴퓨터, 휴대폰, 반도체 등의 분야를 포함하며 수입에 의존합니다.

인도의 원대한 비전

나렌드라 모디(Narendra Modi) 총리가 집권하면서 인도의 기술 산업 발전을 추진되었습니다. 특히 '인도 제조(Make in India) 및 자력 갱생(Atmanirbhar Bharat)'이라는 원대한 비전을 내걸고 전자 시스템 설계 및 제조(ESDM) 분야에서 '생산 연결 인센티브 계획(Production Linked Incentive Scheme, PLI)'을 추진하였습니다. 이는 정부가 특정 대규모 투자 계획에 대해 유리한 보조금을 제공하는 최초의 사례로, 반도체 및 디스플레이 관련 보조금은 7,600억 루피(약 12조 2천억 원) 규모로 예상되어 국제적으로 다국적 기업들의 관심을 불러일으켰습니다.

또한 외부 환경도 인도가 반도체 산업을 발전시킬 수 있는 좋은 기회를 제공하고 있습니다. 최근 몇 년간 미·중 갈등이 심화되고 있으며 2021년 바이든 정부는 중국과의 전략적 산업 분야의 연결을 끊고 중국의 참여가 없는 공급망을 구축하도록 행정 명령을 서명하였습니다. 이로 인해 산업 개발은 자유 무역에서 국가 안보를 강조하는 기술 국가주의로 전환되는 중입니다. 애플, 삼성 등 일부 기술 기업은 공급망을 중국에서 인도로 점진적으로 이동시켰고, 인도는 반도체 및 전자 부품 분야의 공급망을 더욱 발전시키려는 야심을 품고 있습니다.

2022년 8월, 인도 전자반도체협회(IESA)와 카운터포인트 리서치(Counterpoint Research)는 '2019~2026 인도 반도체 시장 보고서'를 발표했습니다. 이 보고서에 따르면 2021년 인도의 전자 단말기 장비 시장 규모는 1,190억 달러며 시장 구성은 모바일 및 웨어러블 장치가 51%, 정보 기술이 20%, 산업이 9%, 소비자 전자가 7%, 통신이 5%, 자동차가 5%, 항공 및 국방이 3%를 차지하고 있습니다.

다시 말하면 TOP 3 분야가 전체의 80%를 차지한다는 뜻입니다. 2021년부터 2026년까지의 연평균 성장률은 19%로 예상되며 2026년까지 3,000억 달러에 이를 것으로 보이며, 전자 시스템 설계 및 제조(ESDM)는 인도의 종합적인 성장을 주도하는 주요 동력이 될 것

으로 예상됩니다.5

현재 인도의 전자 단말기 장비 생산은 반도체 부품에 대한 수입에 크게 의존하고 있습니다. 인도 정부의 발표에 따르면 2020년 인도의 반도체 시장은 150억 달러고 2026년까지 630억 달러 이상으로 예상되며, 장기적인 추세로 중국에 이어 두 번째로 큰 반도체 시장이 될 것으로 예상됩니다. 이러한 거대한 시장 기회와 정부가 제공하는 우대 지원을 활용하여 인도 정부는 전 세계적인 반도체 중심지가 될 것으로 기대를 모으고 있습니다.

인도의 생산 연계 인센티브 계획

과거 인도 정부는 제조업 발전을 추진하기 위해 두 번의 시도를 하였지만 각 산업 부문의 발전 결과가 다양하게 나타나면서 완전한 산업 체인을 구축하지 못했습니다. 예를 들어, 인도에는 성공한 일반 의약품 제조업이 있지만 약물의 활성 성분(API)은 주로 중국에서 수입합니다. 또한 인도에는 자체 자동차 및 자동차 부품 산업이 있지만 자동차 전자 장치는 주로 수입에 의존하고 있습니다. 이번에 인도 중앙 정부는 대규모 보조금을 제공하며 개혁을 적극적으로 추진하여 제조업의 발전에 큰 희망을 품고 있습니다.

생산 연계 인센티브(Production Linked Incentive, PLI) 계획은 인도 중앙 정부의 주요 산업 정책 도구로써 전략적 부문의 투자를 촉진하기 위해 도입되었습니다. 이 계획은 2020년 자동차 부품, 자동차, 항공, 화학 제품, 전자 시스템, 식품 가공, 의료 장비, 금속 및 광물, 의약품, 재생 에너지, 통신, 섬유 의류 및 백색가전 등 13개 주요 산업의 제조업을 대상으로 지원을 제공하였습니다. 각 주요 범주에는 특정 제품 항목이 있으며, 각 제품 범주의 보조금 조건과 신청 접수 시간이 다릅니다. 예를 들어 통신 분야에서 인도 정부는 제조업자에게 5년 내에 생산 비용의 4~6%의 보조금을 제공하므로 삼성전자, 폭스콘(Foxconn), 위스트론(WISTRON) 등 기업들이 스마트폰 생산을 위해 투자하고 인센티브를 신청했습니다.

생산 연계 인센티브 계획에서 디스플레이 패널을 포함한 반도체 프로젝트에 대한 보조금이 가장 큽니다. 중앙 정부는 2021년 12월, 반도체에 대한 보조금 지침을 발표했습니다. 웨이퍼 제조 공장의 보조금은 제조 공정 노드에 따라 다른 수준으로 구분됩니다. 45~65나노미터 공장은 자본 지출의 30%를 보조받고, 28~45나노미터는 40%를 보조받으며, 28나노미터 이하는 50%를 보조받습니다. 패키지 제조 부분은 최대 30%의 보조금을 받을 수 있으며, 팹리스는 순매출의 4%~6%를 보조받습니다. 각 범주의 투자 프로젝트에는 상한이 적용되는데 웨이퍼 제조의 경우 단일 투자 프로젝트의 최대 보조금이 1,500억 루피(약 2조 4천억 원)를 초과하지 않습니다.

2022년 2월 15일, 첫 번째 신청 회차에서 중앙 정부는 반도체 제조 및 패널 투자 프로젝트 신청서 5건을 받았습니다. 이는 총 205억 달러의 투자로 반도체 3건과 디스플레이 2건을 포함하고 있습니다. 반도체 웨이퍼 제조 프로젝트는 폭스콘과 인도의 베단타(Vedanta)의 합작사인 싱가포르의 IGSS 벤처스, 이스라엘의 국제 반도체 컨소시엄(ISMC) 등이 28~65나노미터 반도체 공장을 설립하여 월 12만 개의 웨이퍼 생산 능력을 갖추며 총 136억 달러를 투자하고 중앙 정부로부터 약 56억 달러의 재정 지원을 받으려고 했습니다.

디스플레이 패널 분야에서는 베단타와 엘레스트(Elest)가 투자 신청을 제출했으며, 총 투자 금액은 약 27억 달러로 8.6세대 TFT LCD 패널과 6세대 고급 AMOLED 패널 공장을 포함합니다.

SPEL(Semiconductor Ltd, 인도), HCL(인도), Syrma Technology(미국), Valenkani Electronics(인도) 등 4개의 회사도 반도체 패키징 투자 프로젝트 신청을 제출했으며 루톤샤(Ruttonsha International Rectifier, RIR, 인도)는 복합물 반도체에 대한 투자를 신청했습니다.

인도에는 사하스라 세미컨덕터(Sahasra Semiconductor)라는 회사가 있습니다. 이 회사는 2020년 7월 15일에 설립된 최초이자 완전히 민간 운영되는 반도체 기업입니다. 주로 낸드 플래시 집적 회로 패키지 테스트 업무를 수행하며 2023년 7월까지 상용화 생산이 가능할 것으로 보입니다.

그러나 생산 연계 인센티브 계획에 따라 2022년 9월에 반도체와 디스플레이 패널 제조 보조금은 모두 50%의 건설 자본 지출을 보조하는 방식으로 수정되었습니다. 이는 산업 생태계를 건전하게 유지하고, 반도체 프론트엔드 제조만 있고 백엔드인 패키징 및 테스트 없는 경우와 같은 따른 산업 발전의 공백이 발생하지 않도록 하기 위함입니다.

주 정부의 적극적인 보조금 및 인센티브 전략

반도체 제조는 인도 중앙 정부가 촉진하고 있는 핵심 산업이기 때문에 투자를 적극적으로 유치하려는 지방 정부는 중앙 정부가 제공하는 보조금 이외에도 추가적인 인센티브를 제공합니다. 예를 들어, 자본 지출에 대해 추가 10~15%의 보조금을 제공하여 투자 비용을 35~40%로 낮춥니다.

구자라트(Gujarat) 주 정부는 투자 유치의 의지를 보여주기 위해 2022년 7월에 '2022~2027 구자라트 반도체 정책'을 발표하여 칩 제조업체의 투자를 적극적으로 유치하고 있습니다. 이는 인도에서 반도체 및 디스플레이 패널 제조업을 지원하기 위한 주 정부의 정책으로 중앙 정부의 자본 지출 지원에 협조하는 것 외에도 주 정부는 추가적인 다양한 지원을 제공합니다.

이 지원에는 구체적으로 다음과 같은 사항이 포함됩니다. 주 정부는 돌레라 특별 투자 지역(Dholera SIR)에 돌레라 반도체 도시(Dholera Semiconductor City)를 설립할 예정이며, 초기 구매한 200에이커의 토지에 대해 75%의 보조금을 제공하고 확장이나 업·다운스트림 투자 계획에 필요한 추가 토지에 대해서는 50%의 보조금을 제공합니다. 또한 자격을 갖춘 계획은 필요한 공업수 공급을 받으며 최초 5년 동안은 $1m^3$당 12루피(인도 통화)의 수도요금을 지불하고 그 이후로 매년 10%씩 인상됩니다. 그 외에도 다양한 세금 감면 및 신청 절차를 단일 창구 서비스로 제공하는 메커니즘 등이 있습니다. 이러한 우수한 혜택을 통해 구자라트 주는 선두를 달리고 있으며 이스라엘의 국제 반도체 컨소시엄은 65나노미터 아날로그 반도체 공장을 돌레라에 30억 달러 투자할 예정임을 발표했습니다.

인도는 대규모 투자에 우수한 보조금을 제공하는 지원 외에도 무역 환경을 개선하기 위해 노동 법규 개정, 법인세 조정, 특별 경제 특구(Special Economic Zone, SEZ) 설립 및 운영 환경 개선 등 다양한 조치를 취하고 있습니다. 이에 따라 세계은행의 연례적인 비즈니스 환경 평가에서 인도는 2017년에는 100위로 시작하여 2020년에는 63위로 상승하였습니다.

과거에는 인도의 중앙 정부와 지방 정부의 정책 불일치, 비효율적인 관료 체제 그리고 후진적인 기반 시설 등이 투자의 잠재적인 장애가 되곤 했습니다. 특히 다양한 기반 시설 관련 문제에서는 반도체 웨이퍼 제조에 다양한 기체와 특수 화학 물질이 필요한데 예를 들어, 네온 가스와 아르곤(Argon) 가스를 운송하기 위해서는 여러 주를 거쳐야 합니다. 고순도의 물 공급은 중단되지 않아야 하며, 월 4만 개의 웨이퍼 생산 능력이 있는 공장은 하루에 약 1만 톤의 공업수를 필요로 합니다. 공장은 안정적인 전력 공급이 필요하며, 생산에 필요한 화학 물질과 기체 금속 및 광물의 60%는 해외에 의존합니다. 따라서 공장의 위치는 항구, 공항 및 내륙 고속도로와의 근접성이 요구됩니다. 이 모든 것이 인도의 반도체 산업의 경쟁력과 성공을 시험하는 중입니다.

관대한 보조금으로 다국적 기업들을 유치한다?

생산 연계 인센티브 계획의 일환으로 신재생 에너지 차량은 중요한 인센티브 대상 항목입니다. 세계적으로 유명한 전기 차 회사인 테슬라는 인도 정부의 적극적인 유치 대상이 되었습니다.

인도 수송장관 나틴 가드카리(Nitin Gadkari)는 인도는 중국보다 더 좋은 인센티브 조건을 제공할 수 있다고 말했습니다. 특히 테슬라가 공급망을 현지화해야 한다면 테슬라가 인도에 공장을 설립하여 전기 차를 생산하는 비용이 절대적으로 더 낮아질 것이라고 설명했습니다. 이는 중국 상하이 공장에서 제조되는 테슬라가 대량으로 현지 생산 부품을 사용하는 것을 의식한 발언입니다.

그러나 테슬라 CEO 일론 머스크(Elon Musk)는 "테슬라가 인도에 공장을 설립하려면 먼저 수입 관세를 낮춰서 테슬라가 현지 수입차 시장을 안정시켜야 공장 설립 여부를 결정할 것이다."라고 말했습니다. 인도는 충전 인프라가 부족하고 구입 비용이 높아 소비자들이 전기 차에 흥미를 갖지 않는 상황입니다. 2020년 인도에서 판매된 240만 대의 차량 중 전기 차는 겨우 5,000대에 불과했습니다.

닭과 달걀 문제

2021년 7월, 머스크는 자신의 트위터에 인도의 수입 관세가 세계에서 가장 높다고 비판했습니다. 인도는 미화 4만 달러 이하의 차량에는 60%, 4만 달러 이상의 차량에는 100%의 관세를 부과합니다. 높은 수입 관세 외에도 인도에서 테슬라가 직면한 또 다른 과제가 있습니다. 인도에서 전기차가 전체 자동차 시장에서 차지하는 비중이 아직 1% 미만이라는 점입니다. 인도의 도로는 여전히 마루티 스즈키(MARUTI SUZUKI), 현대 자동차, 타타 자동차(TATA MOTORS)와 같은 제조업체가 생산하는 값싼 휘발유 및 디젤 자동차가 지배하고 있습니다.

그리고 또 다른 과제도 존재합니다. 테슬라가 인도에서 전기차를 생산해야 한다는 모디 총리의 강경한 태도입니다. 인도 정부는 머스크의 주장을 부인하며 2021년 10월에는 테슬라에게 중국에서 제조된 전기차를 인도에서 판매하지 말고 인도 내에서 생산 및 수출하도록 요구했습니다.

위에서 언급된 바와 같이 인도 정부의 산업 개발 철학은 여전히 국내 시장을 보호하고, 이를 산업 개발의 시작점으로 삼으며 투자를 촉진하기 위해 우대 조치를 동반합니다. 인도의 조건이 부족하다는 점을 보완하기 위함이며 스마트폰과 같은 제품을 포함합니다. 다운스트림 시장의 지지로부터 충분한 지원을 받은 후에는 반도체, 디스플레이 패널 등의 부품 산업으로 발전됩니다.

그러나 이러한 개발 모델은 신에너지 자동차와 같이 내부 수요 시장이 아직 부족한 산업 같은 경우에는 아무리 높은 보조금이 제공되더라도 그 효과를 얻기 어렵다는 게 문제입니다. 이러한 산업 개발은 장애에는 더 창의적인 개발 모델이 필요하고, 산업 정책과 조치에 더욱 세밀한 디자인이 필요합니다.

한국은 일본의 D램 메모리 제조를 이어받은 후발주자입니다. 시기 적절함과 함께 한국이 재벌을 산업 발전의 주체로 삼아 좋은 기회를 적시에 포착한 덕분입니다.

그러나 일본과 한국은 다릅니다. 일본 기업은 공급망 체계에 중점을 두고 발전 과정에서 관련 부품업체의 발전을 동반하여 고유한 '중심-위성' 체계를 구축합니다. 이 체계는 상호 의존적인 생태계를 형성하는데, 자동차 산업과 같이 각각 독립적이며 접점이 없습니다. 반면 한국 기업은 기존에는 전용 부품업체의 발전에 중점을 두지 않고 재벌을 중심으로 한 발전 모델에서는 삼성을 대표로 한 메모리 산업을 강력하게 발전시켰지만 건전한 생태계를 구축하지 못했습니다. 디자인, 장비, 재료, 테스트 등의 부품업체가 부족하여 일본에 의존해야 했기 때문에 한·일 무역 전쟁이 시작되며 어려움을 겪었습니다.

산업 발전은 발전 조건이 산업 발전의 수준과 모델을 결정하며, 동남아시아 각국에서 이를 확인할 수 있습니다. 대부분의 동남아시아 국가는 발전 조건이 부족하기 때문에 상대적으로 저렴하고 풍부한 인력과 인센티브 및 지원 정책을 활용해 외국 기업의 조립 패키징 공장을 유치하기 위해 노력합니다. 싱가포르만 상대적으로 더 높은 수준의 발전 환경을 갖춰서 일부 반도체 프론트앤드 글로벌 기업를 유치할 수 있었습니다. 전반적으로 동남아시아 각국은 산업 개발의 원동력을 구축하지 못해 외국 자본에 의존하는 발전 모델을 채택하고 있습니다.

인도는 거대한 잠재 소비 시장을 보유하고 있으며, 산업 발전의 트랙을 고려할 때 첫 번째 단계로 다운스트림 최종 기업의 투자를 유도하여 조립 산업을 활성화시키고, 두 번째 단계로 다운스트림 최종 시장의 기회를 활용하여 업스트림 산업 발전을 촉진해야 할 것입니다. 하지만 인도 정부는 양쪽을 동시에 구현하려는 듯 급하게 움직이고 있습니다. 이러한 개발 모델은 업스트림 산업의 발전을 더디게 할 것이며, 성공할 가능성이 있다고 하더라도 이러한 업스트림 산업은 보조금과 보호 정책에 의존하고 국제 경쟁력이 부족할 것입니다. 또한 반도체 산업의 초기 발전 단계에서 과도한 보조금과 보호 조치는 국제 무역 규정에 위배될 수 있으며 다른 국가들의 반발을 불러일으킬 수도 있습니다.

중국 반도체의 산업 발전 성공에 대한 열망

중국의 반도체 산업은 비교적 늦게 시작되어 발전이 뒤처졌습니다. 2000년 중국에는 약 27개의 웨이퍼 공장이 있었지만 주로 오래된 3~4인치 웨이퍼 공장이 대부분이었으며 약 70%를 차지했습니다. 공정 수준은 3마이크로미터 이상의 성숙한 기술에 집중되어 있어 약 60%를 차지했습니다. 반면 대만에는 38개의 웨이퍼 공장이 있었고, 첨단 8인치 웨이퍼 공장이 중심이었으며 이는 약 58%를 차지했습니다. 공정 측면에서는 0.24마이크로미터 이하의 첨단 기술이 주류였습니다.

2000년 중국 정부가 일으킨 반도체 붐

집적 회로 산업과 소프트웨어 산업의 발전을 가속화하기 위해 중국 국무원은 2000년 6월 24일, '소프트웨어 산업과 집적 회로 산업 발전을 촉진하는 정책'[1]을 발표하였습니다. 이는 금융, 세금, 수출, 소득 분배, 산업 기술, 인재 유치 및 교육, 정부 조달, 지적 재산권 보호 등 여러 혜택을 제공하며 2010년이 되기 전에 글로벌 수준에 도달하거나 근접하는 것이 목표였습니다.

세금부터 살펴보겠습니다. 일반 상품 판매에 대한 부가 가치 세율은 17%이지만 2010년 이전에 중국 내에서 생산된 집적 회로에 대한 세율은 6%로 감소하였습니다. 집적 회로 설계 산업이 자체 개발 및 생산한 제품을 판매하는 경우, 부가 가치 세율은 3%로 더욱 감소하였습니다.

중국 정부의 집적 회로 산업 발전에 대한 혜택이 지나치게 많아서

2004년 3월 18일, 미국 부시 정부는 '내국민대우 원칙'을 위반하는 불공정한 대우라고 세계무역기구에 제소하였습니다. 중국 정부에 압력을 가해 차별적인 대우를 중단하고 불공정한 경쟁을 방지하도록 요구하였습니다. 이는 미국의 반도체 대기업들이 중국 시장을 중요시하고 있음을 반영한 것입니다. 또한 이 행동은 미국이 중국의 반도체 산업에 대해 취한 가장 초기의 무역 대응 조치입니다.

중국 중앙 정부의 명확한 정책 아래, 각 지방 정부는 다양한 혜택과 지원 조치를 제공하며 적극적으로 투자를 유치했습니다. 2002~2004년 사이 중국의 웨이퍼 제조 산업은 큰 변화를 겪었으며, 웨이퍼 크기는 8인치에서 12인치로 진화되었고 공정 기술은 0.13마이크로미터 수준에 도달하였습니다. 중국 전체에서 반도체 열풍이 일었습니다.

2004년 말까지 양쯔강 삼각주 지역(상하이를 중심으로 하는 양쯔강 삼각주 경제 지역에 대한 약칭)에만 파운드리업체 17개가 있었으며 운영 중인 생산 라인 20개, 건설 중인 라인 14개, 계획 중인 라인 4개가 있었습니다. 총 38개의 생산 라인 중에서 첨단 12인치 웨이퍼 공장 3개, 8인치 16개, 6인치 14개, 5인치 3개, 4인치 2개가 있었습니다. 공정 기술 측면에서 살펴보겠습니다. 양쯔강 삼각주 지역은 0.25마이크로미터를 기준으로 하고 0.13마이크로미터 이하로 점차 정밀한 제품으로 발전하고 있었습니다. 중국 최대의 파운드리업체인 SMIC(Semiconductor Manufacturing International Corporation, 중신궈지)는 상하이에 3개의 8인치 웨이퍼 공장을 가지고 있었고 공정 기술은 주로 0.13마이크로미터였습니다. 또한 베이징에도 3개의 12인치 공장을 투자하여 건설하였고, 그중 첫 번째 공장은 2004년에 성공적으로 가동을 시작하였으며 공정 기술은

0.11~0.15마이크로미터 수준이었습니다.

빠르게 발전하게 만든 네 가지 기회

그 이후 몇 년 동안 중국의 반도체 산업 규모는 빠르게 확대되었고 공정 기술도 향상되었습니다. 이러한 발전은 몇 가지 요인에 기인했습니다. 첫째로, 좋은 발전 시기를 만났습니다. 2001년 인터넷 기술 버블이 터져서 글로벌 시장이 침체되고 대만의 웨이퍼 공장들은 직원을 해고하고 합병을 진행했습니다. 이때 숙련된 직원들이 중국의 웨이퍼 공장으로 흡수되었습니다. 또한 공정 기술의 발전에 따라 웨이퍼 공장의 투자 규모가 크게 증가하였고, 일부 통합 부품 대기업들은 공장 건설을 늦추고 기술 이전을 통해 파운드리업체의 생산 능력을 확보하는 전략을 채택했습니다. 이로 인해 SMIC와 홍리(宏力) 같은 반도체 회사들이 성장 기회를 얻었습니다. 게다가 경기 침체 시기에 장비를 구입하고 공장을 건설하여 투자 비용도 절감하였습니다.

둘째로, 당시 중국의 웨이퍼 공장들은 고도의 제조 공정 장비를 획득하고 글로벌 대기업과 협력하여 기술을 도입하는 데 성공했습니다. 대만의 경력 있는 직원들, 해외에서 복귀한 과학자들 그리고 풍부한 현지 엔지니어와 연구 기관의 지원을 받았습니다.

세 번째 요인은 중국 정부가 제공하는 다양한 인센티브와 지원이었습니다. 부가 가치세 11~14%, 소득세 5년간 면제 및 절반 감면, 은행의 저금리 대출, 지방 정부의 이자 지원, 투자 참여, 장기 무료 토지 임대 등의 혜택이 제공되었습니다. 심지어 시장 보호 조치도 시행했습니다. 예를 들어 SMIC는 2005년 미국 수출입은행으로부터 7억 6천 9백만 달러의 대출 보증을 거절당한 이후 중국은행과 5년간 6억 달러의 대출 계약을 체결해 베이징에 위치한 12인치 공장의 생산 능력을 확장하였습니다.

네 번째 요인은 중국이 세계에서 가장 큰 집적 회로 소비 시장이 되었다는 점에 있습니다. 2000년 이후 중국의 수출은 빠르게 늘었고, 개인용 컴퓨터, 노트북, 휴대폰, 통신 등의 정보통신 제품 수출은 집적 회로 및 전자 부품의 대량 수요를 촉발하였습니다. 'IC 인사이츠'의 분석에 따르면 2005년에 중국은 미국과 일본을 앞질러 전 세계에서 가장 큰 집적 회로 시장이 되었으며, 시장 점유율은 약 20%였습니다.

주요 반도체 산업 클러스터에 대한 중국의 관점

중국 정부의 높은 관심 아래에서 중앙 및 지방 모두가 반도체 산업의 발전에 적극적으로 투자했습니다. 대만의 시장 조사 기관 MIC의 분석에 따르면 중국은 대략적으로 4개의 큰 반도체 산업 클러스터를 형성하였는데 장강 삼각주 지역(상하이, 장수성, 저장성), 주강 삼각주 지역(선전, 주하이, 광저우), 베이징-텐진 보하이만 지역(베이징, 텐진, 다롄), 중서부 지역(우한, 시안, 청두)입니다. 이 4개의 산업 클러스터에 중국의 반도체 기업 90% 이상이 집결해 있습니다.

장강 삼각주 지역은 가장 중요한 반도체 클러스터로, 그 생산 가치는 4개의 클러스터 중 가장 높아서 전체 생산 가치의 38%를 차지합니다. 집적 회로 디자인, 제조, 패키징 등 업·다운스트림 산업에서 가장 많은 사업자들이 위치해 있습니다. 이 지역에는 상하이 장강과 쑤저우 산업 단지 등 많은 반도체 단지가 위치해 있어 TSMC, 퀄컴, 엠코테크놀로지(Amkor Technology), 미디어텍(MediaTek) 등의 글로벌 기업도 입주했습니다. 동시에 현지 지방 정부가 투자한 산업 개발 기금도 가장 큰 지역입니다.

팹리스 산업: 베이징, 상하이, 선전

팹리스 산업은 지식 집약적이고, 인력 집약적이며, 낮은 자본과 낮은 에너지 등의 특성을 가지고 있으며, 자본 투자와 토지 및 에너지 요구에 대한 수요는 파운드리보다 훨씬 낮아 진입 장벽이 상대적으로 낮습니다. 따라서 팹리스 산업은 중국 중앙 정부는 물론 지방 정부도 적극적으로 투자하는 주요 프로젝트가 되었습니다. 2023년 2월 6일, 일본경제신문 중국어판의 보도에 따르면 2014년부터 2022년 5월까지 중국의 반도체 스타트업 중에서 팹리스업체가 차지하는 비율은 64.2%였습니다.

중국 중앙 정부가 선정한 팹리스 기지는 베이징, 시안, 우시, 상하이, 항저우, 선전, 청두 등의 장소며, 이후에 지난과 광저우가 추가되었습니다. 현재 세계에서 가장 큰 20개의 집적 회로 디자인 회사들은 장강 삼각주, 주강 삼각주, 베이징-톈진 보하이만 등의 지역을 선택하여 각각 기지를 설립하였습니다. 예를 들면 퀄컴은 베이징과 상하이, 선전, 시안에 미디어텍은 베이징과 상하이, 선전에 엔비디아는 상하이와 선전에 각각 기지를 설립하였습니다. 중국 현지의 주요 선두 회사인 히실리콘(HISILICON)은 베이징과 상하이에 스프레드트럼(Spredtrum)은 베이징과 상하이, 선전에 기지를 설립했습니다.

중국 내외 주요 반도체 디자인 선두 기업의 연구개발 기지를 종합적으로 살펴보면 주로 베이징, 상하이, 선전 등에 집중되어 있습니다. 이 세 지역은 이미 중국의 중요한 반도체 연구개발 클러스터가 되었습니다.

반도체 제조 산업의 4대 클러스터의 발전

제조는 반도체 산업 발전의 기반을 형성하지만 지식 집약적이고 인력 집약적이며 자본 집약적이고 에너지 소모가 많은 특성을 지닙니다. 자본 투자, 토지, 에너지 및 수요가 가장 높으며, 진입 장벽이 가장 높기 때문에 중국 정부가 가장 먼저 발전에 투자한 주요 산업입니다.

집적 회로 제조 산업은 파운드리 제조, 메모리 제조, 통합 컴포넌트 제조 세 가지로 구분할 수 있습니다. 전 세계 파운드리 제조업체로는 TSMC, UMC, 글로벌파운드리스 등이 있으며, 중국 기업 중에서는 SMIC가 가장 선두입니다. 글로벌 메모리 제조업체로는 삼성전자, 마이크론, SK하이닉스, 도시바 등이 있으며 중국에서는 칭화유니그룹(紫光集団有限公司)이 투자하고 있습니다. 통합 부품 제조업체로는 인텔, 텍사스 인스트루먼트 등 글로벌 기업들이 가장 대표적입니다.

지역 집적 회로 제조 산업 클러스터를 종합적으로 살펴보면 초점은 장강 삼각주 지역에 맞춰져 있습니다. TSMC는 이미 상하이 송강과 난징에 생산 라인을 설치하였으며, UMC는 쑤저우 공업 단지에 공장을 설립했습니다. 다른 주요 기업들로는 글로벌파운드리스, SK하이닉스 등 글로벌 대기업들 그리고 SMIC, 화홍(華虹宏力), 화룬(華潤)미전자, 스란웨이(士蘭集成), 칭화유니그룹, 파워칩(力晶科技股份有限公司), 창식메모리(长鑫存储技术有限公司) 등의 기업들이 모두 장강 삼각주 지역에 웨이퍼 제조 생산 라인을 설치하였습니다.

장강 삼각주 지역은 중국 반도체의 주요 생산 클러스터입니다. 통계에 따르면 장강 삼각주 지역의 생산 라인은 중국 전체 웨이퍼 제조 라인 수의 60% 이상을 차지하며, 새로 추가된 생산 능력도 장강 삼각주 지역에 집중되어 있습니다. 칭화유니그룹이 난징에 공장을 설립하였고, TSMC의 12인치 공장도 난징에 위치해 있다는 점이 통계에 반영되어 있습니다. 파워칩과 창신 메모리는 허페이(合肥, 중국 안후이성 중부 차오후호 북쪽에 있는 성도)에 12인치 공장을 설립하였고 주로 파운드리 제조와 메모리 제조 업무를 수행하고 있습니다.

다음으로는 베이징-톈진 보하이만 지역입니다. SMIC와 인텔이 각각 현지에 공장을 설립했습니다. 인텔의 생산 라인은 원래 주로 65나노미터 공정의 칩 모듈 제품을 생산하였지만 최근에는 첨단 플래시 메모리 제품 생산으로 전환했습니다.

중서부와 주강 삼각주 지역도 일부 웨이퍼 제조 주요 기업의 투자를 끌어들였습니다. 중서부에는 삼성전자가 시안에 투자하여 공장을 설립하고 가장 첨단인 3차원 수직 구조 낸드(3D V-NAND) 메모리를 생산하고 있으며, 글로벌파운드리스는 청두에 12인치 생산 기지를 세워서 파운드리 제조 업무를 수행하고 있습니다. 또한 우한에 위치한 '우한

신신(武漢新芯)'은 이미 메모리 제조 주요 공급업체로 발전했습니다.

주강 삼각주 지역은 최근에 웨이퍼 제조를 적극적으로 발전시키려는 지역입니다. SMIC 외에도 UMC가 합작하여 샤먼 UMC 12인치 생산 라인을 설립했습니다. 푸젠성 전자정보그룹(福建省电子信息集团, FEIG) 등도 UMC 기술과 협력하여 푸젠진화(福建晉華, JHICC)를 설립했고, D램 메모리 제조를 수행하고 있습니다.

완전한 업·다운스트림 공급 체인, 장강 삼각주

반도체 제조의 백엔드 작업인 패키징 및 테스트 산업은 여전히 지식·인력·자본 집약적이고 에너지 소모가 많다는 특성을 가지고 있지만 진입 장벽이 낮아서 상대적으로 발전하기 쉽습니다. 그렇기 때문에 많은 글로벌 대기업들이 고객과 시장에 가까워지려는 목적에서 백엔드 웨이퍼 제조 라인을 중국에 설치하고자 합니다.

중국 반도체 패키징 및 테스트 산업 클러스터는 이미 주요 지역에 걸쳐서 퍼져 있으며, 글로벌 기업들은 대부분 중국에 패키징 및 테스트 생산 기지를 설립했습니다. 주요 전문 패키징 및 테스트 파운드리 대기업들인 ASE, 실리콘웍스(현 LX세미콘), PTI, 엠코 테크놀로지 등은 이미 여러 지역에 생산 기지를 설치했으며 중국 기업들인 톈쑤이 그룹(天水集團), JCET(長電科技, 창뎬커지), 통푸웨이뎬(通富微電子) 등도 역시 여러 지역에 생산 기지를 설치했습니다.

전체 산업 클러스터를 보면 반도체 패키징 및 테스트 생산 능력은 여전히 장강 삼각주 지역을 중심으로 하며, 전문 패키징 및 테스트 파운드리업체들은 모두 해당 지역에 생산 기지를 설치했습니다. 또한 통합 부품 제조업체들인 인텔, 텍사스 인스트루먼트, NXP, 인피니언 등도 장강 삼각주 지역에 백엔드 패키징 및 테스트 생산 기지를 구축하여, 장삼각 지역이 완전한 반도체 업·다운스트림 공급망의 특성을 지니도록 만들었습니다.

중서부 지역은 일부 글로벌 대기업의 투자로 뚜렷한 발전을 보이고 있습니다. 특히 삼성전자, 마이크론, 인텔, 텍사스 인스트루먼트, PTI 등은 모두 중서부 지역에 패키징 및 테스트 생산 기지를 구축하여 현지에서 두드러진 산업 클러스터를 형성하였습니다. 그 외에 조금은 흩어진 패키징 및 테스트 생산 기지는 베이징-톈진 보하이만 지역과 주강 삼각주 지역에 분포하고 있습니다. 예를 들어, 프리스케일(Freescale)은 톈진에 ST마이크로일렉트로닉스는 선전에 위치합니다.

중국 반도체 산업 정책 분석

1990년대는 세계 정보 통신 기술 및 산업이 빠르게 발전하는 전환점이었습니다. 세계 생산 기지가 되면서 중국은 1990년에서 2000년 사이에 정보 통신 제품 수출의 연평균 성장률이 19%에 달하였습니다. 생산에 필요한 전자 및 반도체 부품의 수입은 더 높은 연평균 성장률인 25%에 이르렀습니다. 정보 기술과 네트워크의 결합 활용은 많은 신생 산업을 창출하게 만들고, 소프트웨어 및 집적 회로 산업은 정보 통신 산업의 핵심과 기초입니다. 세계무역기구에 가입해서 새로운 환경에 대응하고 소프트웨어 및 집적 회로 산업의 발전을 가속화하는 것이 선행 과제이자 장기적인 임무가 되었습니다.

2000년 6월, 중국 국무원은 '소프트웨어 및 집적 회로 산업 발전을 촉진하기 위한 정책'을 발표하여, 소프트웨어 및 집적 회로 산업의 발전을 위한 완전한 정책 가이드를 제공하고, 이후 계속 추진될 정책의 기본 구조를 마련했습니다.

소프트웨어 및 집적 회로 산업 발전 장려 정책

중국 국무원이 발표한 이 문서에서 제시한 높은 목표는 2010년까지 소프트웨어 산업의 연구개발 및 생산 능력이 국제 첨단 수준에 도달하거나 근접하도록 만들고, 중국 내 집적 회로 제품이 중국 시장의 대부분의 요구를 충족시키고 일정량 수출하며, 동시에 선진국과의 개발 및 생산 기술의 격차를 더욱 줄이는 것입니다.

정책 지원 조치는 두 부분으로 나뉘며 소프트웨어 측면에서는 투자 및 금융, 세금, 산업 기술, 수출, 소득 분배, 인재 양성, 구매 및 지식 재산권 보호 등의 정책을 포함합니다. 주요 항목은 다음과 같습니다.

1. **투자 및 금융 정책**: 소프트웨어 산업의 리스크 투자 기구를 설립하고 정부 관련 예산을 소프트웨어 캠퍼스 같은 기반 시설 및 산업화 프로젝트를 건설하는 데 사용하며 소프트웨어 기업이 국내외에서 상장하여 자금을 조달하는 조건을 만드는 등의 사항을 포함한다.
2. **세금 정책**: 2010년까지 자체 개발한 소프트웨어 제품은 부가 가치세

가 3%를 초과하는 부분에 대해 즉시 환급받을 수 있으며, 이는 연구 개발 및 생산 확대에 사용된다. 또한 수익 발생 해부터 법인세에 대해 '2면3감반(兩免三減半, 두 해 면제, 세 번째 해 절반 감세)' 혜택을 받을 수 있다. 또한 지정된 자체 사용 장비의 수입에 대해 관세와 수입 부가 가치세를 면제받을 수 있으며 소프트웨어 기업의 인건비와 훈련비 는 법인세 세전에서 실제 발생한 비용을 기준으로 공제할 수 있다.

3. **산업 기술 정책**: 국가의 과학 기술 자금은 운영 체제, 대형 데이터베 이스 관리 시스템, 네트워크 플랫폼, 개발 플랫폼, 정보 보안, 임베디 드 시스템(embedded system), 대형 응용 소프트웨어 시스템 등의 기본 적이고, 전략적이며, 선도적이고, 핵심적인 소프트웨어 기술의 연구 개발을 지원합니다. 또한 국내 기업, 연구소, 대학과 외국 기업이 공 동으로 연구개발 센터를 설립하는 것을 지원한다.

4. **수출 정책**: 소프트웨어 수출은 중국 수출입은행의 업무 범위에 포함 되며 우대 이자율 대출을 받을 수 있다. 주요 소프트웨어 기업의 관 련 인력은 출입국 심사 절차를 간소화하며 중앙 정부의 대외 무역 발전 기금은 GB/T19000-ISO9000 품질 보증 시스템 인증 및 역량 성숙도 모델(Capability Maturity Model, CMM) 인증을 통해 소프트웨어 수 출 기업을 지원한다.

5. **소득 분배 정책**: 소프트웨어 기업은 규정에 따라 기업의 총 임금과 임 금 수준을 자율적으로 결정하며 소프트웨어 기업의 과학 기술 인력 에 대한 소득 분배 인센티브 체계를 구축할 수 있다. 기업은 기술 특·허가와 과학적 성과를 주식 가치로 인정하고 이러한 주식을 특 허 개발자와 기여자에게 줄 수 있다.

6. **인재 유치 및 양성 정책**: 국가 교육 부문은 대학교 및 과학 연구 기관을 기반으로 소프트웨어 인력 양성 기지를 설립하고 기존의 대학교와 전문학교에서 소프트웨어 전공 학생의 모집 규모를 확대하며 다양한 수준의 소프트웨어 인력을 양성한다. 특별 기금을 설정하여 고급 소프트웨어 과학 연구 인력의 해외 연수, 외국 소프트웨어 전문가를 초청하여 강의하고 일하도록 지원한다. 대학교와 과학 연구 기관의 과학 기술 인력이 소프트웨어 기업을 창립할 때 관련 부서는 일정한 자금 지원을 제공해야 한다.

7. **구매 정책**: 국가가 투자하는 주요 공사와 핵심 응용 시스템은 국내 기업이 우선적으로 맡아야 하며, 동일 성능과 가격 조건이라면 중국산 소프트웨어 시스템을 우선 사용해야 한다. 기업이 구매한 소프트웨어가 표준을 충족하는 경우, 이를 고정 자산이나 무형 자산으로 계산할 수 있으며 적절히 감가상각 또는 상각 기간을 단축할 수 있다.

8. **지식 재산권 보호 정책**: 소프트웨어 저작권 등록을 권장하며 컴퓨터 시스템에서는 라이선스가 부여되지 않은 소프트웨어 제품을 사용할 수 없다. 불법 복제와 불법 소프트웨어를 강력하게 단속한다.

집적 회로에 대한 정책은 다음과 같습니다.

1. **집적 회로 디자인 산업**: 소프트웨어 산업과 동일하게 취급되며, 소프트웨어 산업과 관련된 정책이 적용된다.

2. **세금 혜택**: 투자액이 80억 위안이 이상이거나 집적 회로 선 너비가 0.25마이크로미터 이하인 집적 회로 제조 기업에게는 에너지 및 운

송에 관한 투자를 할 때 외국인 투자자에 대한 세금 혜택 정책이 적용된다.

3. 관세 정책:

— 앞서 언급한 기업에 대해 세관은 통관을 간소화한다.

— 자체 사용 생산 원료 및 소모품을 수입할 때 관세와 수입 부가 가치세를 면제해준다.

— 집적 회로 제조 기업이 집적 회로 기술과 생산 장비 세트를 도입하거나 집적 회로 전용 장비를 단독으로 수입할 경우, 수입 관세와 수입 부가 가치세를 면제해준다.

— 집적 회로 디자인의 제품이 중국 내에서 생산이 불가능하고 외주 생산이 필요한 경우, 수입할 때 우대 임시 세율에 따라 관세를 부과한다.

위에서 볼 수 있듯이, 중국은 소프트웨어 및 집적 회로 산업의 발전을 매우 중요하게 생각하고 있습니다. 기반 시설 및 토지와 같은 핵심 자원 외에도 다양한 보상 및 혜택에 관한 조치가 거의 완벽하게 준비된 상태입니다. 이 시기에는 반도체 산업이 아직 미·중 대결의 중심 산업이 되지 않았으므로 중국 당국은 반도체 산업을 국가 안보 수준의 전략 산업으로 여기지 않았습니다.

소프트웨어 산업 및 집적 회로 산업 발전 장려 정책에 대해

2000년부터 2010년까지 중국의 정보 통신 제품 수출은 높은 성장률을 유지하였으며 연평균 성장률은 21%에 이르렀습니다. 전자 부품 및 집적 회로 수입의 연평균 성장률은 20%에 이르렀고 내수 시장은 중국 반도체 산업 발전에 가장 유리한 기반을 제공했습니다.

소프트웨어 및 집적 회로 산업 발전 환경을 더욱 최적화하기 위해 중국 국무원은 2000년에 발표된 정책을 기반으로 정책을 더욱 조정하고 다양화했고, 2011년 1월 '소프트웨어 산업 및 집적 회로 산업 발전 장려 정책'2을 발표했습니다. 주요 정책은 여전히 재정 정책, 투자 및 금융 정책, 연구개발 정책, 수출입 정책, 인력 정책, 지적 재산권 정책, 시장 정책 등을 포함하며, 주요 수정 및 조정은 주로 재정 및 세금 정책에서 이루어졌습니다.

1. 집적 회로 공정이 0.8마이크로미터 이하인 생산 기업은 수익이 발생하는 해부터 '2면3감반' 혜택을 받는다.

2. 집적 회로 공정이 0.25마이크로미터 이하거나 투자액이 80억 위안 이상인 집적 회로 생산 기업은 기업 소득세를 15%의 세율로 감면받는다. 그중 15년 이상 경영한 기업은 수익이 발생하는 해부터 '5년간 면세 다음 5년간 50% 감세' 혜택을 받는다.

3. 새롭게 설립된 집적 회로 디자인 및 소프트웨어 기업은 수익이 발생하는 해부터 '2면3감반' 혜택과 수입 부품 관세 면제 정책을 받는다.

4. 집적 회로 패키징, 테스트, 핵심 전용 재료 기업 및 집적 회로 전용

장비 관련 기업에게 기업 소득세 혜택을 부여하며, 구체적인 방법은 재무부, 세무총국 및 관련 부서와 협의하여 제정한다.

새롭게 발표된 정책 내용으로 보면 재무 및 세금 혜택은 산업 기술의 진보를 따라 동적으로 조정하고 혜택을 강화하며, 적용 범위는 집적 회로 설계, 생산에서 집적 회로 패키징 테스트, 재료, 장비 등 공급망 전체 생태계로 확대되었습니다.

또한 연구개발 정책에서는 특히 국가 주요 실험실, 국가 공학 실험실, 국가 공학 센터 및 기업 기술 센터의 건설을 촉진하고 관련 부서는 연구개발 프로젝트를 우선적으로 배치해야 합니다. 인력 측면에서는 인재 유치 및 공헌 보상 조치를 더욱 강화하고 대학교와 집적 회로 기업이 공동으로 마이크로일렉트로닉스 학원 등을 운영하기를 장려합니다. 위에서 볼 수 있듯이 중국 정부는 이미 기술적 기반과 인재 양성의 중요성을 인식하고 있었습니다.

'국가 집적 회로 산업 발전 추진 요강'의 핵심 사항

2014년 6월에 이르러 집적 회로 산업에는 다음과 같은 문제가 있다고 밝혀졌습니다. 첫째, 반도체 제조 기업의 자금 조달 어려움. 둘째, 지속적인 혁신 능력 부족. 셋째, 산업 발전과 수요의 불일치. 넷째, 산업 체인의 각 부분에서 협력 부족. 다섯째, 산업 특성에 적응한 정책 환경의 미비함이었습니다. 이에 따라 집적 회로 산업의 주요 돌파구 및 전반적인 향상을 촉진하기 위해 국무원은 '국가 집적 회로 산업 발전 추진 요강'을 발표하였고 집적 회로 산업을 국가 안보 및 국력 단계로 승격시켰습니다. 이 발표에서 가장 두드러진 조치 중 하나는 '국가 산업 투자 기금'을 설립하는 것으로, 이는 지금까지 집적 회로 산업 발전에 가장 중요한 투자 및 자금 조달의 기둥이 되었습니다.

이 발표에 따르면 집적 회로 개발 목표는 세 단계로 나뉘며, 2020년까지 목표 달성에 중점을 두었습니다.

1. 2015년까지
- 집적 회로 산업의 혁신적인 발전 체계는 눈에 띄는 성과를 거두어야 하며 산업 발전 법칙에 적합한 자금 조달 플랫폼과 정책 환경을 구축해야 한다.
- 집적 회로 산업의 연매출은 3,500억 위안을 초과해야 한다.
- 모바일 지능형 단말기, 네트워크 통신 등 일부 핵심 분야의 집적 회로 설계 기술은 국제적인 최고 수준에 근접해야 한다.
- 32/28나노 공정은 대량 생산 규모를 달성해야 한다.
- 중·고급 패키지 테스트는 패키지 테스트 총 매출의 30% 이상을 차지해야 한다.
- 65~45나노 핵심 장비와 12인치 실리콘 웨이퍼 등 핵심 재료는 생산 적용을 해야 한다.

2. 2020년까지
- 기술적으로 첨단적이고 안전하며 신뢰할 수 있는 집적 회로 산업 체제를 기본적으로 구축해야 한다.

- 전체 산업의 연간 매출 증가율은 20%를 초과해야 한다.
- 모바일 지능형 단말기 등 핵심 분야의 집적 회로 설계 기술은 국제 선두 수준에 도달해야 한다.
- 16/14나노 공정 기술은 대량 생산 규모를 실현해야 한다.
- 패키지 테스트 기술은 국제 선두 수준에 도달해야 한다.
- 핵심 장비와 재료는 글로벌 구매 체제에 편입되어야 한다.

3. 2030년까지

- 집적 회로 산업 체인의 주요 연결망은 글로벌 상위 수준에 도달하고 일부 기업은 글로벌 탑티어(Global Top -Tier)가 되도록 도약적인 발전을 이루어야 한다.

위에서 언급한 구체적인 목표 외에도 집적 회로 디자인, 제조, 패키지 테스트, 핵심 장비 및 재료 등 각 분야에서도 주요 개발 프로젝트가 계획되었습니다. 예를 들어, 집적 회로 제조에서는 첨단 공정 집적 회로의 생산을 가속화하고 45/40나노에서 16/14나노로 향상시키는 한편 아날로그 및 디지털 아날로그 혼합 회로, 마이크로 전자 기계 시스템, 고전압 회로, 라디오 주파수 회로 등 특수 전용 기술 생산 라인의 개발을 적극 추진해야 합니다.

이러한 데이터를 통해 알 수 있듯이, 이는 매우 어려우며 도전적인 목표입니다. 이를 실현하려면 국가적으로 힘을 모아 대규모 산업 개발 운동 방식으로 밀어붙여야 한다는 점을 알 수 있습니다. 따라서 정책 조치에서는 조직 리더십 강화, 국가 산업 투자 펀드 설립, 금융 지원 강화, 세금 지원 정책 시행, 안전하고 신뢰할 수 있는 소프트웨어 및 하드웨어의 활성화, 기업 혁신 능력 강화, 인력 개발 및 유입 강화, 계속해서 해외로 개방 확대 등 여덟 가지 방향에서 더욱 강화하여 집적 회로 산업을 적극적으로 추진합니다.

'국가 집적 회로 산업 펀드'의 설립에서 두드러지는 점

여덟 가지 보장 조치 중에서 가장 두드러진 것은 '국가 집적 회로 산업 펀드' 설립입니다. 대기업, 금융 기관 및 사회 자본이 집적 회로 산업 등을 중점적으로 지원하도록 유인하는 것이 주요 목적입니다. 기금은 집적 회로 제조 분야를 중점적으로 지원하면서 팹리스, 패키지 테스트, 장비, 재료 부문도 고려하며 동시에 지역 집적 회로 산업 투자 기금의 설립을 지원하고 사회의 다양한 리스크 투자와 자본 기금이 집적 회로 분야에 진입하도록 장려합니다.

또 다른 추가 조치로 조직 리더십을 강화하기 위해 '국가 집적 회로 산업 발전 리더십 그룹'을 설립하였고, 집적 회로 산업의 발전을 촉진하는 일의 총괄 조정을 담당합니다. 또한 자문위원회를 설립하여 조사·연구, 심사 평가, 자문을 제공합니다.

가장 흥미로운 부분은 '계속해서 해외로 개방 확대'라는 보장 조치의 마지막 부분에서 "양안 경제 협력 메커니즘을 활용하고 양안의 집적 회로 기업들이 기술과 산업 협력을 강화하도록 장려한다."라는 부분입니다. 특히 대만의 집적 회로 산업을 협력 대상으로 짚어서 명시하였습니다.

중국 국무원의 '국가 집적 회로 산업 발전 추진 요강'의 정책 조치에 따르면 재무부, 교육부 등 각 정부 부서들은 집적 회로 산업 발전을 지원하기 위해 관련 정책과 지원 계획을 차례로 도입했습니다. '국가 집적 회로 산업 펀드'의 경우 재무부가 주관하여 2014년 9월, 재무부 와 중국 개발금융 유한 책임회사(國開金融有限責任公司) 등 9명의 주주가 '국 가 집적 회로 산업 펀드'를 공동으로 설립했습니다.

첫 펀드 규모는 약 1,200억 위안으로 설정되었는데 총 1,386억 위 안을 모금하였습니다. 총 기간은 15년으로, 2014~2019년은 투자 기 간, 2019~2024년은 회수 기간, 2024~2029년은 연장 기간으로 분류 했습니다. 2018년 9월 말까지 투자가 완료되었고, 총 77개의 프로젝 트와 55개의 반도체 관련 기업에 투자되었습니다. 그중 집적 회로 제 조는 총 투자액의 약 2/3을 차지하였고(SMIC, 양쯔메모리 등), 디자인은 약 17%(후이딩커지, 기가디바이스 등), 패키지 테스트는 10%(JCET, 화톈커지 등), 장비 와 재료는 6%(베이팡화창, AMEC 등)을 차지하였습니다.

동시에 대형 펀드는 지방 정부에 지역 집적 회로 산업 기금을 설립 하도록 촉진하며 집적 회로 산업의 발전에 공동으로 힘을 쏟았습니다. 2018년까지 이미 설립되거나 발표된 지방 기금은 17개로, 총 규모는 5,000억 위안에 이릅니다. 진행 상황이 원활하여 2019년 10월에 제 2기를 설립하였으며 등록 자본은 약 2,041억 위안으로 산업 발전을 주도하는 투자 역할을 계속할 것입니다.

이 기간 동안 중국 재무부는 산업 발전 동향을 고려하여 2018년 기 업 법인세에 대한 새로운 우대 조치를 수정하였습니다.

기존 공정 선 폭이 0.8마이크로미터보다 작은 제품의 생산 기업은 법인세의 '2면3감반' 혜택을 받았으나 새 우대 조치 이후엔 0.13마이크로미터(130 나노미터) 이하면서 10년 이상 운영 중인 기업에 적용됩니다. 공정 선 폭이 0.25마이크로미터보다 작거나 투자 금액이 80억 위안을 초과하는 기업은 법인세를 15%로 감면받으며 그중 15년 이상 운영 중인 기업은 '처음 5년 면세 그 후 5년은 50% 감세'혜택을 받았으나 공정 선 폭이 65나노미터 이하거나 투자가 150억 위안을 초과하고 15년 이상 운영 중인 기업에 적용하기로 변경되었습니다.

2020년 목표를 제시한 계획서와 비교해 집적 회로 제조 측면에서는 지표 기업 중 SMIC는 14나노미터 공정을 2019년 4분기와 2020년 1분기에 양산에 도달하여 목표를 달성한 것으로 평가됩니다. 하지만 2020년 3분기에 이미 5나노미터 공정으로 양산에 들어간 대만의 TSMC와 비교하면 SMIC는 아직 뒤처져 있습니다.

패키징 테스트 측면에서는 2018년에 JCET, 화텐커지, 통푸웨이덴 등 3개의 기업이 세계 최대 10대 패키징 기업에 진입하였습니다. 반면 집적 회로 설계 분야에서는 화웨이 그룹 소속의 하이실리콘 반도체만이 글로벌 10대 기업에 진입하였으며 컴퓨터용 마이크로 프로세서, 디스플레이 처리기, 그래픽 처리기, 낸드 및 노어(NOR) 플래시 메모리와 같은 핵심 첨단 범용 반도체에는 중국 기업들이 거의 입지를 확보하지 못했습니다. 매출액 연평균 20% 성장을 달성하는 전체 산업에 대한 목표는 중국 시장의 빠른 성장이 반영되어 순조롭게 달성하였습니다.

신시대 집적 회로 산업 · 소프트웨어 산업의 질적 발전을 촉진하라

산업 발전에 필요한 장기적인 정책 지원에 기반하여, 중국 국무원은 2000년과 2011년에 발표한 정책 조치를 기준으로 이를 연장하고 업그레이드하였습니다. 그리고 2020년 7월에는 '신시대 집적 회로 산업과 소프트웨어 산업의 질적 발전을 촉진하기 위한 정책 통지'를 다시 발표하였습니다.[4] 기존의 8대 범주인 재무, 투자 및 자금, 연구개발, 수출입, 인재 양성, 지적 재산, 시장 응용 및 국제 협력 정책 등을 포함하고 있지만 더욱 완화·확대·심화된 정책을 강화하는 내용입니다. 재무 정책 분야에서의 수정된 사항은 다음과 같습니다.

1. 공정 선 폭이 28나노미터(포함) 이하고 운영 기간이 15년 이상인 집적 회로 생산 기업과 프로젝트에 10년간 법인세 면제 혜택을 준다.

2. 공정 선 폭이 65나노미터(포함) 이하고 운영 기간이 15년 이상인 집적 회로 생산 기업 또는 프로젝트에 대해 법인세 '5면5감반(첫 번째 5년 면세 그 후 5년은 50% 감세)' 혜택을 준다.

3. 공정 선 너비가 130나노미터(포함) 이하고 운영 기간이 10년 이상인 집적 회로 생산 기업 또는 프로젝트에 대해 법인세 '2면3감반' 혜택을 준다.

4. 국가가 장려하는 집적 회로 설계, 장비, 재료, 패키지, 테스트 기업 및 소프트웨어 기업은 법인세 '2면3감반' 혜택을 받을 수 있으며 국가가 장려하는 핵심 집적 회로 설계 기업과 소프트웨어 기업은 5년간 법인세 면제를 받은 후 연속적으로 10% 세율로 감세해준다.

그 외에 인재 정책 측면에서는 집적 회로 주요 학문 분야의 설립 작업을 가속화하는 것, 집적 회로 분야의 산학협력 기업을 우선적으로 발전시키는 것, 산학협력 기업 발전 범위에 포함되는 시범 기업을 포함하는 것을 목표로 하고 있습니다. 투자 규정을 준수하는 경우, 투자 금액의 30%를 해당 기업이 해당 년도에 납부해야 하는 교육비와 지방 교육비 부가에서 공제할 수 있습니다.

위에서 언급한 대로 중국은 산업 발전과 함께 업데이트되고 다이나믹하게 조정되는 인센티브 정책과 기술, 인재, 산업 생태계의 다양한 측면을 중시하는 추진 구조를 갖추고 있습니다. 이렇게 유리한 인센티브 조치와 기술, 인재, 산업 체인 생태계의 종합적인 지원 아래에서도 중국의 국산화 비율이 큰 진전을 이루지 못한 이유는 무엇일까요?

빈번한 반도체 미완성 사례

중국은 반도체 산업 개발에서 후발 국가에 속합니다. 그 이유는 다음과 같습니다.

반도체 내수 수요와 공급의 격차가 계속 확대되어 수입 품목 중 주요 제품이 되었습니다. 반도체는 인터넷을 비롯한 사물인터넷, 인공지능, 5G 통신, 신재생 에너지 및 자율 주행 차량 등 신성장 응용 분야 및 국방 군사 장비의 핵심 요소로 경제와 사회 및 국가 안보 등에 중요한 위치를 차지하고 있습니다.

기술과 산업에서 독립적이고 자주적인 글로벌 리더로 성장하는 것은 국가의 정책 목표입니다. 따라서 중국 중앙 및 지방 정부는 장기적으로 계속해서 투자 및 자금 지원, 세제 우대 등을 포함한 종합적인 지원 조치를 제공하여 전국적인 투자 열기를 일으켰습니다.

그러나 산업 개발은 일정한 원칙에 따라 순차적으로 순환되고, 지속적으로 산업 발전 역량을 향상시켜야 합니다. 순차적으로 추진해야 하며 서두르거나 굽이진 길에서 무리하게 추월하려 행동하는 것은 피해야 합니다. 특히 기술과 자본 밀집인 반도체 산업에서는 돈만 있으면 모든 문제를 해결할 수 있는 게 아니며 그런 태도는 반대로 문제 발생의 원인이 될 수도 있습니다. 하지만 중국에는 국가 정책의 강력한 지원 아래에서 '모두가 반도체를 만든다 운동'이 일어나고 있으며 새로운 반도체 회사들이 우후죽순처럼 생겨났습니다.

반도체 미완성 사례가 발생하다

관련 보도에 따르면 중국은 대규모 칩 제조 투자 프로젝트에서 적어도 여덟 건의 실패 사례가 있었으며 그중 가장 유명한 것은 우한홍신(武漢弘芯) 반도체의 미완성 사례입니다. 심지어 국가의 주요 지원을 받은 칭화유니그룹도 급속한 확장으로 채무 불이행 위기에 직면하여 파산 신청을 했습니다.

우한홍신 반도체의 창업자 차오샨(曹山)과 리쉬에앤(李雪艶) 등이 2017년 11월 2일에 베이징광량블루프린트(光量藍圖公司)를 설립한 뒤 자본 18억 위안을 등록하며 같은 달 15일에 홍신 반도체를 설립하고 주식 자본 20억 위안을 등록했습니다. 그중 우한 지방 정부는 2억 위안을 투자하여 10%의 지분을 보유하였습니다. 이 회사는 14나노 공정, 7나노 이하의 웨이퍼 레벨 첨단 패키징 생산 라인을 구축하여 미국의 기술 차단을 극복하고 대만의 TSMC, 미국의 인텔 다음으로 만들겠다는 외부 홍보를 했습니다. 이를 위해 전 TSMC 공동 운영 총괄과 연구 개발 부사장 지앙상이(蔣尚義)를 CEO로 초빙하고, ASML에게 극자외선 고급 노광 장비를 주문하고, TSMC에서 엔지니어를 2배의 월급을 주며 영입했습니다.

그러나 실제로 우한홍신 반도체는 2019년에 이미 자금이 바닥났고, 2020년 9월에는 가동 정지 상태에 접어들었으며, 11월에는 정부가 인수하였으며, 결국 2021년 2월에는 직원들을 해고하게 되었습니다. 우한시 개발 개혁 위원회가 발표한 '2020년 시 레벨의 중요 프로젝트 계획'에 따르면 우한홍신 반도체의 총 투자액은 1,280억 위안에 이르지만 베이징광량블루프린트는 사실상 어떠한 자금도 출여하지 않은 전형적인 사기 사례입니다. 우한홍신 반도체 외에도 매체에 실린 미완성 사례로는 청두 글로벌파운더리, 난징 타코마(Nanjing Dekema), 구이저우화신퉁(貴州華芯通), 산시쿤퉁(陝西坤同), 화이안더화이(淮安德淮), 지난 취안신(濟南泉芯) 등이 있습니다.

2015년에 대만 반도체 기업인 TSMC를 인수하겠다고 자랑한 칭화 유니그룹도 같은 이유는 아니지만 결국 부채 문제에 직면했습니다. 청두 낸드 플래시 메모리와 충칭(重慶) D램 메모리를 동시에 추진하기 위해 2,000억 위안의 총 투자를 계획했지만 자금과 인재의 부족으로 진행이 반복적으로 지연되었습니다. 2020년 11월 15일, 이전의 13억 위안의 부채를 상환하지 못하고 12월에는 4.5억 달러의 채무 불이행

위기에 직면했으며 이후에도 수십억 달러의 부채가 미납된 상태입니다. 2021년 7월 9일에 칭화유니그룹은 "후이샹은행(徽商銀行)이 법원에 그룹의 파산 구조 조정을 신청했다."라고 발표했습니다.

칩 부패 사건

연속적인 미완성 사건 외에도 줄곧 반도체 산업 발전을 촉진하고 있는 대형 펀드도 부패 사건에 휘말렸습니다.

2022년 하반기에는 국가 집적 회로 산업 투자 펀드 주식회사, 펀드 관리 회사인 화신투자관리유한회사(華芯投資管理有限責任公司), 선전(深圳) 다운스트림 펀드 등의 관련 지도자들 심지어 칭화유니그룹의 전 회장 자오웨이궈(趙偉國)까지도 조사를 받았습니다. 이는 거대한 정부 펀드와 끊임없는 투자 사례가 부패 가능성을 내포하고 있음을 보여줍니다. 이러한 펀드의 낭비와 부적절한 투자 사례가 반도체 산업의 발전을 방해하며 미래의 투자 진행에 불리한 영향을 주었습니다.

중국 반도체 산업 발전에 존재하는 여러 문제점

중국의 반도체 산업은 2000년부터 주목받기 시작했지만 2010년 경부터 점진적으로 발전을 가속화했습니다. 특히 2014년에는 국가 집적 회로 산업 개발 기금이 설립되어 중국 내 반도체 산업 투자가 활발하게 이루어지는 중입니다.

    2015년에 발표한 '중국제조(中國製造) 2025'의 목표에 따르면 2020년에는 반도체 자급률을 40%, 2025년에는 70%로 달성해야 합니다. 하지만 중국은 반도체 산업 발전의 어려움과 자국 내 수요 시장의 빠른 성장을 과소평가한 듯합니다. 'IC 인사이츠'의 데이터에 따르면 2011년 중국의 집적 회로 시장 규모는 570억 달러며, 생산액은 58억 달러였습니다. 이후 2021년에는 각각 1,870억 달러와 312억 달러로 성장하였으며, 연평균 성장률은 시장 규모에서 12.6%, 생산액에서 18.3%로 나타났습니다. 2021년 자체 자급률은 16.7%에 도달했지만 외국 기업을 제외하면 자급률은 6.6%에 불과하다는 지표는 중국 반도체 산업이 외국 기업에 의존하고 있다는 사실을 단편적으로 보여줍니다. 2026년까지 자급률이 21.2% 정도로 상승할 것이라고 예상되지만 아직 목표까지 갈 길은 멉니다.

    또한 중국 세관 자료에 따르면 2021년 중국의 집적 회로 수입은 4,325억 달러, 수출은 1,538억 달러로 무역 적자는 2,787억 달러에 이릅니다.

    시장 구조에 관해서는 중국반도체산업협회의 통계에 따르면 2021년 중국의 집적 회로 판매액은 약 10,458.3억 위안으로, 팹리스업계가 43.2%, 제조업계가 30.4%, 패키징 테스트업계가 26.4%를 차지하고 있습니다. 팹리스업계는 진입 장벽이 낮은 로엔드 제품 위주로 중국 반도체 산업 발전의 주요 부분을 차지하고 있다는 것이 드러났습니다.

모두 나쁜 것만은 아니다

비록 전반적인 중국의 반도체 산업 발전은 아직 목표에는 도달하지 못한 상태지만 각 분야에서 몇 개의 핵심·중요 기업이 육성되었습니다. 예를 들어, 세계 Top 10에 이름을 올린 기업들로는 팹리스 분야에서 하이 실리콘(海思半導體)와 웨이월 반도체(韋爾半導體), 파운드리 분야에서는 SIMC 글로벌과 화홍 반도체(華虹半導體), 패키징 테스트 분야에서는 JCET, 통푸웨이덴, 화텐커지 등이 있습니다.

또한 세분화된 분야나 특정 제품 분야에서도 알려진 중국 기업들이 있습니다. 예를 들어, 전력 반도체 분야에서 8위에 해당하는 엠코 테크놀로지는 네덜란드의 기업이었으나 2019년 중국의 윙텍(聞泰科技)에 인수되어 세계적인 분리형 소자, 종합 반도체 회사 리딩 기업이 되었습니다. CMOS 이미지 센서(CIS) 분야에는 옴니비전(豪威科技)과 갤럭시 코어(格科微)가 있습니다. 마이크로 전기 기계 시스템(MEMS) 분야에서는 고어텍(歌爾微)과 사이웨이전자(賽微電子) 등이 있습니다.

공급망 측면에서도 중국은 능동적으로 산업을 육성하고 있습니다. 장비는 주로 수입에 의존하는 베이팡화창(北方華創), AMEC(中微), ACM 리서치(盛美半導體) 등의 중국 기업들도 점차 이름을 알리고 있습니다.

집적 회로 설계 매출은 중국 반도체 산업의 주요 구성 요소며 업체들이 사용하는 IP 코어 분야에서 중국에서도 자리잡고자 하는 몇몇 기업들이 있습니다. 예를 들면 베리실리콘(芯原) 등입니다.

일반적으로 중국 반도체 산업의 발전 성과는 좋지 않다고 평가되지만 최근 10년 동안 중국이 대규모 자원을 투입한 결과, 반도체 산업의 뜨거운 활기를 여전히 확인할 수 있습니다. 특히 팹리스 분야에서 활력이 넘쳤습니다.

독일 싱크탱크 SNV의 반도체 전문가 얀 페터 연구원인 클라인한스에 따르면5 중국은 첫째, 내부와 리스크 자본의 쉬운 획득. 둘째, 국내 인재 리소스의 증가. 셋째, 반도체 설계를 필요로 하는 산업의 성장 등으로 일반적인 영업 환경에서 반도체 팹리스업체는 상대적으로 진입 장벽이 낮고 높은 수익을 얻을 수 있는 기회의 틈새를 충분히 활용할 수 있습니다. 예를 들어 자동차 분야에서는 2030년까지 중국 브랜드 차량의 75%가 L1-L3 자율 주행 능력을 갖추게 될 것으로 예상되며, 중국 기업들에게 방대한 특수 프로세스 시장을 제공할 것입니다. 주목할 점은 중국의 초대형 기업인 바이두(百度), 알리바바(阿里巴巴), 텐센트(騰訊) 등 대형 인터넷 플랫폼 서비스 제공업체들도 칩 디자인 시장에 진출했으며 구글, 아마존, 페이스북 등 미국 기업들과 같이 자체 디자인한 칩을 개발하여 클라우드 컴퓨팅 등 디지털 서비스를 최적화하고 인공지능 트레이닝에 대한 데이터를 축적해 활용한다는 이점이 있습니다. 이러한 기업들은 수직 다각화 비즈니스의 발전에 주력하는 중입니다.

게다가 원플러스(OnePlus), 오포, 비보(Vivo), 리얼미(Realme) 등의 스마트폰 기업, 샤오미(小米) 등의 소비성 전자 제품 기업들도 해당 분야의 전문 지식을 활용해서 고도로 전문화되고 성능 및 효율성이 높은 칩을 개발하여 해당 기술 능력을 갖추지 못한 기업들과의 초격차를 이루려고 하고 있습니다.

한편, 한우지(寒武紀), 수이웬(燧原科技) 등의 신흥 팹리스업체들은 중국에서 성장하는 인공지능 시장을 목표로 하고 있습니다. 비록 대부분의 중국 팹리스업체의 제품이 성능 면에서 세계적으로 보았을 때 중·저급 시장에 머무르고 있지만 자원 투입을 통해 하이엔트 디자인으로 발전하고 있으며, 곧 폭넓은 경쟁력을 갖출 것입니다. 예전에는 화웨이만 하이엔드 칩을 설계할 수 있는 수준이었지만 2022년부터는 10개 이상의 기업이 5나노 칩을 설계할 수 있게 되었으며, 앞으로 1~2년 후에는 3나노로 발전될 것으로 예상됩니다.

또한 중국 기업들은 설계 단계에서 RISC-V 오픈 소스 명령어 집합 구조를 활용하는 데에도 집중하고 있습니다. RISC-V 얼라이언스는 미국 본사를 스위스로 이전한 뒤 미국의 수출 규제를 피할 수 있다는 다국적 산업 협회로서 활동하는 중입니다. RISC-V 얼라이언스의 이사회 반 이상은 중국 기업 및 연구 기관과 관련이 있으며 중국 정부는 산업 얼라이언스를 후원하고, RISC-V를 기반으로 한 칩 개발을 지원함으로써 그 사용을 촉진하고 있습니다.

문제가 끊임없이 발생하는데 경쟁자들은 쫓아온다

중국은 반도체 산업 개발을 추진하는 것을 매우 중요한 과제로 삼은 만큼 대형 펀드의 설립부터 현재까지 세금과 다양한 보조 조치 외에도 중앙 및 지방 정부에서 수천억 위안의 자금을 투입했습니다. 하지만 목표 달성 시기는 여전히 먼 미래로 보이며, 문제가 반복되고 미국이 중국의 반도체 기술에 대한 제재를 강화함으로써 중국의 기술 개발에 오랜 기간 동안 존재해 온 문제들이 수면 위로 떠오르고 있습니다. 이러한 문제들이 해결되지 않으면 중국의 반도체 산업의 발전은 계속해서 큰 진전을 이룰 수 없을 뿐 아니라 발전 기회를 놓칠 수 있을 것입니다. 특히 선진국들과 인도는 자국의 반도체 제조 산업을 적극적으로 발전시키기 시작했으며 미국이 중국의 발전을 전면적으로 제재하는 상황에서 중국은 더욱 심각한 어려움에 직면하고 있습니다.

반도체 산업 발전의 어려움을 소홀히 여기다

반도체 산업 발전 추진에 대하여 중국은 직면한 어려움을 소홀히 여겼습니다. 반도체 산업은 기술과 자본 집약적인 산업이며, 산업의 발전에 따라 공급망이 점점 더 촘촘하고 복잡해지며, 산업 생태계가 점점 더 커져 일부 분야에서 독점 또는 소수만이 참여할 수 있는 구조가 됩니다. 진입 장벽도 높아지고 있습니다. 따라서 산업 개발을 위해서는 다양한 조건을 고려해야 하며 정부의 주요 역할은 우수한 산업 개발 환경을 구축하고 산업 경쟁력을 함께 향상시키기 위해 산업 환경과 시대에 맞게 발전해야 합니다. 기반을 견고하게 마련하지 않고 펀드 투자와 인센티브 조건에만 의존해서 집적 회로 자급율을 2015년 16%에서 2025년에 70%로 높이겠다는 생각은 잘못되었습니다.

정책과 실행 사이에 발생한 큰 격차

또한 각 국가는 반도체 산업 발전에 서로 다른 모델을 적용하고 있습니다. 미국은 주로 자유 시장 경제를 채택하며 연방 정부는 산업 개발에 직접 개입하지 않습니다. 반면 일본과 한국, 대만 및 중국은 정부가 더 적극적인 역할을 수행하며 반도체 산업의 발전 청사진을 수립하고, 정책과 조치를 계획하고 이행하는 역할을 합니다. 다만 각 국가의 정부 개입 정도는 다양하며 채택하는 전략과 정책 조치도 상당한 차이가 있습니다. 예를 들어 대만에서는 반도체 산업 발전을 주로 중앙 정부에서 담당하며 계획과 실행을 통합하여 다양한 발전 자원과 지원을 정부가 주도적으로 합니다. 따라서 효율성이 높습니다.

중국은 중앙 정부에서 정책과 조치를 계획하고 구체적인 이행은 부성급시(副省級市)와 지급시(地級市) 등 지방 정부에 위임합니다. 하지만 지방 정부는 중앙 정부에 비해 산업 개발 전문 인력이 부족하며, 산업 발전에 필요한 아이디어를 충분히 갖추지 못하고 있습니다. 투자 유치 및 관련 투자 계획 및 평가 능력은 물론 산업 발전의 핵심 요소를 파악하는 데에도 한계가 있습니다. 높은 기술을 요구하는 반도체 산업과 같은 산업에서 지방 정부의 역할은 제한적입니다. 중앙 정부와 지방 정부, 정책과 실행 간에는 상당한 간극이 있으며 이로 인해 산업 개발의 성과에도 한계가 따릅니다.

중앙 설계와 지역 실행 간의 통합·조정 부족

일본과 한국 및 대만에서는 중앙 정부와 산업계가 직접적이고 밀접한 접촉을 유지하므로 산업의 특성과 발전 동향을 완전히 이해하고 정책과 조치를 필요에 따라 조정하며 산업 발전의 병목 현상을 해결할 수 있습니다. 중국은 중앙에서 최상위 설계 및 정책 발표를 담당하고 지방은 중앙의 상위 정책을 따라 협력 및 시행하기 때문에 설계 계획과 실행에 완결성이 결여되어 실행 시 즉각적인 성과를 실현하지 못하는 문제가 있으며, 둘 사이에서 조정 및 통합하는 기구가 부족합니다.

반도체 산업은 축을 이루는 업·미드·다운스트림 및 주변 설비, 도구와 소재 등 관련 사업을 아우르는 거대한 생태계입니다. 중앙 정부가 최상위 정책 설계를 책임지고 있기 때문에 계획상 산업 발전의 목표, 포지션, 발전 모델, 플로어(Flow), 정책, 조치, 행동 계획과 조정 기구 등은 상당히 구체적이고 명확해야 합니다. 현재 여건을 고려해야 하고, 심지어 현지에서 시행할 때 세부 규칙이 필요할 수도 있으며, 분야별로 다른 성과 평가 기준을 가지고 지방에서 추진해야만 격차를 줄일 수 있습니다.

반면에 계획 단계에서는 완벽함을 이루기 어려우며 성과를 평가할 현실적인 기준이 부족합니다. 지방 정부는 산업 개발을 추진할 때 종종 달성하기 쉬운 숫자라는 목표에 우선순위를 두게 됩니다. 예를 들어 투자 유치 시 외국 자본, 대규모 투자 프로젝트, 즉각적인 성과가 나타나는 성숙 로엔드 제품에 관심을 가집니다. 연구개발에 시간이 더 필요하고 진입 장벽이 높은 장비, 재료, 지적 재산권 등의 투자에는 관심을 보이지 않습니다.

또 지방주의적인 성향으로 인해 지역 간 산업 및 자원 통합이 부족하여 다운스트림 시장, 업스트림 자원 및 산업 발전을 통합하기 어렵습니다. 반도체 산업과 같이 거대한 생태계를 형성하는 산업에서는 지방 정부 간의 협력이 필요합니다. 예를 들어, 중국은 세계에서 가장 큰 자동차 시장과 생산량을 보유하고 있지만 자동차 전자 부품과 지역에서 생산되는 신에너지 자동차, 자율 주행 등을 통합하여 산업 체인 협력을 통한 특색 있는 자동차용 반도체 산업을 개발하지 못했습니다.

투자 외에도 시장 진입 장벽에 대한 정부의 지원이 필요합니다. 반도체 EDA 툴, 공정 장비, 소재 등은 산업 발전에 필수적인 지원 시스템에 속하지만 시장 진입을 할 때도 어려움을 겪게 만듭니다. 반도체 기술이 빠르게 발전함에 따라 공정이 더욱 복잡해지고 EDA 툴, 장비, 소재 등에 대한 요구도 더욱 높아지고 있습니다. 실제로 자국 내 기업이 새로운 제품을 개발해도 설계 및 제조업체는 작은 손실을 피하기 위해 국내 제품을 우선적으로 채택하는 것을 대신 외국 브랜드의 수입품을 선호합니다. 이는 국산화를 추진하는 중국이 불가피하게 직면하는 어려움이며 중국 정부는 이를 극복하기 위한 완전하고 효과적인 메커니즘을 갖추지 못하고 있습니다. 그래서 현재 미·중 갈등에서 미국에 의해 통제를 당하는 상태에 놓였습니다.

성급한 행동으로 오히려 문제를 야기하다

산업과 기업의 발전은 지속적으로 에너지를 축적하고 견고한 기반을 마련해야만 전진할 수 있습니다. 국제 시장과 경쟁 가운데서 35년 이상을 버틴 TSMC의 성과는 기술과 관리 등 다방면에서 견고한 기반과 에너지를 축적한 결과입니다.

그러나 최근 문제를 일으킨 칭화유니그룹의 경우, 중국에서 중점적으로 지원받는 국가 대표 기업이지만 기술 개발을 강화하고 기술에 뿌리를 내리는 데 노력하지 않고, 대신 급속한 성장을 위해 대규모 투자를 진행했습니다. 2013년에는 17.8억 달러로 미국의 스프레드트럼 커뮤니케이션즈(Spreadtrum Communications)를 인수하고, 2014년에는 9.1억 달러로 미국의 RDA 마이크로 일렉트로닉스를 인수했으며, 2015년에는 회장 자오웨이궈(趙偉國)가 대만에 방문하여 TSMC와 미디어텍까지 인수하겠다고 말하기도 했습니다. 반도체 산업은 투자 수익 회수 기간이 길며 기술 발전을 따라가기 위해서는 지속적인 투자가 필요합니다. 회사의 자금이 수요를 충족시키기 어려울 때 부채를 늘려가며 버티기만 하면 악순환에 빠지고 결국 재무 위기를 야기하여 파산 및 구조조정을 신청하게 됩니다.

성급한 마음으로 높은 성과를 원해서 다양한 후유증이 발생했습니다. 칭화유니그룹은 인수를 통해 영역을 확장하려고 시도한 것 외에도 외국 기업에 대한 강제적인 기술 양도와 시장에 대한 압박, 심지어는 부적절한 방법으로 기술을 훔치는 등 국제적으로 비난받는 행위들을 했습니다. 인력 영입 측면에서, 비공식 통계에 따르면 대만에서는 약

3,000명의 반도체 관련 인력이 중국에서 일하고 있는데 SMIC의 여러 중요한 리더들은 TSMC에서 이직한 사람들입니다.

기술을 불법적인 방법으로 획득하는 부분에 관해서 말해보겠습니다. 대만의 한 과학 산업 단지에는 중국과 관련된 산업 스파이가 있다는 소문이 도는데 이곳은 중국이 반도체 기술을 입수하는 중심지입니다. 국제적으로는 2022년 6월 6일에 발표된 「블룸버그(Bloomberg)」의 보도에 따르면6 노광 장비업계 선두 기업인 ASML이 베이징 동방크리스탈 콘덴서(北京東方晶源電子)와 실리콘밸리에 위치한 XTAL에서 상업적 비밀을 훔쳐갔다고 항고하였으며 두 회사는 2019년 미국 법원에서 XTAL이 ASML의 지적 재산권을 침해했다는 판결을 받았습니다.

경쟁과 성과는 산업 발전의 핵심 동력이다

산업과 기업의 발전은 일정한 발전 방향을 따라야 하며 투자와 혁신은 반도체 산업을 전진시키는 주요 동력입니다. 투자자들은 투자에 앞서 성과를 창출할 수 있는지 여부를 고려합니다. 경쟁에서 성과를 창출하기 위해서는 지속적인 혁신과 경쟁력 향상이 필요합니다. 다시 말해, 경쟁과 성과는 서로 분리할 수 없습니다. 성과가 없는 투자 사례를 보면 투자자들이 자금을 투입하거나 계속해서 투자하기를 원하지 않습니다. 국가 안보 등의 정책적인 요인 때문에 계속해서 지원해야 하는 경우를 제외하면 반도체 산업은 기술 발전이 빠르고 연구개발 및 신규 장비에 지속적인 투자가 필요한 산업입니다. 일반 기업들은 운영 성과로 발생하는 이익으로 자금을 보충해야 하며 정부의 자금 지원이 있더라도 이러한 투자를 지속하기는 어렵습니다.

하지만 중국은 반도체 산업을 추진하면서 성과와 경쟁의 기본 원칙을 크게 위배하고 있습니다. 산업의 빠른 발전을 위해 정부가 주도하는 펀드의 개입과 지나친 보조금이 성과에 대한 요구를 무시하고 기업의 경쟁력을 왜곡시켰습니다. 투자 사례가 지나치게 많고 로엔드의 성숙 제품에 집중되어 기업의 수익이 좋지 않아, 오히려 산업 발전을 가속시키는 동력을 저해하고 있습니다.

중국 반도체 산업의 미래 전망

중국은 내부적으로 가지고 있는 문제뿐 아니라 외부적으로도 전례 없는 도전에 직면하고 있습니다. 미국은 트럼프 전 대통령부터 중국의 하이테크 산업의 부상을 막았고, 바이든 대통령 시기에는 더 강력한 정책을 제재를 펼치고 있습니다. 핵심은 반도체입니다. 반도체는 군과 민간이 통용되는 특성을 가지고 있으며 다운스트림에 대한 적용 범위가 점점 넓어지고 경제 발전에 중요한 역할을 합니다.

내유&외환

중국은 반도체 산업을 발전시키기 위해 외부 기술과 투자에 의존하는 모델에 집중해 왔습니다. 미국은 트럼프부터 바이든 정부까지 중국의 하이테크에 대한 재제 정책을 점점 강화하고 있으며, 한편으로 미국에서 중국 기업의 투자와 인수 합병 사례, 상장 회사를 엄격하게 검토하고 중국이 기술을 획득하는 일을 막기 위한 조치를 취하고 있습니다. 또한 반도체, 장비, EDA 툴 등을 포함해 중국으로의 반도체 수출을 통제하고 있어 중국의 다운스트림 산업 개발과 국방 관련 제품에 반도체의 도입을 막으며 중국의 반도체 산업의 발전을 지연시키고 있습니다.

특히 2022년 10월에는 중국으로의 AI, 고속 연산 등 칩의 수출을 제한하는 것 외에도 미국 상무부가 더 넓은 범위의 규제를 발표했습니다. 여기에는 핀펫 및 가펫(GAAFET) 아키텍처를 사용하는 14나노미터 이하의 첨단 로직 공정, 18나노미터 이하의 D램, 128층 이상의 낸드 플래시 메모리에 사용되는 장비 및 기술의 제재가 포함됩니다. 이는 중국의 반도체 산업 및 다운스트림 고성능 애플리케이션의 발전을 심각하게 제한할 것으로 예상됩니다. 영국의 「파이낸셜 타임즈(Financial Times)」는 이 조치가 중국의 반도체 산업을 석기 시대로 퇴보시킬 것으로 예상하고 그 영향은 반도체 산업의 전체 공급 체인에까지 미칠 것이라고 했습니다.

또한 미국은 미국 시민권자가 중국의 하이엔드 칩 개발을 돕는 것을 금지하는 새로운 규정을 마련했으며 이는 미국에 상장된 중국 기업의 미국 국적 직원 등에 영향을 미치고 있습니다. 이 규정으로 인해 애플도 중국의 양쯔강 스토리지 기술의 낸드 플래시 메모리 칩을 제품에서 사용하지 않게 되었습니다.

위기는 기회가 될 수 있다

2022년 8월, 미국의 '칩과 과학 법안'이 통과되고 시행된 후 아이씨와이즈(芯謀研究)는 중국의 반도체 산업의 미래 발전을 위해 여섯 가지 제안을 제시했습니다. 첫째, 지원 정책의 지속적인 중요성을 강조하고 반도체 지원에 대해 단호한 의지를 가져야 합니다. 둘째, 새로운 국가 체제의 장점을 활용하여 중앙에서의 정책 설계를 강화하여 지방 정부가 실행할 때 나타나는 차이를 통합하고 조정해야 합니다. 셋째, 주요 기업을 중심으로 지원하고 기존의 산업 주체를 강화해야 합니다. 넷째, 시장 역할을 충분히 활용하여 글로벌 협력을 강화해야 합니다. 다섯째, 인내심을 가지고 시간을 투자하여 발전 공간을 확보하는 것을 원칙으로 합니다. 여섯째, 교육 체계를 개선하고 중국 내 기술 인력 양성을 강화해야 합니다. 이는 중국 측도 현재 반도체 산업이 전례 없는 도전을 맞이하고 있음을 인식하며 대응책을 취해야 함을 보여줍니다.[7]

개혁 발전 모델을 고민하라

반도체 산업의 내외적인 도전에 직면했으나 실제로 이는 중국이 전환의 기회를 맞이하는 시기이기도 합니다. 현재의 개발 모델에서 일부 정책 조치만 조정하는 것은 구조적 환경 변화로 인한 파장이나 충격에 대응할 수 없습니다. 중국은 이 결정적인 시기를 이용해 미래의 반도체 산업 개발 모델을 개혁하는 방법에 대해서 심각하게 고민해야 합니다.

　반도체 산업은 하이테크 산업의 최고봉이며, 세계적인 경쟁 산업입니다. 중국은 발전을 위해 여러 가지 사고를 철저히 변화시켜야만 성공할 수 있습니다. 특히 산업과 인간은 몸과 같아서 모든 면에서 순차적이고 균형 잡힌 성장을 거쳐야 안정적이고 지속 가능한 성장을 이룰 수 있습니다.

산업의 위치를 생각하라

　반도체 산업의 범위는 매우 넓으며, 제품, 애플리케이션 및 공급망은 기술의 발전과 함께 지속적으로 확장되고 있습니다. 대만, 한국, 일본, 미국, 유럽연합 등은 각각의 경쟁 우위를 기반으로 반도체 산업의 다양한 단계에 위치하고 있으며, 어느 한 국가도 모든 분야에서 선도적인 위치에 설 수는 없습니다.

　중국은 실현 가능한 국내 자급률 목표를 수정하는 것 외에도 세계적인 반도체 산업에서의 위치를 적극적으로 고민해 보고 계획해야 하며 핵심 분야에서 경쟁 우위를 강화하는 데 집중해야 합니다.

시장 개방과 자유 경쟁을 펼쳐라

　중국은 산업 개발을 시장 개방과 자유 경쟁의 큰 틀 아래에 놓아 산업과 기업이 그들의 실적을 발휘할 수 있도록 해야 합니다. 정부는 만능이 아닙니다. 산업 정책은 기업의 행동을 완전히 지배할 수 없으며,

환경의 변화에 신속히 대응할 수도 없습니다.

이는 물리학의 원리와 같으며 정부의 역할은 산업이 초기 발전의 정마찰(靜摩擦)을 극복하는 것에 도움을 주는 데 그쳐야 합니다. 산업이 성장하여 일정한 단계에 도달하면 정부는 산업이 동적 마찰을 스스로 극복할 수 있도록 자유 경쟁의 규칙에 따라 발전하도록 놓아줘야 합니다. 정부의 역할은 산업이 시장 진입과 시장 실패 문제를 해결하는 데 도움을 주는 것입니다. 예를 들어, 장비 및 재료 업체가 새로운 제품을 개발하고 그 제품이 반도체 제조업체에 사용될 수 있도록 지원하는 것 등이 있습니다.

튼튼한 발전 기반을 다져라

개발 모델에서 중국은 주로 외부로부터 기술과 투자를 도입하는 것에서 국내와 외부의 균형을 맞추는 방향으로 변경해야 합니다. 특히 미국의 기술 제재에 직면한 경우, 중국은 기술의 독자적인 연구개발에 큰 노력을 기울여 반도체 공급망에서 대체할 수 없는 독특한 기술을 확보해야 합니다. 이 원칙에 따라 중국은 다양한 산업 혁신 시스템을 구축하고 공공 및 사기업 협력의 역할 분담과 연구 및 제조 통합 기구를 구축해야 합니다.

예를 들어, 오랫동안 제조 장비 분야에서 성공적으로 운영해 온 미국의 SEMATEC(반도체공동개발기구) 조직, 2022년 쇼와덴코를 대표로 13개 기업이 참여하여 반도체 생산에 사용되는 차세대 패키지 재료를 공동 개발하는 일본의 JOINT2(Jisso Open Innovation Network of Tops 2) 등이 있습니다. 정부의 관련 지원 및 인센티브 조치의 중점도 제조에서 연구 및 혁신으로 이동해야 합니다. 특히 일부 공통성을 갖고 외부 효과를 발생시킬 수 있는 기술들에 대해 정부는 적극 나서서 핵심 프로젝트로 지원해야 합니다.

추진의 간극을 줄여라

좋은 전략과 적합한 조치가 있더라도 실행력이 부족하거나 계획과 실행 사이에 심각한 간극이 있으면 원하는 결과를 얻기는 어려울 것입니다. 중국은 중앙과 지방 정부의 산업 개발에서 구조적이고 제도적인 문제가 있으며 이러한 문제가 해결되지 않으면 산업 발전을 이루기 어렵습니다. 이러한 문제들은 지방에서 해결할 수 없고 중앙이 책임져야 하는 문제들입니다. 지방 간의 본위주의, 제조업자와 공급업자 간의 조정과 협력 메커니즘 등이 그 예입니다.

국제 협력과 이익을 공유하라

산업 개발은 단절된 상태로 진행될 수 없으며 중국 반도체 산업의 성공은 세계와의 융합 수준에 따라 결정될 것입니다. 중국은 광범위한 애플리케이션 시장, 효율적인 생산 체계, 다수의 연구 기관, 풍부한 고등교육 인력, 정부의 산업 발전 결단력 등의 장점을 가지고 있으며 기업 운영 환경 개선과 국제적인 협력을 확대하기 위해 자신감을 가져야 합니다.

미국이 동맹국들과 함께 시행하는 전방위적인 재제에 직면하면서 중국은 다른 국가들과 시장 및 기술 등의 측면에서 산업 체인 협력을 진행해야 합니다. 미국이든 중국이든 국제적인 협력이나 동맹을 구축할 때 가장 중요한 원칙은 상호 이익을 창출하고 이익을 공유해야 함을 기억해야 할 것입니다.

중국은 광범위한 반도체 시장을 보유하고 있으며, 이 시장은 새로운 애플리케이션의 확대가 빠르게 성장하면서 함께 커지고 있습니다. 현재 중국은 자체 생산률이 낮고 수입에 의존하고 있으며, 중국은 국내 산업을 구축하고 자체 생산률을 높이려는 열망을 가지고 있을 것으로 예상됩니다. 하지만 산업의 발전은 점진적으로 이루어져야 하며 특히 자본과 기술 집약적인 반도체 산업은 발전 과정에서 학습과 경험을 축적해야 합니다. 즉, '실행에 의한 학습'이 필요하다는 의미입니다. 2014년부터 빠른 발전 이후 중국은 세계에서 가장 크고 가장 유리한 시장 기회를 갖고 있지만 반도체 산업을 발전시키면서 많은 자원과 소중한 시간, 기회를 낭비하였습니다. 발전 모델에서 중대한 실수가 있었기 때문입니다.

미래에 대한 중국의 반도체 산업 발전을 위해 세 가지 임무가 있습니다. 첫째, 산업 발전 환경과 산업 생태계를 건전하게 만들어야 합니다. 중국 정부는 현재 상황에 적합한 창의적이고 실질적인 개발 전략을 마련하고 실천해야 합니다.

둘째, 기존 산업의 역량을 충분히 발휘하고 가능한 산업의 업그레이드에 주력해야 합니다. 외부 압박을 받는 상황에서 지금까지 중국은 상당한 자원을 투자하고 산업 역량을 가지고 있었으니 이러한 역량을 최대한 활용하여 이 단계의 경쟁력을 향상시켜야 합니다. 현재의 중저가 제품 시장 점유율을 확대하고 다른 애플리케이션 시장을 개척하는 일을 포함합니다. 또한 기존의 기반 위에 자체 연구개발 역량을 더하면 현재의 산업 수준을 확장할 수 있습니다.

물론 중국이 현재 직면한 가장 큰 도전은 미국의 제재입니다. 이로 인해 중국도 자신의 약점이 어디인지 알게 되었습니다. 미국이 숨통을 조여 오는 상황을 극복하는 것은 지금 당장의 중요한 과제이지만 장기적으로 노력을 기울여야 실질적인 효과를 볼 수 있을 것입니다.

한편으로 산업 체인의 강도는 그 연결점의 가장 약한 부분에서 결정됩니다. 중국의 만리장성과 프랑스의 마지노 방어선은 그 살아 있는 예시입니다. 이러한 부분을 해결하려고 할 때 반드시 정면에서 돌파해야 하는 건 아닙니다. 중국은 가장 장점이 두드러지는 몇몇 분야를 선택하여, 대체할 수 없는 위치를 확보한 다음 이를 협상의 카드로 사용해야 할 것입니다.

물이 끝나는 곳에서 구름이 솟아오르는 모습을 바라볼 때, 즉 어려움에 직면할 때야말로 그 어려움을 성찰할 좋은 타이밍입니다.

인텔은 일본의 반도체 메모리에 무릎을 꿇었지만 마이크로 프로세서에서 새로운 기회를 찾았습니다. 일본의 반도체 제조는 미국의 무역 제재로 인해 어려움을 겪었지만 반도체 장비와 재료에서 중요한 위치를 차지했습니다. 미국은 반도체 제조에서 힘을 잃었지만 팹리스와 기술 부분에서 세계를 선도하고 있습니다.

"기회는 항상 있지만 그것은 준비된 사람에게만 주어진다."라는 말처럼 대만의 반도체 산업 발전의 성공과 실패의 과정은 중국에게 좋은 교훈이 될 것입니다.

PART 2

반도체 전쟁

Chapter 05

미·중 무역 전쟁이 몰고온 글로벌 쇼크

최근 몇 년 동안 미·중 기술 전쟁이 치열하게 전개되고 있습니다. 미국은 중국에 대한 제재 조치를 연이어 내놓고 있으며 반도체는 중요한 핵심 이슈로 떠올랐습니다. 하지만 미·중 기술 전쟁은 독립된 사건이 아니라 전체적인 미·중 무역 갈등과 대결의 연장이자 확대입니다. 따라서 미·중 사이의 반도체 전쟁을 이해하기 위해서는 우선 미·중 무역 갈등에 대해 짚어볼 필요가 있을 것입니다.

2019년 글로벌 경제는 불확실성으로 동요하는 상황이었으며 경제 성장은 주로 미·중 무역 전쟁의 영향을 받았습니다. 세계 1위와 2위 경제 대국인 미국과 중국의 국내 총생산은 전 세계의 약 40%를 차지하며, 세계 상품 무역 총액의 거의 23%를 차지합니다. 글로벌화가 이루어진 현시점에서 이 두 경제 대국의 움직임은 빠르게 다른 주요 경제 국가들에 영향을 주었습니다. 대만은 미국과 중국의 경제 및 무역 관계와 깊게 연결되어 있으므로 미·중 무역 전쟁의 충격을 가장 크게 받는 국가 중 하나로 미·중 무역 전쟁의 태풍 속에 위치한 핵심 지역이라고 할 수 있습니다.

미국은 왜 미·중 무역 전쟁을 유발시켰나?

미·중 무역 전쟁은 분명히 미국이 시작한 것입니다. 하지만 미국이 전 세계 경제를 동요시키고 불안하게 만드는 무역 전쟁을 중국에게 선포한 이유는 양측의 관점에서 살펴볼 필요가 있습니다.

중국의 관점: 60% 법칙

중국의 관점에 대해서는 2018년 8월 10일 중국 「인민일보(人民日報)」의 "미국이 무역 전쟁을 일으키는 본질은 무엇인가?"라는 기사를 보면 힌트를 얻을 수 있습니다.

해당 기사는 미국이 무역 전쟁을 일으키는 근본적인 이유로 중국이 미국의 글로벌 지배력에 가장 큰 도전자라는 점을 지적하고 있습니다. 중국의 경제 성장 속도와 잠재력은 역사상 그 어떤 나라보다 월등하며 미국에게 전례 없는 상대로 성장했습니다. 역사적으로 1894년 미국이 세계 1위 국가가 된 이후 어느 나라든 전 세계 2위로 떠오르면 미국은 그 나라의 성장을 억제하기 위해 대응했습니다.

기사는 '60% 법칙'이라는 논리가 미국에 존재한다고 언급했습니다. 이 법칙은 다른 국가의 경제 규모가 미국의 60%에 도달하고 강력한 성장 추세를 유지하며 미국을 빠르게 넘어설 가능성이 보인다면 미국은 그 나라를 경쟁자로 보고 성장을 억제하기 위해 최선을 다한다는 내용입니다. 역사적으로 소련과 일본이 이와 같은 사례입니다.

현재 중국은 일본을 넘어서 세계 2위 경제 국가가 되었습니다. 경제 규모는 일본, 독일, 영국의 합계를 초과하여 미국의 60%라는 기준보다 높은 65%로 상승했습니다. 또한 중국은 세계 최대의 상품 무역국이자 외환 보유국이며, 혁신 기술 수준도 미국을 빠르게 따라잡고 있습니다. 따라서 중국은 미국으로부터 모든 도전과 압력을 받는 중입니다.

미국의 중국에 대한 이러한 태도는 트럼프 대통령의 '미국 우선주의' 정책에서만 시작된 것은 아닙니다. 2000년 조지 부시가 선거 시 중국을 미국의 전략적 파트너가 아닌 경쟁자로 언급한 것부터 시작되었습니다. 2009년 오바마 대통령도 '아시아 재균형 정책'을 선포하였는데 이 정책의 대상은 중국이었습니다. 또한 2017년 12월 트럼프 대통령이 발표한 '국가 안전 보장 전략'[2]에서 중국을 전쟁 경쟁 상대로 보는 시선 자체가 중국을 미국의 권력·영향력에 도전하고 미국의 안전과 번영을 침해하려는 '수정주의 국가'로 본다는 점을 의미합니다.

미국의 관점: 최악의 무역 적자

앞서 언급한 「인민일보(人民日報)」의 기사는 중국의 관점을 충분히 반영하고 있으며 미국이 강대한 경쟁 상대를 원하지 않는다고 주장합니다. 하지만 미국의 관점은 다를 수 있습니다. '얼음은 하루아침에 얼지 않는다'라는 속담처럼 미국은 상당한 시간 동안 다양한 측면에서 중국을 참았습니다.

중국이 2001년 세계무역기구에 가입한 이후로 미국의 대중 무역 적자는 계속해서 증가해 왔습니다. 미국 정부의 통계에 따르면 2001년 중국에 대한 무역 적자가 830억 달러였으며, 다음 해에는 1,031억 달러로 증가했고 2005년에는 2,023억 달러를 돌파하여 2012년에는 3,151억 달러로 치솟았고, 2018년에는 4,195억 달러라는 신기록을 달성했습니다.

미국 경제정책연구소(Economic Policy Institute)의 장기 관찰과 추산에 따르면[3] 2001년 중국에 대한 미국의 무역 적자는 830억 달러로, 이는 미국이 956,700개의 일자리를 잃는 것과 같은 수치였습니다. 2018년에는 4,195억 달러의 무역 적자로 인해 4,661,400개의 일자리를 잃었으며, 17년 동안 중국에게 빼앗긴 일자리 기회는 3,700,000개로 증가했습니다. 이 중에는 제조업 일자리 2,800,000개가 포함되어 있어 미국 국민들은 큰 불만을 느끼고 있습니다.

1980년대 초에는 미국이 대만에 대한 무역 적자가 급증했습니다. 미국이 대만에 압력을 가해서, 1986년부터 뉴타이완달러(New Taiwan Dollar, NTD)의 환율이 급격히 상승했습니다. 마찬가지로 1970년대부터 일본의 주요 산업이 미국 시장을 점령하자 미국 산업은 생존 위기에 직면하고 노동자들은 일자리를 잃었습니다. 이로 인해 다양한 산업 간의 무역 전쟁과 플라자 합의가 발발했으며, 이를 미루어 보아 통해 미·중 무역 전쟁이 조만간 발생할 것을 알 수 있었습니다.

그러나 미국 경제정책연구소의 견해는 사실상 한계가 있습니다. 일부 학자들은 미국이 중국과 대규모의 무역 적자를 지고 가는 주요 이유는 미국 국민들이 중국에서 대량으로 수입하는 스마트폰, 컴퓨터, 장난감, 가전제품, TV 등의 소비재를 과도하게 소비하기 때문이라고 주장합니다. 또한 중국은 상대적으로 생활 수준이 낮기 때문에 더 낮은 비용으로 다양한 소비재를 생산할 수 있는 비교우위를 가지고 있다고도 말할 수 있습니다. 나아가 중국은 이미 완벽한 제조 역량을 보유하고 있으며 체계적인 산업 생산 부문은 협력 분업을 통해 높은 생산성을 보여주어 인건비 상승과 같은 불리한 요인을 보완하고 있기도 합니다.

실업의 부담은 가장 크게 직접적으로 일자리를 잃은 노동자들, 특히 직업 전환이나 생활 조건을 개선할 수 없는 경계에 있는 노동자들에게 가장 심각한 영향을 미치고 있습니다. 하지만 미국 정부의 거시적인 관점에서는 다른 형태의 영향도 무시할 수 없습니다. 미국이 오랜 기간 동안 다자간 무역 시스템의 지도자로서 글로벌 경제를 선도해 온 것을 고려하면 중국이 세계무역기구에 가입한 이후에 약속을 이행하지 않았다는 사실이 미국에게는 가장 참을 수 없는 일입니다.

세계무역기구 가입 약속

중국은 2001년 세계무역기구에 가입하기 위해 다양한 약속을 했습니다. 10년 후인 2011년 중국 국무원 신문 사무실은 처음으로 중국의 외국 무역 상황을 보고서로 발표하면서 중국이 세계무역기구 가입 시기에 한 약속을 모두 이행했다고 선언했습니다.

그러나 이러한 인식을 미국에서는 인정하지 않습니다. 2015년 9월, 미국의 정보통신혁신재단이 발표한 '거짓 약속: 중국의 WTO 약속과 관행 사이의 큰 격차'라는 보고서4는 중국이 세계무역기구에 가입할 때 한 약속을 이행하지 못했다는 다양한 사례를 제시합니다. 보고서는 중국의 경제 및 무역 정책이 전 세계 무역의 기본 원칙과 점점 멀어지고 있으며 내국민대우 원칙, 비차별, 규칙 기반 운영, 시장 기반의 무역을 포함한 여러 약속을 이행하지 못했다고 주장합니다. 중국이 무역 개방을 약속할 때마다 새로운 경제 보호주의적인 무역 장벽을 제시하는 경향이 있다는 점을 강조했습니다.

불행히도 세계무역기구의 집행 체제는 이러한 위반 행위를 효과적으로 막지 못하며, 세계무역기구의 분쟁 해결 기구는 매우 힘이 약하기 때문에 중국은 잘못에 벌을 받지 않을 정도로 책임을 면하고 있습니다. 위 보고서에서 언급한 중국의 이행되지 않은 약속에는 다음과 같은 사항들이 있습니다.

1. 시장 진입 조건으로 기술 이전을 요구하지 않음
2. 정부 구매 협정(GPA) 참여
3. 상업적 고려를 바탕으로 국영 기업 구매
4. 국영 기업이 경제에서 차지하는 비중 감소
5. 외국 은행에 내국민대우 원칙 적용
6. 외국 업체에 대한 통신 시장 개방
7. 외국 영화 배급 개방
8. 수출 보조금 대폭 감소
9. 가시적인 지적 재산권 도용 및 침해 감소
10. '무역 및 기술 장벽 협정' 준수 및 기술 표준 조작 금지

중국의 반박

미국의 정보통신혁신재단 보고서에 이의를 제기한 중국 전문가 췌이판(崔凡)은 2018년 4월 12일, '국제 경제 무역 온라인'에 "중국이 세계무역기구 약속을 충분히 이행했는가?"라는 제목으로 반박을 펼쳤습니다.5

예를 들어, 기술 이전을 시장 진입 조건으로 요구하지 않는 약속에

대해 췌이판은 이 약속이 세계무역기구 주요 협정의 요구 사항을 넘어선다고 본 것입니다. 현재 중국은 외국 투자에 대해 전면 승인제에서 사전 신고 제도로 전환되었으며 96%의 외국 투자 기업은 승인을 받을 필요 없이 온라인으로 신고할 수 있습니다. 기술 이전을 요구하는 승인 또는 신고 기관이 있다면 투자자는 행정 이의 신청과 행정 소송을 진행할 수도 있습니다.

췌이판은 이 보고서를 미국의 주장을 주로 정부와 기업 행위를 혼동시키는 것으로 보며, 중국 기업이 외국 무역상이나 투자자와의 협상에서 기술 이전을 요구할 경우 중국 정부는 금지할 수 없다고 주장합니다. 다시 말해, 중국은 이 주장을 기업의 자율적인 행위로 전가하고 있습니다.

또한 미국은 중국이 일부 산업에서 외국 기업에 합작 요구를 하여 강제적인 기술 이전 효과가 있다고 보고 있지만 중국은 일부 산업에서 합자(合資) 요구를 최소화하려고 노력하고 있으며, 이는 중국의 자체적인 개방이고 세계무역기구 의무에 속하지 않는다는 주장을 합니다.

세계무역기구 가입 의무 이행 여부 외에도 중국은 또 다른 전쟁의 포문을 열었습니다. 중국은 세계무역기구 가입 계약서 제15조에 따라 세계무역기구 가입 15년 후에 시장 경제 지위를 얻을 수 있다고 보고 있기 때문에 2016년 12월 12일, 세계무역기구에 제소를 제기하여 유럽연합과 미국이 중국의 시장 경제 지위를 인정해야 한다고 요구했습니다.

중국의 시장 경제 지위

비시장 경제와 시장 경제 지위의 주요 차이점은 다음과 같습니다. 비시장 경제인 경우, 중국 기업이 타국의 반덤핑 조사에 직면할 때 중국 내 제품 가격과 수출 가격을 비교하는 대신 대체 국가의 제품 가격(중국보다 높은)과 중국의 수출 제품 가격을 비교하여 중국의 수출 제품의 덤핑 정도를 판단하므로 중국에게는 상당히 불리한 조건입니다.

중국의 시장 경제 지위 획득

반대로 중국이 시장 경제 지위를 인정받으면 중국 내 제품 가격(비교적 낮은 가격)과 수출 가격을 비교합니다. 그러면 가격 차이가 작아지므로 외국의 반덤핑 소송 가능성이 낮아집니다. 중국은 미국과 유럽연합에 의해 비시장 경제로 인식되어 왔기 때문에 수십억 달러의 수출 손실을 입었으며 일부 제품은 100% 이상의 처벌 관세를 부과받기도 했습니다.

미국, 유럽연합 및 일본 등의 국가들은 일반적으로 중국의 주장을 인정하지 않습니다. 시장 경제 지위는 자동적이고 조건 없이 획득되는 것이 아니라고 주장합니다. 협정서에는 반덤핑과 관련된 다른 조항이 있으며 제15조의 문맥과 조항 설립의 목적 등을 고려해야 하며, 중국이 세계무역기구에 가입한 후 15년이 지나면 회원국들이 중국의 비시장 경제 지위 여부를 다시 확인해야 한다고 주장합니다.

중국의 조치에 대응하기 위해 유럽연합은 2017년 반덤핑 법규를 개정하여 이전에 중국을 비시장 경제로 가정한 것을 철회하고 새로운 규정을 도입했습니다. 일부 국가의 정부 개입으로 인해 자국의 제품 가격이 심하게 왜곡될 때 조사 기관이 해당 국가의 국내 가격 대신 제3국 가격을 사용할 수 있도록 한 것입니다.

중국의 유럽연합에 대한 항소에 대해 미국은 2017년 11월, 제3자 문서를 제출하여 중국이 명백하게 시장 경제 전환이 완료되지 않았다고 주장하며 중국이 전환을 완료하고 시장 경제 조건을 보장해야 한다고 주장했습니다.

세계무역기구 가입 약속을 이행하는 노력과 성과를 세계에 알리기 위해 중국은 2018년 6월에 처음으로《중국과 세계무역기구》백서를 발표하고6 상무부 부장이 세계무역기구 본부에서 기자회견을 개최했습니다. 이 보고서는 중국이 세계 경제에 기여하고 자유무역 이념을 적극 실천하고 있다는 데 중점을 두었습니다.

이 보고서는 상품 무역 감세 측면에서 중국이 2010년에 한 약속을 완전히 이행했으며 관세 수준이 2001년의 15.3%에서 9.8%로 낮아졌다고 언급합니다.

2015년의 가중 평균 관세율은 이미 4.4%로 미국의 2.4%와 유럽연합의 3%와 크게 다르지 않습니다. 서비스 무역 측면에서는 2007년까지 약속한 100개 서비스 부문이 모두 개방되어 이행되었습니다. 투자 시장 진입 측면에서는 최근 5년간 중국은 두 차례에 걸쳐 외국인 투자 제한 조치를 65%나 감소시키고 금지 사항은 28개만 남았습니다. 또한 중국은 120개 이상의 국가와 지역의 중요한 무역 파트너로서 세계 경제 성장에 대한 평균 기여율이 거의 30%에 육박합니다.

중국의 노력에도 미국은 만족하지 못한 것으로 보입니다. 세계무역기구 주재 미국 대사 데니스 셰이(Dennis Shea)는 2016년 6월 26일, 세계무역기구 총회에서 2001년 가입 이후 중국이 전반적으로 시장 중심 정책과 행동을 받아들이지 않았으며 중국 정부가 경제 활동에서의 역할을 계속해서 강화해 왔다고 주장했습니다. 사회주의 시장 경제를 발전시키는 전제에서 중국 정부와 중국 공산당은 정부 소유권, 중요 경제 주체의 통제, 정부 지시 등을 통해 자원의 직·간접적인 분배를 통제하며 토지, 노동력, 에너지 및 자본 등의 생산 요소의 가격을 계속해서 통제하거나 영향을 미치고 있습니다. 게다가 중국은 산업 정책을 통해 중국 내 목표 산업에 대량의 보조금을 제공함으로써 시장 왜곡과 과잉 생산을 야기시켰고 철강, 알루미늄, 태양광 등의 수출을 통해 전 세계 경제에 피해를 주며 제품 가격 하락과 과잉 공급 문제를 불러왔습니다.

미국 무역대표부의 연간 보고서

중국의 세계무역기구 가입 이후 미국의 무역대표부(USTR)는 매년 미국 의회에 중국의 세계무역기구 이행 상황을 '중국의 세계무역기구 이행에 관한 의회 보고서'로 제출하며 중국의 세계무역기구 가입 때 약속의 불이행에 대한 불만을 지속적으로 표명하고 있었습니다. 2017년의 보고서에서는 미국이 중국의 세계무역기구 가입을 지원한 게 잘못이라고 지적하였습니다.

2018년 보고서7&8에서는 중국의 무역 정책과 조치를 다자간 무역 체제를 독특하고 심각한 도전 과제로 여겼습니다. 이 보고서는 세계무역기구 규칙을 위반한 사례들을 통해 중국이 국가주도의 거래 중심주의 경제와 무역 정책을 시행함으로써 세계무역기구 회원국의 기대에 어긋났고, 중국이 스스로 한 약속을 위반했다고 비난하고 있습니다.

1. 중국은 미국 기업에 대한 강제 기술 이전을 금지한다고 약속했음에도 여전히 시장 접근 제한, 잘못된 행정 절차 사용, 허가 규정 오용, 자산 매입, 사이버 및 물리적 도용, 기타 수단을 통해 동일한 행위를 계속하고 있다.

2. 중국은 2006년에 전자 결제 서비스 시장을 개방할 것이라고 약속했으나 이 약속은 미국의 제소를 통해 2012년 세계무역기구 분쟁 해결 패널이 확인한 것처럼 현재까지도 외국 전자 결제 서비스 기업이 중국 국내 시장에서 사업을 할 수 없는 상황이다.

3. 세계무역기구 협정에 명시적으로 금지되었음에도 중국은 지난 20년 동안 자동차, 섬유, 첨단 소재, 의료 기기 및 농산물 등 다양한 산업 부문에서 수출 및 수입 대체 보조금을 일반적으로 사용하고 있다.

4. 중국은 농업 생명공학 제품에 대해 신청하면서 적시한 것과 달리 지속적으로 과학 기반의 검토를 약속했음에도 중국 규제 기관은 과학적 근거 없이 신청 사례를 느리게 심사하고 있으며, 중국 기업은 농업 생명공학 분야에서 자신들의 능력을 계속해서 구축하고 있다.

5. 중국은 반복적으로 원자재 수출을 위해서 불법적인 수출 통제를 시행하고 있으며 수출 할당량, 수출 허가, 최저 수출 가격, 수출 관세 및 기타 제한 등을 통해 다운스트림 업체가 상당한 비용우위를 확보하

도록 하여 외국 생산자를 희생시키고 있다. 이로 인해 외국 생산자는 중국으로 사업, 기술 및 고용을 이전해야 하는 압력을 받고 있는 상황이다.

2020년에 제출된 '2019년 연간 보고서'9 역시 중국의 비시장 경제가 세계무역기구의 다른 회원국들에게 심각한 손해를 입힌다고 명확히 언급하고 있습니다. 예를 들어, 중국 정부의 보조금으로 인해 전 세계의 강철 및 알루미늄 시장이 왜곡되고, 중국 정부는 여전히 외국 투자가 서비스 부문에 진입하는 것을 방해하며, 중국 내 산업에 강력하게 개입하여 중국 내외 기업 간의 불공정한 경쟁을 초래한다는 것을 언급하고 있습니다. 또한 미·중 무역 협상에서는 지적 재산권, 기술 이전 및 서비스 시장 접근 등의 문제를 해결하기 위해 중국에 구조적 개혁을 요구할 것이라고 선언되었습니다.

미국의 연례 보고서는 미국 정부가 중국 정부의 보조금, 국내 시장의 무역 장벽, 기술 및 지식 재산권 보호 등에 지속적으로 극도의 불만을 가지고 있다는 사실을 보여주고 있습니다.

중국이 유럽연합을 고소한 사안에 대해서는 2019년 4월, 세계무역기구 분쟁 해결 패널이 '분쟁 초기 보고서'를 작성하여 당사국들이 검토하도록 제출했는데 판정 결과, 중국은 2016년 12월 11일에 자동으로 시장경제지위를 획득할 수 없다고 판단되었습니다. 이에 따라 중국은 2017년 5월에 세계무역기구에 잠정 중단을 요청했고, 분쟁 해결 패널은 이 사안을 즉각 접수하고 중단했습니다. 결국 중국은 비시장 경제 지위로 회귀된 것입니다.

중국을 제재할 덫을 놓다

중국이 세계무역기구 의무를 완전히 이행하지 않은 것에 대한 불만으로 미국 정부(특히 트럼프 대통령이 이끄는 정부)는 다양한 수준의 다자간, 양자간, 단자간 등의 정치 경제 관계에서 중국에 대한 다양한 공세를 전개하여 중국의 경제 및 무역 체제를 변경하려고 시도했습니다. 미국이 취한 경제 및 무역 조치는 다음과 같습니다.

1. 세계무역기구 개혁 촉진
2. 양자 또는 지역 자유무역협정을 통한 중국의 고립 방지
3. 단자적으로 개발 도상국 목록을 공개하여 중국을 배제
4. 수입 관세 및 관련 조치의 인상
5. 수출 통제 대상 '거래 제한 목록(Entity List, EL)' 시행
6. 미국 외국인 투자위원회(Committee on Foreign Investment in the United States, CFIUS) 심의 범위 확대
7. 연방 기관 및 채택된 계약 업체에 대한 특정 기업, 제품 및 서비스 구매 금지

세계무역기구의 개혁 추진

세계무역기구는 현재 세계 164개 국가가 회원국으로 구성된 조직으로, 세계 무역 질서와 안정을 유지하고 무역 분쟁을 해결하며 세계 무역의 자유로운 왕래를 촉진하는 역할을 하고 있습니다. 이는 과거

미국이 적극적으로 지원한 다자간 조직입니다. 이 조직과 관련 규칙은 1995년에 관세 및 무역에 관한 일반 협정(GENERAL AGREEMENT ON TARIFFS AND TRADE, GATT)에서 발전하여 왔지만 2008년, 두바이 회담의 실패 이후 20여 년 동안 다양한 변화가 발생했습니다. 따라서 글로벌 경제 관리 구조는 개혁이 필요한 상태입니다.

2018년에는 세계무역기구 회원국들이 개혁의 원칙, 방향 및 필요성에 대해 논의하며 합의점을 찾으려고 노력했고, 2019년에는 구체적인 몇 가지 특정 주제를 중심으로 논의가 이루어졌으며, 회원국들의 다양한 견해와 갈등점을 확인할 수 있었습니다.

미국의 주장

미국은 세계 경제·무역에서 지배적 지위를 확보하기 위해 2019년에 세계무역기구 개혁을 주제로 중국을 공격하기 시작했습니다. 1월에는 개발 도상국 우대 개혁안(Special and Differential Treatment, S&D)을 제출하였고, 2월에는 '세계무역기구 협상 기능 강화를 위한 정책 결의안'을 제출하여 개발 도상국 지위 및 특수/차별적 대우를 받는 4종류 회원국 지위를 취소하는 것을 제안하였습니다.

개발 도상국 우대는 2019년 세계무역기구 개혁의 핵심 문제로 논란이 많았습니다. 개발 도상국 특혜의 핵심은 개발 도상국 회원에게 특별한 대우를 부여하고 개발 도상국의 경제와 무역 발전을 지원하기 위한 것에 있으며, 선진국이 개발 도상국에게 우대 조건을 제공하는 것을 목적으로 합니다. 2018년 세계무역기구의 개발 도상국 특혜 보고서에 따르면 개발 도상국 회원은 155개의 우대 조건을 적용받을 수 있으며 다음과 같이 6개 범주로 나눌 수 있습니다.

1. 개발 도상국 회원의 무역 기회 확대를 위한 우대 조건
2. 개발 도상국 회원의 이익 보호를 위한 규정
3. 약속, 조치 및 무역 정책 도구의 유연한 활용
4. 이행 기간에 관한 규정
5. 기술 지원에 관한 규정
6. 저개발국에 대한 우대 조건

미국은 이하 네 가지 조건에 부합하는 회원국에 대해서 개발 도상국 지위 및 개발 도상국 우대 적용 취소를 제안했습니다. 그 대상은 첫째, OECD 회원 또는 OECD 국가. 둘째, G20 회원. 셋째, 세계은행의 고소득 국가 기준을 충족하는 국가. 넷째, 전 세계 수출의 0.5% 이상을 차지하는 국가입니다.

3월에는 미국의 무역대표부가 국회에 제출한 2019년 무역 정책 일정과 2018년 연간 보고서에서 세계무역기구 개혁에 관한 제안을 네 가지 방향으로 제시하였습니다.

1. 세계무역기구는 비시장 경제로부터 예상치 못한 도전에 대응해야 한다.
2. 세계무역기구 분쟁 해결은 회원국의 주권 정책을 충분히 존중해야 한다.

3. 세계무역기구 회원은 고지 의무 규정을 강제적으로 준수해야 한다.

4. 세계 무역 상황에 따라 세계무역기구의 발전 처리를 조정해야 한다.

트럼프 대통령은 2019년 7월에 '개혁 세계무역기구 개발 도상국 지위 메모'를 발표했습니다. 세계무역기구 가입 당시 개발 도상국으로 자체 선언하였으나 증명할 적절한 지표가 부족한 경우에 대해서 미국 무역대표부는 가능한 모든 수단을 동원하여 개발 도상국 지위 취득을 막아, 해당 세계무역기구 조항을 이용하여 이익을 취하지 못하게 하겠다고 선언하였습니다.

미국의 주장에 현재 많은 개발 도상국 회원국들이 다양한 의견을 표명하였으며 이는 중국, 인도, 아프리카 그룹 및 기타 개발 도상국들이 공동으로 제출한 일부 개혁 제안서에서 확인할 수 있습니다.

중국의 반격

중국은 세계무역기구에서 가장 큰 개발 도상국이었으며 미국의 주요 타깃이었습니다. 중국은 세계무역기구 가입 후 약 19년 동안 개발 도상국 특혜 중에서 여전히 중요한 의미와 기능을 갖는 50개 이상 조항이 있음을 확인하였습니다. 이는 기술 지원 의무, 보조금 정책의 유연성 및 무역 장벽 감소 약속 등의 비대칭적 특권을 포함하고 있습니다. 따라서 중국은 다른 개발 도상국과 연대하여 세계무역기구에서 현재의 지위를 지키기 위해 노력했습니다.

2019년 3월 9일, 중국 상무부 장관은 기자회견에서 세계무역기구

개혁에 대한 세 가지 원칙과 다섯 가지 주장을 제시하였습니다.

세 가지 원칙 중 첫 번째는 다자간 무역 제도의 비차별성과 개방성이라는 핵심 가치를 유지하는 것으로, 최혜국 대우와 내국민대우 원칙, 무역 제한의 임의성을 강조합니다. 두 번째 원칙은 개발 도상국의 발전 이익을 보장하고 개발 도상국에게 정책 유연성과 공간을 부여하는 것입니다. 세 번째 원칙은 협상을 통한 합의 기구를 따르며 강국이 독자적으로 결정하는 일을 허용하지 않는 것입니다.

그리고 다섯 가지 주장은 다음과 같습니다. 첫째, 다자간 무역 제도의 주체적 지위를 유지하고 새로운 용어, 표현 등을 사용하여 다자간 무역 제도의 권위를 약화시키지 않는 것입니다. 둘째, 세계무역기구의 생존에 위협을 가하는 핵심 문제를 우선 처리해야 한다는 것입니다. 예를 들어, 상소 기구 구성원 선출의 문제가 이에 해당됩니다. 셋째, 공정한 무역 규칙 문제를 해결하고 전자상거래, 투자 편의성 등 시대의 요구에 부응해야 한다는 것입니다. 넷째, 개발 도상국의 특수한 대우와 차별적 대우를 보장하고 그들의 발전권을 지켜야 한다는 것입니다. 다섯째, 세계무역기구 회원 각자의 개발 모델을 존중하며 다자간 무역 제도의 포용성을 유지해야 한다는 것입니다.

5월 13일, 중국은 세계무역기구 개혁에 관한 제안서를 제출하였는데 이 제안서는 4개의 대주제와 12개의 분야로 구성되어 있습니다. 첫 번째 대주제는 세계무역기구의 생존에 위협을 가하는 핵심 문제를 해결하는 것으로, 상소 기구 회원 선출의 교착 상태를 극복하고 국가 안보 남용과 세계무역기구에 부합하지 않는 일방적 조치 등을 제시합니다. 두 번째 대주제는 세계 경제 및 무역 통치에서 세계무역기구의 관련 문제를 강화하는 것으로, 농업 분야의 규율을 강화하고 전자상거래 문제 협상을 진행하는 등의 내용이 포함되어 있습니다. 세 번째 대주제는 세계무역기구의 운영 효율을 높이는 것으로, 회원들의 통보 의무 이행을 강화하고 세계무역기구의 작업 개선 등이 제시되어 있습니다. 네 번째 대주제는 다자간 무역 제도의 포용성을 강화하는 것으로, 회원국들의 다양한 발전 모델을 상호 존중하는 내용입니다.

미국 · 일본 · 유럽연합의 연맹

세계무역기구 내에서는 서로 다른 이익을 보호하기 위해 다양한 이슈에 따라 여러 그룹이 형성되는 경우가 많습니다. 미국과 일본 및 유럽연합은 특정 문제에 대해 협력 연맹을 형성하여 그들의 이익과 입장을 공동으로 추진하고 있습니다. 이러한 협력은 이들 국가들이 각자의 이익을 보호하고 위협에 대응하기 위해 서로 협력하고 있음을 보여줍니다.

자금 지원 문제에 대한 미국과 일본 및 유럽연합의 관심은 중국을 겨냥한 것입니다. 이들은 2020년 1월 14일에 공동 성명을 발표하여 세계무역기구 자금 지원 규정에 대한 여섯 가지 개혁 제안을 제시했습니다.

1. 보조금 지원 금지 범주 항목 추가
2. 부정적인 영향을 가진 보조금의 조건부 금지
3. 타국 산업의 생산 능력에 영향을 미치는 보조금 추가

4. 보조금 통보의 효율성 향상

5. 보조금 비율의 계산 기준 명확화

6. 국영 기업을 통해 제공되는 보조금의 명확한 규정

미국과 일본, 유럽연합이 자금 지원 문제를 이렇게 중요하게 생각하는 이유는 중국에서 기업에 대한 자금 지원이 매우 일반적으로 행해지고 이로 인해 불공정한 경쟁이 발생한다고 여기기 때문입니다. 금융 데이터 제공업체인 윈드(Wind)의 통계에 따르면 2018년, 중국 정부는 상장회사에 대해 1,538억 위안의 자금 지원을 실시했으며 이는 상장회사의 총 순이익 3.7조 위안의 4%에 해당합니다. 10억 위안 이상의 자금 지원을 받은 상장회사는 12개로, 가장 큰 자금 지원을 받은 기업은 중국 석유화학공사입니다. 중국 석유화학공사는 약 75억 위안의 지원을 받았습니다.

하지만 세계무역기구는 결정 과정에서 회원국 각각이 한 표씩 가지고 있는 1인 1표 제도를 적용하고 있습니다. 따라서 모든 회원국이 합의를 이룰 때에만 규정을 수정할 수 있으며 어떤 회원국이든 거부권을 행사할 수 있습니다. 또한 세계무역기구 회원국이 증가함에 따라 선진국, 개발 도상국 및 후진 국가 등 다양한 경제 주체들이 포함되어 이해 관계가 복잡해지고 합의에 도달하는 난도가 증가하고 있습니다. 즉, 세계무역기구 개혁은 분명히 멀고도 긴 여정입니다.

자유 무역 협정에 숨겨진 독소 조항

　세계무역기구의 다자간 협상 외에 쌍방 간 협정의 경우, 미국 전 대통령인 트럼프는 1994년에 효력을 발휘한 북미자유무역협정(North American Free Trade Agreement; NAFTA)을 파기하고 재협상을 했습니다. 1년 이상 노력한 끝에 2018년 11월 30일, 3개 나라의 지도자들은 미국·멕시코·캐나다 협정(United States-Mexico-Canada Agreement, USMCA)을 다시 서명했습니다.

　미국·멕시코·캐나다 협정의 제32장에는 미국이 정교하게 설계한 독점적 조항이 포함되어 있습니다. 해당 장의 제10조에 따르면 다음과 같은 내용이 있습니다. '미국·멕시코·캐나다 협정 국가가 비시장 경제 국가와 자유무역협정을 체결하려고 할 때 해당 국가가 미국·멕시코·캐나다 협정 국가 중 어느 하나와 자유무역협정을 체결하지 않은 경우, 협상을 시작하기 전 3개월 내에 다른 두 나라에 통보해야 하며 서면 협정 문서를 체결 전 최소 30일 전에 다른 두 나라에 제출하여 미국·멕시코·캐나다 협정에 미치는 영향을 평가해야 한다. 비시장 경제 국가와 자유무역협정을 체결한 후 6개월 이내에 다른 미국·멕시코·캐나다 협정 회원국은 미국·멕시코·캐나다 협정에서 탈퇴할 수 있다.'

　이 조항은 명백히 캐나다와 멕시코가 비시장 경제 국가와의 자유무역협정 체결하는 상황을 제한하기 위한 것이며 여기서 말하는 '비시장 경제 국가'는 중국입니다. 캐나다와 멕시코가 중국과 자유무역협정을 맺지 못하도록 방해하는 것뿐 아니라, 캐나다와 멕시코가 이미 참여하고 있는 환태평양 경제동반자협정(TPP, Trans-Pacific Partnership Agreement)에 중국의 참여를 어렵게 만드는 요소도 추가되었습니다. 만약 미국이 미국·멕시코·캐나다 협정의 제32장을 이후에 체결되는 자유무역협정과의 전형적인 사례로 삼는다면 앞으로 체결될 모든 미국과 중국 사이의 협정에 장애물이 될 것입니다.

당시 미국 상무부 장관은 이 조항을 독소 조항이라고 표현했습니다. 이렇게 미국은 중국과 관련된 정책 조치에서 다양한 방식으로 독소 조항을 숨기고 있습니다. 예를 들어, 2022년에 미국 의회가 통과시킨 칩법에도 유사한 독소 조항이 포함되어 있으며 미국의 지원을 받은 기업은 10년 동안 적대적 국가에 대한 투자나 첨단 반도체 제조 확장이 제한됩니다. 이렇게 양자 관계가 제3자에게까지 확장되는 것입니다. 여기서 제3자는 중국을 의미합니다.

개발 도상국 명단을 일방적으로 공개하다

세계무역기구 회원국은 경제 발전 수준에 따라 선진국, 개발 도상국, 후진국으로 구분됩니다. 개발 도상국과 후진국은 관세, 보조금 등에서 다양한 혜택을 어느 정도 누릴 수 있습니다.

2020년 1월 22일, 미국의 트럼프 대통령은 스위스 다보스에서 미국이 세계무역기구 개혁을 촉진하기 위해 중대한 조치를 취할 것이라고 발표했으며, 오랫동안 미국과 세계무역기구 사이에서 특정 문제에 대한 논쟁이 있었다고 언급했습니다. 중국, 인도 등이 개발 도상국으로 인식되어 세계무역기구의 구조에서 막대한 우대를 누리고 있다는 점이 주요 논점입니다. 예를 들어, 보조금 측면에서 세계무역기구의 '보조금 및 반보조금 조치 협정'에 따라 개발 도상국과 후진국 회원은 '소액의 보조금'과 '무시 가능 수입량'에 보다 유연한 기준을 적용받습니다. 미국은 이미 선진국인 경우에 수입품이 보조금으로 인해 가격에 포함된 금액이 해당 상품의 가격의 1% 미만이 될 때 미미한 보조금 기준에 충족되므로 반덤핑 조사를 종료해야 한다고 명시하고 있습니다. 하지만 개발 도상국이나 후진국의 경우, 해당 기준은 각각 2% 및 3%로 더 높게 설정되어 있습니다.

정작 개발 도상국이 무엇인지는 세계무역기구 전신인 관세 및 무역에 관한 일반 협정에서도 정량적인 정의가 없었으며 일반적으로 회원국이 세계무역기구에 가입할 때 자체적으로 개발 도상국 지위로 가입할지 여부를 신고하고 신고가 승인되면 계속해서 그 지위를 유지하게 됩니다. 이것이 현재 일부 고소득 국가가 여전히 개발 도상국으로 분류되는 이유입니다.

중국은 2001년에 개발 도상국 지위로 세계무역기구에 가입하여 혜택과 권리를 누리고 있습니다. 미국은 반보조금 조사를 수행할 때 개발 도상국에 대한 대우에 따라야 합니다. 하지만 미국은 1930년 관세법에 근거하여 미국 대통령이라는 특별 대표가 반보조금 기준을 적용할 국가 목록을 작성하는 권한을 부여받았습니다. 1998년, 미국 무역대표부는 '임시 최종 규칙(interim final rule)'을 공개하여 미국에서 반보조금 절차에 해당하는 미미한 보조금과 무시 가능 수입량 기준을 적용할 세계무역기구 회원국을 열거했는데 당시 중국은 아직 세계무역기구에 가입하지 않았기 때문에 목록에 포함되지 않은 상태였습니다.

다자 체제를 포기하다

세계에서 두 번째로 큰 경제 대국이자 최대 수출국 및 두 번째 규모의 수입국인 중국에 대해 미국은 그들이 세계무역기구 가입 약속을 지키지 않고 개발 도상국의 지위를 장기간 유지하며 혜택을 누리는 상황에 오랫동안 불만을 가지고 있었습니다. 따라서 미국 무역대표부는 2020년 2월 10일에 1998년 목록 버전을 수정하고 중국과 인도, 인도네시아, 베트남, 브라질, 불가리아 등이 포함되지 않은 새로운 개발 도상국 목록을 발표했습니다. 이 목록은 미국이 설정한 개발 도상국에 해당하지 않는 기준을 적용했습니다.

1. 1인당 국민소득이 세계은행에서 설정한 고소득 국가 기준인 12,375달러를 초과하는 경우
2. G20 회원국
3. OECD 회원국
4. 유럽연합 회원국
5. 전 세계 총수출량의 0.5%를 초과 수출하는 경우
6. 세계무역기구에 가입할 때 개발 도상국으로 자진 신고를 하지 않은 회원국

이러한 여섯 가지 조건에 따라 미국은 세계무역기구가 개발 도상국이라고 부르는 범위를 크게 축소하였고, 이는 미국이 세계무역기구의 다자 구조를 버리고 일방주의를 추구하고 있다는 사실을 의미합니다.

미국이 왜 세계무역기구 개혁을 추진하면서도 다른 한편으로는 세계무역기구의 규칙을 버리는 걸까요? 이는 당연히 트럼프의 변덕스러운 성격을 반영하고 있으며 미국이 종종 양면적인 수법을 사용하는 모습과 관련이 있습니다.

미국 무역대표부가 발표한 '2019년 중국의 세계무역기구 준수 보고서'에서는 이를 지적하였습니다. 중국이 현재의 경제 체제로부터 얻는 이익을 고려할 때 단지 새로운 세계무역기구 규칙 협상만으로 중국의 행동 변화를 강제하는 것은 비현실적입니다. 따라서 미국이 '미국 우선주의'라는 큰 깃발을 들고 국가주의를 주장하면서 다자 체제를 파괴하는 큰 위험을 감수하고 국내 이익을 보호하기 위한 독자적인 행동을 취하려는 시도는 충분히 이해할 수 있습니다.

수입 관세와 관련 조치 강화

무역 관련 조치 중에서는 수입 관세와 할당량을 높이는 것이 가장 즉각적인 효과를 가져오며, 일반적으로 많은 국가가 자주 채택하는 조치입니다. 미국이 이를 위해 사용하는 법적 근거는 여러 가지가 있습니다.

2018년 1월, 트럼프 대통령은 수입 세탁기 및 태양광 전지와 모듈에 관세를 부과했고, 이는 무역법 제201조에 근거합니다. 이 조항에 따르면 수입 증가로 인해 미국 산업에 심각한 피해를 입히거나 피해의 위험이 존재할 경우 국제무역위원회(ITC)에 제소할 수 있습니다. 이 조항은 세계무역기구의 관세 무역 일반 협정 제19조 및 안전 조치 협정(Safeguard Agreement)에 기반해 제정되었으며 특정 상품의 수입량이 크게 증가하여 미국 내 산업에 피해를 입히거나 위협할 경우 미국 정부는 해당 상품에 대해 안전 조치를 취하고 관세를 인상하거나 관세 할당량을 설정하거나 수량 제한과 같은 대응 조치를 취해 수입을 제한하여 산업을 보호합니다.

또 다른 조치도 있습니다. 미국 상무부가 2017년 1월에 1962년 통상 확대법 제232조에 근거하여 국가 안보를 이유로 외국에서 수입되는 철강에 대한 특별 조사를 실시했습니다. 2018년 3월 8일에 트럼프 정부는 수입 철강 제품에 25%의 관세를 부과하고, 알루미늄 제품에는 10%의 관세를 부과하겠다고 선포했는데 같은 달 23일에 법안이 발효되었습니다. 하지만 이후 일부 국가들은 면제를 받았습니다. 그중에는 호주, 캐나다, 멕시코, 유럽연합 그리고 할당량 조치를 취한 아르헨티나, 브라질, 한국이 포함되어 있습니다.

제232조항은 세계무역기구에서 기원하며 세계무역기구 법규에는 예외 규정이 있습니다. 관세 무역 일반 협정 제21조의 '안전 예외 규정'에 따라 특정 상황에서 예를 들어, 국가 안보를 고려할 때 회원 국가는 세계무역기구의 규범을 준수하지 않아도 됩니다. 이에 따라 중국이 3월 5일에 세계무역기구 분쟁 해결 메커니즘을 통해 미국에게 협상 요청을 제출했지만 미국은 이를 거부했습니다. 미국은 이 제232조항이 미국의 국가 안전 위협에 대한 대책이며, 세계무역기구의 규범 범위에 속하지 않는다고 주장했습니다.

강력한 보복과 제재

앞서 언급된 조항에 비해 미국이 더 자주 사용하는 법적 근거는 '301조' 관련 조항인데 이 조항은 미·일 무역 전쟁 때에도 자주 사용되었습니다. 챕터 2에서 언급했듯이 슈퍼 301조는 1974년 미국이 제정한 무역법에서 비롯되었는데 미국 기업이 해외에서 경제 및 무역 활동을 수행하면서 불공정하거나 합리적이지 않은 차별적 대우를 받을 때 미국 대통령에게 불공정한 대우를 가하는 국가와의 협상을 위임하고 협상이 성사되지 않을 경우 무역 제재를 실시할 수 있게 하는 내용입니다.

그 후 미국의 무역 적자가 계속 증가하고 국내 보호주의가 확산되며 기술 산업의 빠른 발전으로 지적 재산권이 중요한 역할을 하는 상황에서 미국 의회는 1988년의 이 법률을 '통합 무역 및 경쟁법'으로 수정하여 원래의 301조에 지적 재산권 및 지식 재산권 접근 등을 주로 다루는 조항을 추가했습니다. 미국은 이를 제182조로 설정하였고 이를 '스페셜 301조'이라고 일컬었습니다.

제182조에 따르면 미국 무역대표부는 각 국가의 지적 재산권 보호 상황에 대해 매년 '스페셜 301 보고서'를 제출해야 합니다. 각 국가를 우선 지정 국가, 우선 관찰 명단, 일반 관찰 명단으로 분류하고 발표 후 6개월 내에 우선 지정 국가에 대한 조사를 실시하고 협상을 진행하며 만약 합의에 도달하지 못하면 미국 무역대표부는 해당 국가에 무역 보복 조치를 취할 수 있습니다. 반면 우선 관찰 명단과 일반 관찰 명단에 포함된 국가들은 미국이 그들이 지적 재산권 보호에 대한 심

각한 위반 행위를 저질렀다고 판단하지 않는 한 협상을 요구받거나 즉시 보복받지 않습니다.

지적 재산권을 보호하는 더욱 엄격한 규정도 있습니다. 무역법 제306조에 따르면 미국 정부는 지적 재산권 관련 협정을 집행하는 모든 무역 파트너를 감독하며 만약 상대 국가가 이를 충실히 이행하지 않는다고 판명되면 그 국가를 '306조 감시 명단'에 포함시킬 수 있습니다. 이 경우 조사나 협상을 거치지 않고 직접 보복 조치를 취할 수 있고, 이로 인한 위협성과 파괴력은 우선 지정 국가에 포함되는 것보다 훨씬 큽니다. 또한 특정 제품을 대상으로 하지 않습니다. 이 무역법 제306조는 국가를 대상으로 하며 모든 불공정 무역 장애를 포함합니다. 수출 보조금, 수입 관세, 수출 성과 요구, 노동 보호 법률, 비관세 조치 등이 포함됩니다.

'통합 무역 및 경쟁법'은 기존 법의 제310조를 보완하여 '슈퍼 301조'로 알려져 있습니다. 조사 대상 국가는 미국과 협상을 진행하거나 수출을 줄이거나 수출 가격을 제한하는 조치를 취할 수 있습니다. 만약 협상이 이루어지지 않으면 미국 정부는 무역 혜택을 철회하거나 관세를 대폭 상승시키는 등의 보복 조치를 취할 것입니다.

미국 무역대표부가 미국 대통령과 의회에 제출한 '국가 무역 평가(NTE)' 연례 보고서에 따르면 그들이 말하는 무역 장애는 크게 열 가지로 나뉩니다.

1. **수입 정책**: 관세 및 기타 수입 비용, 수량 제한, 수입 허가 등
2. 위생 및 검역 조치, 무역 기술적 장애

3. **정부 구매**: 폐쇄식 입찰을 통한 국산 제품 구매 등

4. **수출 보조금**: 우대적 수출 금융 조건, 미국의 제3국 시장에서의 농업 수출 보조금 대체 등

5. **지적 재산권 보호 부족**: 특허, 저작권 및 상표 법제 및 지적 재산권 집행 부족

6. **서비스 장애**: 외국의 금융 기관이 제공하는 서비스 범위의 제한 등

7. **투자 장애**: 외국인의 지분 제한, 자체 제작 비율을 규정, 기술 이전 요구 등

8. 정부가 허용한 국영 기업이나 민간 기업의 반경쟁 행위가 발견될 시 미국 제품이나 서비스는 외국 시장에서의 판매 또는 구매가 제한됨

9. **디지털 무역 장애**: 데이터 흐름(data flow)에 영향을 미치는 제한적이고 차별적인 조치, 디지털 제품의 국경 횡단 제한, 인터넷 서비스 등

10. **기타 장애**: 부패, 뇌물 등으로 인한 장애들

기존 무역법을 강화하는 것 외에도 수정 후 법안은 무역 보복이나 제재를 시행하는 권력을 대통령에서 미국 무역대표부로 이양하여 협상권과 집행권을 일원화하고, 미국 무역대표부의 외부 협상에 대한 위협력과 집행 효율을 크게 향상시켰습니다.

격화된 미·중 무역 전쟁

미국 트럼프 대통령은 2017년 1월 취임 후 중국을 겨냥했습니다. 2018년 1월에는 중국에서 수입하는 태양광 패널과 세탁기에 관세를 부과하고 수입 할당량을 설정했습니다. 같은 해 3월 8일에는 중국에게 무역 흑자를 1,000억 달러로 줄이라는 계획을 요구했고, 3월 22일에는 무역법 301조에 따라 중국에서 수입하는 약 1,300개의 제품, 하이테크 제품을 포함하여 총 가격이 약 500억 달러에 이르는 제품에 25%의 관세를 부과하겠다고 선언했습니다.

선언 다음 날 중국은 미국에서 수입하는 106개 항목에 25%의 관세를 부과할 준비가 되어 있다고 발표했습니다. 중국의 즉각적인 대응에 트럼프는 미국 무역대표부에게 관세 부과 범위를 확대하도록 지시하였고, 이로 인해 양측은 칼을 뽑은 상태로 대립하게 되었으며 점차 개별 상품에서 전반적인 무역 전쟁 상황으로 번졌습니다. 2019년 하반기까지 양측은 관세 부과를 집행하거나 멈추었습니다.

관세 전쟁 시작

2018년 7월, 미국은 중국에서 수입한 340억 달러 상품에 25%의 관세를 부과했고, 중국 역시 미국에서 수입한 340억 달러 상품에 25%의 관세를 부과했습니다.

8월, 미국은 중국의 160억 달러 상품에 추가로 25%의 수입 관세를 부과하였고, 중국도 미국에서 수입한 160억 달러 상품에 25%의 관세를 부과하는 방식으로 보복했습니다. 9월에는 트럼프 정부가 중국의 2,000억 달러 상품에 10%의 관세를 부과했고, 중국 역시 미국의 600억 달러 상품에 각각 5%, 10%의 관세를 부과했습니다. 하지만 미국은 2019년 5월 10일, 이전에 부과한 2,000억 달러 상품에 대한 10%의 관세를 25%로 인상했습니다. 중국 역시 6월 1일에 600억 달러 상품에 대한 관세를 최대 25%로 인상했습니다.

6월 13일에는 트럼프 정부가 중국의 추가 3,000억 달러 상품에 25%의 관세를 부과하겠다고 선언했지만 트럼프와 시진핑이 일본 오키나와에서 만나 무역 전쟁을 중단하는 합의를 이루면서 6월 29일에 이러한 조치를 중단하겠다고 발표했습니다.

그러나 8월 1일 미국은 다시 3,000억 달러 상품을 두고, 9월 1일에 일부를 10% 부과하고 일부는 10월 15일에 실시하겠다고 발표했습니다. 9월 1일에 미국은 우선 약 1,200억 달러의 중국 상품에 15%의 관세를 부과했고 나머지는 12월 15일에 실시할 예정이었습니다. 반면 중국은 8월 23일에 미국의 약 451억 달러 상품에 대해 9월 1일과 12월 15일에 각각 5%, 10%의 관세를 부과하겠다고 대응했습니다.

미·중 경제 무역 협정

미·중 양국은 한편으로는 무역 전쟁을 계속하면서 다른 한편으로는 무역 협상을 진행하다가 결국 2020년 1월 15일, '미·중 경제무역 협정'을 체결하며 거의 1년 반 동안의 무역 전쟁을 종료했습니다. 이 협정은 2020년 2월 14일에 시행되었습니다. 미·중 양국이 도출한 주요 합의 내용을 살펴보겠습니다. 중국은 다음 2년 동안 미국의 상품 및 서비스 수입을 확대하며 구매 규모를 2017년 대비 적어도 2,000억 달러 증가시키겠다고 약속하였습니다. 그 구성에는 농산품 320억 달러, 에너지 제품 524억 달러, 비행기와 자동차, 철강 및 기계 등의 상품 777억 달러 그리고 클라우드 컴퓨팅, 금융, 여행 등의 서비스 379억 달러가 포함되어 있습니다. 중국은 또한 지적 재산권 보호 강화, 금융 서비스 시장 개방, 강제 기술 이전 방지, 농업 무역 장벽 제거, 통화 조작 감소 등을 약속하였습니다. 이 협정에서 가장 놀라운 부분은 양국이 이전에 실행한 처벌적 관세 조치를 취소하지 않았다는 점으로, 이는 외부의 기대와 일치하지 않았습니다.

관세 측면에서 미국은 2월 14일부터 중국에서 수입한 약 3,200개 항목, 총 가치 1,200억 달러의 상품에 대한 처벌적 관세를 15%에서 7.5%로 낮췄습니다. 대부분 소비성 전자 제품과 의류였습니다. 중국은 동시에 석유, 화학 제품, 콩 등 약 1,700개 항목, 총 가치 750억 달러의 상품에 대한 보복적 관세를 10%에서 5%로 5%에서 2.5%로 각각 낮췄습니다.

2월 14일에 미국은 양국 간 평가 및 해결 사무소를 설립하였으며, 이는 협정의 이행을 감독하는 역할을 담당했습니다.

고액의 처벌적 관세를 재평가하다

피터슨국제경제연구소(Peterson Institute for International Economics, PIIE)의 연구에 따르면[10] 미국과 중국 간의 무역 전쟁은 2018년 초부터 2020년

2월 14일의 경제 무역 협정 시행까지 대략 다섯 단계의 관세 변동으로 나눌 수 있습니다. 2018년, 처음 6개월 동안 양국의 관세는 약간의 변동만 있었습니다. 미국의 평균 관세는 3.1%에서 약간 상승한 3.8%로 중국의 경우에는 8.0%에서 7.2%로 하락했습니다. 7월부터 9월까지 양국의 관세는 크게 상승했으며 미국의 평균 관세는 3.8%에서 12.0%로, 중국은 7.2%에서 18.3%로 증가했습니다. 2018년 9월부터 2019년 6월까지 미국은 대체적으로 12%의 수준을 유지하였으며 중국은 약간의 변동을 보이며 16.5%로 하락했습니다. 이때는 무역 전쟁이 잠시 진정된 시기였습니다.

2019년 6월 이후에는 양국 모두 관세를 다시 올렸습니다. 미국은 17.6%로, 중국은 20.7%로 상승했습니다. 이후 2020년 2월 14일의 경제무역협정 시행 전까지 미국의 관세는 대체적으로 21.0%의 수준에 머물렀으며 중국은 먼저 21.8%로 올린 다음 점차 20.9%로 낮췄습니다. 경제무역협정이 시행되면서 미국은 중국에 대한 평균 관세를 19.3%로, 중국은 미국에 대해 20.3%로 설정했습니다. 따라서 무역 전쟁 전에 비해 미국의 평균 관세는 5배, 중국의 경우는 1.5배 증가했습니다.

2022년에 이르러 미국은 현지 시간 3월 23일, 무역대표부가 중국으로부터 수입하는 352개 항목에 대한 관세 면제를 재개한다고 발표했습니다. 이는 2021년 10월 12일부터 2022년 12월 31일까지 중국에서 수입한 상품에 적용됩니다. 이 면제 항목에는 산업 부품인 펌프와 전동기, 일부 자동차 부품 및 화학 제품, 백팩, 자전거, 진공 청소기 등의 소비재가 포함되어 있는데 트럼프 전 대통령 시기에 7.5~25%의 처벌적 관세를 부과받던 항목들입니다. 한편 중국은 미국이 중국에 대한 추가 관세를 완전히 철회하길 바랐습니다.

2022년 5월 3일, 미국 무역대표부는 중국에 추가 부과된 관세에 대한 재평가를 진행할 것이라고 발표했습니다. 트럼프 정부 시절인 2018년 7월 6일과 8월 23일에 중국에 대해 총 500억 달러에 25%의 관세를 부과한 이후 4년이 지났고, 미국 법에 따라 4년 후에는 관세가 재평가되어야 합니다. 현재는 높은 인플레이션 시기여서 관세를 낮추라는 요구가 점점 커지고 있습니다.

기술 분야와 국가 안보에 초점을 맞춘 무역 전쟁

중국의 경제 발전을 억제하기 위해 관세를 활용한 것 외에도 미국은 국가 안보의 관점에서 중국에 일련의 제재를 가하기 시작했습니다.

미국의 엔티티가 시행되다

수출 통제 대상 명단, 즉 엔티티(EL)는 미국의 수출 관리 규정(EAR)에 따른 것으로, 책임 기관은 상무부입니다. 이 목록을 만든 목적은 국가 안보, 핵 확산 방지, 반테러 등에 기반합니다. 미국에 수출하는 업체에게 주의를 주는 것입니다. 미국적 요소(예: 미국에서 제조, 미국 기술을 직접 사용하여 생산 등)를 포함하고 특정 진입 장벽 조건을 충족하는 기술, 소프트웨어, 원재료, 부품, 장비 등의 상품이 명단에 포함된 대상(국가, 기업, 개인 포함)에게 수출할 때 미국 정부의 수출 또는 재수출(re-export) 허가를 받아야 합니다. 이러한 진입 장벽은 만일 대상이 일반 국가일 경우 25%이지만 테러 지원 국가(이란, 북한, 시리아, 수단)의 경우 10%로 줄어듭니다. 하지만 일반적으로 허가가 통과될 가능성은 매우 낮습니다.

2018년 8월 1일, 미국은 중국의 8개 엔티티와 그들의 36개 기관을 일괄적으로 수출 통제 대상에 포함시켜 미국의 공급업체가 이들 기관이나 기업에 기술이나 제품을 수출하는 것을 제한했습니다. 이 기관들에는 중국 항공우주과학 기술 그룹, 중국 전자과학 기술 그룹, 중국 기술 수출입 그룹 등이 포함되어 있습니다. 그 이전에는 가장 잘 알려진 사례로, 2017년 중국의 중싱통신(ZTE)이 미국의 이란과 북한에 대한 수출 금지를 위반하여 처벌을 받은 사례가 있습니다. 2018년에는 이 회사가 다시 금지를 위반하여 거래 부적격자 목록(Denied Persons List)에 포함되었습니다. 엔티티에 비해 거래 부적격자 목록(Denied Persons List)은 더욱 강력한 규제로 모든 경우에서 배제됩니다. 같은 해 10월 30일에는 푸젠진화(福建晉華)의 집적 회로도 명단에 포함되어 미국 기업이 푸젠진화에 제품과 기술을 수출하는 것이 금지되었습니다.

2019년 5월 15일에는 화웨이와 68개 계열사도 미국 상무부에 의해 엔티티에 포함되어 미국 정부의 승인 없이 미국 내 기업으로부터 부품과 기술을 획득하는 것이 금지되었습니다. 이 시점에는 이미 중국에서 130개 이상의 기업과 개인이 엔티티에 포함되었습니다.

6월 22일에는 상무부가 우시장난(無錫江南)컴퓨터연구소와 몇몇 슈퍼컴퓨터 군사 응용에 참여하는 중국 기업들을 포함하는 명단을 발표했습니다. 중커수광(中科曙光), 청두하이광(成都海光)의 집적 회로 등이 이 명

단에 포함되었습니다. 8월에는 중국 최대의 핵전력 기업인 중국광허
(廣核) 그룹과 3개의 자회사, 화웨이와 관련된 46개의 기업 및 연구 기
관도 국가 안보를 이유로 엔티티에 포함되었습니다.

10월 8일에는 미국 상무부가 다시 20개의 중국 정부 기관과 8개의
기업을 엔티티에 포함시켰습니다. 그중에는 하이크(海康) 위성방송이
포함되어 있으며 중국 정부가 신장 지역에서 무슬림들에 대한 얼굴
인식 시스템을 구축하여 인권 침해 행위를 하는 데 도움을 준다는 이
유였습니다.

2016년 3월, 중싱통신 사건부터 2019년 말까지 중국에서 미국에
의해 제재를 받은 기관과 기업은 200개가 넘으며 통신 장비, 개인용
컴퓨터, 반도체, 원자력, 스타트업 등 다양한 분야를 포괄합니다.

수출 관리 거래 제한 목록은 중국에 대하여 상황에 따라 크고 작은
충격을 주었습니다. 신설된 반도체 제조 회사의 경우, 미국의 생산 장
비, 생산 기술, 집적 회로 EDA 툴, 원자재 등이 없다면 일자리 창출이
매우 어렵습니다. 미국의 수출 관리 거래 제한 목록은 모든 국가를 대
상으로 하지만 중국이 가장 주된 타깃이며 영향을 가장 크게 받았습
니다.

미국의 적극적인 방법에 중국도 상응하는 조치를 취하고 있습니다.
2019년 5월 31일, 중국 상무부는 관련 법률에 따라 신뢰할 수 없는
엔티티 제도를 설립하겠다고 밝혔습니다. 이는 시장 규칙을 준수하지
않고, 계약의 정신을 존중하지 않고, 비상업적 목적으로 중국 기업에
봉쇄 또는 공급 중단을 시행하며, 중국 기업의 이익을 심각하게 손상
시키는 외국 기업과 조직, 개인을 명단에 포함시키겠다는 골자였습니

다. 이후 중국은 2020년 9월에 '신뢰할 수 없는 엔티티 규정'을 발표하고, '국가 안보를 위협하고 중국의 상업적 이익을 손상시키는 외국 회사의 블랙리스트'를 작성했습니다.

이후 중국은 미국이 시행한 일련의 제재 조치에 대응하기 위해 상무부에서 2021년에 '외국 법률과 조치의 부당한 영역 외 적용 방지 방안'을 발표하여 반격했습니다. 이 방안에 따르면 중국 정부가 외국 법률과 조치가 부당한 영역 외에 적용된 것으로 판단하면 관할 기관은 인정하지 않고, 집행하지 않고, 준수하지 않는 금지 명령을 내릴 수 있습니다. 이 방안은 이전에 발표된 '신뢰할 수 없는 엔티티 규정'과 함께 다른 나라의 법률, 조치, 실체의 부당한 적용 및 불법 행위에 대응하는 규정을 구성합니다.

미국 외국인투자위원회의 검토 범위 확대

대외 투자, 특히 합병 및 인수는 기술과 지적 재산권, 시장을 빠르게 획득하는 중요한 방법입니다. 중국의 산업 발전은 처음부터 외부 기술 도입을 중심으로 하였고 경제 성장에 따라 대외 투자 능력과 필요성이 점차 커졌습니다.

미국 데이터 분석 전문업체 로디움 그룹(Rhodium Group)의 연구 보고서에 따르면[11] 1990년부터 2020년까지 중국의 미국에 대한 직접 투자(FDI)는 총 1,755.2억 달러에 이르렀습니다. 연간 투자는 2010년부터 빠르게 성장하여 45.7억 달러에서 2016년에는 최고치인 464.9억 달러에 이르렀습니다. 하지만 미·중 무역 분쟁이 무역 전쟁으로 번지면서 2018년에는 53.9억 달러로 떨어졌습니다. 거의 30년 동안 중국의 미국 투자는 주로 합병을 통해 이루어졌으며, 그 비율은 87%며 신설 기업에 대한 투자는 단지 13%에 불과했습니다. 국영 기업의 투자는 29%며 민영 기업은 71%였습니다. 지분 투자는 76%며 소수 지분투자는 24%였습니다. 이런 투자 구조는 미국 정부의 주의를 끌었으며, 특히 중요한 기술과 큰 규모의 합병 사례는 국가 안보와 산업 경쟁에 위협이 되었습니다.

미국에서는 미국 외국인투자위원회(CFIUS, The Committee on Foreign Investment in the United States)가 투자 심사를 맡고 있습니다. 외국인투자위원회는 여러 정부 기관이 참여하는 조직입니다. 회원으로는 국방부 장관, 국토 안보부 장관, 국무 장관, 상무부 장관, 미국 무역대표, 에너지부 장관, 법무부 장관, 백악관 과학기술 정책 사무소장, 재무부 장관이 있으며 의장은 재무부 장관이 맡습니다. 또한 5명의 직원들이 관찰원으로 심사에 참여합니다.

미국 외국인투자위원회는 1975년에 설립되었습니다. 당시에는 포드 대통령의 명령에 따라 설립된 컨설팅 조직으로, 재무부장관이 책임자며 주로 외국의 미국 투자 사례를 연구하고 투자 사례에 대한 수정 제안을 내놓는 것이 주된 임무였습니다. 하지만 1980년대에 일본이 미국에 대한 투자 열풍을 일으키면서, 특히 일본의 후지쯔가 미국의 페어차일드를 인수하는 사건이 벌어지면서 1988년에 미국 의회가 액손-플로리오 수정안(Exon-Florio Amendment)을 통과시키고 대통령에게 일부 외국 투자를 일시 중단하거나 금지하는 권한을 부여했습니다. 이후 미국 외국인투자위원회는 외국 투자 감독 업무를 더 많이 맡게 되었습니다.

2007년에는 미국이 '외국 투자와 국가 안보법(FINSA)'을 통과시켜 미국 외국인투자위원회의 심사 범위를 확대했습니다. 이로써 외국 정부가 통제하는 기업이 미국 기업을 인수하면서 그 제품과 서비스가 국가 안보나 중요한 기반 시설 등과 관련된 경우에는 모두 미국 외국인투자위원회의 심사 대상으로 지정되었습니다. 이를 통해 미국 외국인투자위원회의 심사 범위를 더욱 넓혔으며, 위원회 결정의 투명성을 높이고 의회 감독을 강화했습니다.

전통적으로 미국 외국인투자위원회는 국가 안보와 관련된 과학 기술 산업과 기반 시설에 대한 심사에 집중했습니다. 동시에 자발적인 신고 제도를 채택했습니다. 신고 필요성은 해당 투자 사례가 국가 안보와 관련이 있는지 여부에 따라 결정되었습니다. 투자 사례가 정해진 신고 절차에 의해 신고를 진행한 다음 미국 외국인투자위원회가 해당 투자 사례가 미국의 국가 안보를 해칠 가능성이 있다고 판단하면 직접 투자를 거부하거나 수정 보완 방안을 요구하였습니다. 최종적으로는 미국 외국인투자위원회가 투자 사례를 대통령에게 넘겨, 해당 투자의 진행을 승인할지 금지할지 결정하게 했습니다. 만약 투자 사례를 신고하지 않았으면 이후 미국 외국인투자위원회가 독립적으로 조사하고 서류 제출을 강제하는 위험을 감수해야 했습니다.

외국인 합병 심사 규정 강화

2016년에 중국의 미국 투자와 합병 사례가 정점에 이르렀는데 이는 미국 산업계와 정부의 공포를 유발했습니다. 기존의 외국인 투자 심사 제도가 환경의 큰 변화에 대응하지 못한 것처럼 보였습니다. 2018년에는 미국 국방부의 국방 혁신 실험실(DIUx)이 '중국 기술 이전 전략 보고서'[12]를 발표했는데 이 보고서는 중국이 미국의 외국 투자 규정의 미흡한 부분을 이용하여 인공지능, 자율 주행, 로봇 등의 첨단 기술로 계속 침투하고 있으며 이러한 기술들은 군사 분야에도 활용될 수 있다고 지적했습니다. 또한 미국 정부가 이러한 민감 기술의 이전을 엄격히 관리해야 하고 특히 별다른 주의를 기울이지 않는 벤처 캐피탈 리스크 투자에 대해 주의를 기울여야 한다고 경고했습니다.

이러한 일련의 사항들로 인해, 미국 의회는 2018년 6월에 '외국인 투자 위험성 검토 현대화법(FIRRMA, Foreign Investment Risk Review Modernization Act)'을 통과시켰습니다. 미국 재무부는 2020년 1월에 이 법안을 시행하는 최종 규정을 발표하였고 이 규정 2월 13일에 시행되었습니다.

재무부가 발표한 최종 규정에는 두 갈래로 나뉩니다. 하나는 부동산 거래를 대상으로 하고 다른 하나는 다른 거래를 다룹니다. 후자는 대체로 핵심 기술(Critical Technologies), 핵심 인프라(Critical Infrastructure), 민감한 개인 정보(Sensitive Personal Data of U.S. citizens) 세 가지를 포괄하며 이를 TID로 간략하게 표현합니다.

■ 핵심 기술: 수출 규제 및 기타 기존 규정에 의해 제어되는 핵심 기술

그리고 '2018년 수출 규제 개혁법'에 의해 규제되는 기초 기술
- 핵심 인프라: 통신, 공공 서비스, 에너지 및 교통 등이 포함되며, 최종 규정의 부록에 명시된 핵심 인프라를 소유, 운영, 제조, 공급 또는 서비스하는 기업들
- 민감한 개인 정보: 재무, 지리적 위치, 건강 데이터 등 열 가지 유형의 데이터를 포함하며, 이러한 데이터는 국가 안보를 위협할 수 있는 방식으로 사용될 수 있음

부동산과 관련해서는 공항, 항구 등 핵심 인프라에 인접하거나 정부 시설에 인접해 외국 정부의 감시 위험에 노출되게 만드는 부동산이 검토 대상에 포함됩니다.

검토 대상 범위가 확대되었을 뿐 아니라 규제 대상에 대해 미국 외국인투자위원회가 더 이상 수동적인 위치에 있지 않다는 사실이 중요합니다. 외국인투자위원회는 투자 사례를 반드시 신고하거나 문서를 제출하도록 강제할 수 있으며 실행 권한과 처벌 포함하여 사건 철회, 자금 회수, 민사 처벌 등을 강화하였습니다.

또한 최종 규정은 미국 기업과 그들의 변호사에게 투자, 금융, 합병 또는 합작 기회에 대한 거래를 시작하기 전 조기 신뢰 조사를 진행하여 핵심 기술, 핵심 인프라, 민감한 개인 데이터, 핵심 부동산 등이 관련되어 있는지 확인하도록 요구합니다.

2018년 6월에 외국인 투자 위험성 검토 현대화법을 통과된 후 8월에 트럼프 대통령이 서명한 '2019년 국방 승인법(NDAA)'은 외국인 투자 위험성 검토 현대화법을 포함하고 있습니다. 이 법은 2019년 미국

국방부의 예산, 지출 및 정책을 규정하며 총액은 7,170억 달러에 달합니다.

미국의 법률 개정은 일본과 유럽연합의 행동을 촉발했습니다. 기술 유출을 막기 위해 일본은 2019년 10월 18일에 '외환 및 외국 무역법'의 개정안을 통과시켰으며 이는 원래 외국인이 기업의 10% 이상의 주식을 취득할 때 신고해야 하는 규정을 1%로 낮추었고, 민감한 산업이라고 규정하는 범주를 확대했습니다. 이 같은 사례에 대해 일본 정부는 변경 또는 중단을 요구할 권리가 있습니다. 독일 연방 내각은 2018년 12월 19일에 '대외 경제법 시행령' 개정안을 승인했고, 이는 유럽연합에 속하지 않는 국가의 투자자가 독일 기업의 주식을 25% 인수해야 검토하던 규정을 10%로 낮추었습니다.

미국 대통령이 외국 기업 합병을 거부한 사례

2017년 9월 트럼프 대통령은 캐니언 브릿지 캐피털이 래티스 세미컨덕터(Lattice Semiconductor)를 인수하는 것을 금지하는 명령을 내렸습니다. 이는 그가 취임 이후 처음 본 기업 합병 사례였으며, 27년 동안 미국 대통령에게 제출된 기업 합병 거래 사례 중 네 번째였습니다.

외국인투자위원회가 이 사안에 대해 의견을 내세우는 이유는 캐니언 브릿지 캐피털이 중국 자본 배경을 가진 글로벌 사모 펀드고, 래티스 세미컨덕터가 주로 컴퓨터와 통신, 산업, 군사 분야에 적용되는 로직 칩을 생산하는 주요 사업을 하기 때문이었습니다. 국가 안보를 이유로 미국 외국인투자위원회는 합병을 거부했고 래티스 세미컨덕터는 합병 계획서를 백악관에 제출했습니다.

2017년 11월, 기술 업계에서 주목받는 합병 사례가 또 발생했습니다. 자체적으로 공장이 없는 반도체 회사인 브로드컴(Broadcom)은 유선 및 무선 통신 장비를 생산하는 세계 최대의 휴대폰 칩 제조업체인 퀄컴을 1,000억 달러 이상의 가격으로 인수하려는 계획을 세웠습니다. 브로드컴은 싱가포르에 본사를 두고 있으며 중국의 레노버, 화웨이와 협력 관계를 맺고 있습니다. 인수가 성사되면 브로드컴은 전 세계에서 가장 큰 무선 통신 기술 공급업체가 되어, 인텔에게 경쟁 압박을 가하고 미국의 5G 통신 시장에서의 입지에 영향을 줄 것입니다. 특히 무선 통신 산업은 국가 안보를 고려해야 하는데 퀄컴은 미국 군 장비의 수급 업체이기도 합니다. 따라서 트럼프 정부는 2018년 3월 12일, 행정 명령을 발표하여 국가 안보를 보호하기 위해 브로드컴에 대한 퀄컴 인수를 금지했습니다.

외국 투자에 대한 수동적인 승인 거부 외에도 2020년 3월에는 트럼프 대통령이 중국 기업인 베이징스지 정보기술(北京石基信息)에게 미국 호텔 자산 관리 소프트웨어 회사인 스테이앤터치(StayNTouch)의 모든 권리를 판매하라고 명령했습니다. 그 이유는 미국의 국가 안보를 해치기 때문입니다. 많은 미국의 호텔과 카지노가 스테이앤터치 시스템을 사용하여 자산을 관리하고 있으며, 미국 감독 기관은 이와 유사한 인수가 미국 국민의 개인 정보 보호에 손해를 입힐 수 있다고 우려합니다. 즉, 트럼프 대통령은 중국의 미국 기업 인수에 대한 국가 안보 리스크 검토를 강화한 것입니다. 이는 그가 당선된 이후로 미국 기업에 대한 외국 기업의 인수를 국가 안보 이유로 거부하는 세 번째 경우입니다.

| 도표 5-1 | 미국의 대중국 주요 경제 무역 조치의 중국 영향

조치	영향
징벌적 고관세	직·간접적 충격이 수요를 만들어 산업 체인의 이동을 야기한다.
수출 규제	핵심 부품과 생산 장비를 획득하지 못하면서 다운스트림 첨단 애플리케이션 분야의 발전 및 고급 제조 공정의 추진에 영향을 미치며, 이로 인해 중국의 외국 기업들이 생산 기지를 이동시킨다.
미국 외국인투자위원회의 심사 범위 확대	투자와 합병을 어렵게 만들어 기술 이전과 시장 확대에 영향을 끼친다.
외국인 기업 책임 법안	중국 기업의 미국 상장에 장벽이 생겨 자금, 시장 및 기술 획득에 영향을 미친다.
미국 기업의 중국 반도체 등 관련 부품 상용 금지	중국 기업의 시장 기회에 악영향을 준다.
연방 기관 및 계약 업체가 특정 기업의 특정 제품 및 서비스를 구매하는 것을 금지	중국 기업이 해외 시장에 악영향을 준다.

외국인 기업 책임 법안

2020년 4월, 미국에 상장한 중국의 루이싱커피(瑞幸咖啡)에서 수십억 달러의 재무 조작 사건이 발생했습니다. 트럼프 정부는 즉시 미국 연기금에 중국 기업 주식 투자를 중단하도록 통보했으며, 상원은 '외국 기업 책임 법안'을 제출하여 미국 거래소에 상장된 외국 기업이 미국의 감사 및 감독 기준을 준수해야 하고 그렇지 않을 경우에는 상장을 폐지하도록 요구했습니다. 이 개정안은 겉으로는 모든 외국 기업이 대상인 듯하지만 실제로는 미국에 상장한 약 250개의 중국 기업을 대상

으로 하고 있습니다. 미국 감독 기관의 감사 문서를 획득하지 못한 상장 기업 중에서 중국 기업은 90% 이상을 차지합니다. 이 개정안은 같은 해 12월 2일에 하원에서 통과되었으며, 뉴욕증권거래소는 이에 따라 중국 모바일, 중국 통신 및 차이나유니콤 등 중국의 3개 통신사의 상장을 폐지하고 중국 군 관련 기업에 대한 미국인의 투자를 금지했습니다. |도표 5-1| 참조

미·중 무역 관계의 미래

최근 몇 년간 미·중 사이의 무역 분쟁을 고려하면 양국의 대립은 장기적인 경향을 보이며 점점 심화되는 추세입니다. 단기적으로 완화되는 징후는 보이지 않습니다.

미·중 대결의 일상화

2022년 4월, 미국 무역대표부는 '2022년 스페셜 301조'를 발표하여 중국과 인도, 러시아, 인도네시아, 아르헨티나, 칠레, 베네수엘라 등 6개 국가를 '우선 관찰 명단'에 다시 포함시켰습니다. 또한 2월, 미국 무역대표부가 미국 의회에 제출한 '중국의 세계무역기구 약속 이행 상황 보고서'[13]에서는 특히 중국에 대한 무역 정책을 재조정하고 미국과 공정한 경쟁을 추구하는 다른 무역 파트너들의 이익을 보호하기 위해 새로운 경제 도구를 도입할 것이라고 밝혔습니다.

보고서에서 미국 무역대표부는 중국의 다음과 같은 행위에 대해 심각한 우려를 표명했습니다.

1. 간섭주의적인 산업 정책 및 지원 프로그램을 채택하여 경제 전반에 걸친 다양한 산업에 정부의 실질적인 지침, 대량의 재정 자원 및 지원 프로그램을 제공하고 생산력과 생산 수준 및 시장 점유율을 추구하는 것
2. 수입 상품 및 서비스의 시장 진입을 제한하고 외국 기업 및 서비스 제공업체의 중국 내 상업 활동을 제한하는 것
3. 다양하고 종종 불법적인 수단을 사용하여 외국 지적 재산과 기술을 획득하고 산업 정책 목표를 달성하는 것

미국 무역대표부는 중국의 국영 기업, 국가 투자 기업 및 수많은 사설 기업들이 수익을 얻고 있는 반면 이러한 이익은 무역 파트너와 그들의 노동자의 고용 기회를 희생시키고, 전 세계 시장의 효율을 저해하며, 공정한 경쟁 상황을 파괴한다고 여깁니다.

미국은 새로운 전략을 추구한다

따라서 위 보고서는 미국이 중국의 국가 지도부와 비시장 모델에 기인한 경제 및 무역 문제를 해결하려면 새로운 전략이 절실하게 필요하다고 언급하며 이러한 새로운 전략은 중국의 경제 및 무역 체제에 대한 실제적 평가와 장기적인 고려에 기반해야 한다고 강조합니다.

이를 바탕으로 미국은 지금 다각도로 전략 모델을 추구하고 있습니다.

2021년 10월, 미국 무역대표부는 새로운 전략의 초기 조치를 발표했습니다. 그중 하나는 중국과의 양자 협정을 계속 추구하며 진전을 이룰 수 있는 영역을 찾는 것입니다. 특히 미·중 경제 무역 제1단계 협정은 중국이 약속을 완전히 이행할 경우, 더 중요한 이슈에 대한 양자 간 협약에 더 튼튼한 기반을 마련하는 데 도움이 될 것입니다.

또한 미국은 자국 내 무역 도구를 통해 미국 노동자와 기업이 보다 공정한 경쟁 환경을 구축할 수 있도록 대응하는 자세가 필요하며 이를 위해 현재 어떻게 국내 무역 도구를 최적으로 활용하고 개선할 수 있는지에 대한 연구가 진행되고 있습니다.

마지막으로 미국은 동맹국 및 이와 같은 목표를 공유하는 파트너들과 보다 긴밀하고 넓은 범위의 노력을 기울이며, 중국의 국가 지도부와 비시장 모델에 의한 경제 및 무역으로 인해 세계 무역 시스템에 중대한 문제를 일으키는 상황을 해결하기 위해 양자, 지역 및 다자간 포럼 및 세계무역기구를 포함한 작업을 진행할 것입니다.

미국 무역대표부의 보고서를 통해 우리는 대담하게 예측할 수 있습니다. 미·중 간의 대립은 장기적인 전쟁이 될 것이고, 이는 전 세계 경제무역의 불확실성을 증가시킬 뿐 아니라 글로벌 무역 체계의 모습을 변화시키며, 관련 국가들에게 중대한 파급 효과를 줄 것입니다.

　　미·중 무역 전쟁의 원인에는 분명히 양측의 다른 견해가 존재합니다. 중국은 기본적으로 미국이 세계적인 지도력으로 자신들을 위협하고 있다고 생각하지 않으며, 중국의 부상과 빠른 발전이 미국에 위기 의식을 일으켰다고 여깁니다. 반면 미국은 중국의 세계무역기구 가입 의무 불이행과 국제 경제 무역 규칙 위반을 빌미로 중국에 대한 다양한 무역 제재 조치를 취하고, 미국 무역대표부의 보고서를 작성하고 있습니다. 하지만 중국은 여전히 자신이 모든 약속을 이행했다고 주장하며 양측 입장에는 큰 격차가 존재합니다.

　　미국이 중국에 취한 다양한 무역 조치를 종합해 보면 다음과 같습니다.

1. 세계무역기구, 수출 통제에 따른 바세나르 체제(Wassenaar Arrangement)와 같은 다자적 협정 규정
2. 미·중 경제무역협정과 같은 양자 협정
3. 개발 도상국으로 스스로 정의한 일방적 규정 등
4. 칩법, 외국 직접 제품 규칙 등과 같이 외국법 권한에 관련된 규정 남용

　　과거에는 미국이 중국의 세계무역기구 의무 불이행을 비난해 왔지만 미국이 취한 제재 조치와 세계무역기구 규정 위반이 점점 늘어나면서 미국 자신도 규정을 위반하는 양상을 보입니다. 다른 사람을 욕하는 일과 자신도 규정을 위반하는 일 때문에 미국의 양면성이 두드러졌습니다. 이에 따라 미국의 제재 조치의 정당성이 점점 퇴색되는 상황입니다.

　　또한 이전에 미국이 중국에게 적용한 제재 조치는 주로 무역 문제에 중점을 두고 있었지만 최근에는 기술과 국가 안보 문제로 전환되어 중국의 주장인 "미국은 중국의 지배력에 대한 위협을 우려한다."라는 주장을 입증하고 있습니다. 이로 인해 미·중 대립은 중대한 변화를 겪고 있습니다.

　　미국이 중국에 대해 시행한 통제 및 제재 조치 그리고 미국 무역대표부의 관련 보고서를 고려하면 미국의 전략은 아직 완전히 드러나지 않았으며 중국도 적극적인 반격 조치를 취하지 않았으므로 당분간은 미·중 대립이 완화되는 조짐이 보이지 않을 것입니다. 양국 모두 세계에서 가장 큰 경제 대국이기 때문에 지속적인

대립은 전 세계 경제를 불안정한 상황에 빠뜨리며 양측에 손해를 가져올 것입니다. 이는 글로벌화, 글로벌 공급망 및 글로벌 경제 성장에 장기적으로 불리한 영향을 미칠 것입니다.

반도체 패권국 미국의 이중 플레이

Chapter 06

미국은 여전히 세계 반도체 산업의 강자다

1947년, 미국의 AT&T 벨연구소 소속 3명의 물리학자들이 트랜지스터를 발명하고 그해 노벨 물리학상을 공동 수상하였습니다. 그들의 발명이 인류의 생활에 중대한 변화를 가져왔고 20세기의 가장 영향력 있는 발명 중 하나가 될 것을 그들이 아마도 몰랐을 것입니다.

미국은 반도체 산업과 기술 발전의 원천지

1950년대에 들어서면서 미국의 페어차일드와 텍사스 인스트루먼트 두 회사가 거의 동시에 트랜지스터를 발전시켜 집적 회로를 개발했고, 이로써 반도체의 애플리케이션을 더 넓게 확장하였습니다. 미국의 우주 계획과 군사적 지원하에 캘리포니아의 실리콘밸리, 텍사스, 애리조나, 뉴욕 등을 중심으로 반도체 산업은 빠르게 성장했고, 미국은 세계 반도체 산업의 발원지와 발전의 핵심지가 되었습니다.

미국의 기술을 도입해서 1980년대 상반기에 일본의 반도체 메모리 산업이 빠르게 성장하며 점차 미국의 지위를 위협했습니다. 1981~1982년 사이에 미국과 일본의 메모리 글로벌 시장 점유율은 순위가 뒤집혔고, 1985년에는 일본의 메모리 글로벌 시장 점유율이 약 80%에 이르렀으며, 미국은 거의 20%로 떨어졌습니다. 다음 해에 미국과 일본이 플라자 합의를 체결하면서 일본의 메모리 산업 발전이 제한되었습니다. 이를 기회로 한국이 일본 산업의 기존 위치를 이어받았습니다. 하지만 미국의 메모리 산업은 이전의 영광을 회복할 수 없었습니다. 이때 미국의 일부 반도체 회사들, 예를 들어 인텔 등은 메모리를 포기하고 프로세서 등의 로직 칩 개발로 전환했고 동시에 아날로그 반도체 등의 분야에서 여전히 우위를 차지했습니다. 이후 미국의 반도체 전체 생산 능력은 세계 점유율 약 12%의 수준에서 유지되고 있습니다.

미국의 산업 핵심 공급망 장악

70년 넘게 발전해 온 반도체 산업은 기술, 시장, 산업 구조 및 발전 모델 등 다양한 측면에서 중대한 변화를 겪었습니다. 미국 제조업은 공급망 생산성은 크게 감소하였지만 여전히 글로벌 반도체 산업의 선두 주자로서 산업 발전의 가장 핵심적인 기술 부분을 주도하고 있습니다. 보스턴 컨설팅 그룹이 2021년 발표한 연구 보고서에 따르면 반도체의 긴 연쇄 공급망에서 미국은 전자 설계 자동화 및 지적 재산 단계에서는 전 세계에서 약 74%의 점유율을 가지고 있으며 EDA 로직 반도체 점유율은 67%, 장비 점유율은 41%입니다.[1] 다시 말해 미국은 연구개발 밀집 분야에서 절대적인 우위를 차지하고 있습니다. | 도표 6-1 | 참조

장비 측면에서는 초고밀도 집적 회로 리서치의 조사 결과를 보면 2020년 글로벌 반도체 장비업체 중 미국 기업이 네 곳 즉, 어플라이드 머티어리얼즈(1위), 램 리서치(3위), KLA(5위), 테라다인(Teradyne)(8위)이 Top 10에 포함되어 전체 시장의 39%를 점유하였습니다. 팹리스 분야에서는 트랜드포스의 자료에 따르면 2020년 세계 Top 10개 기업

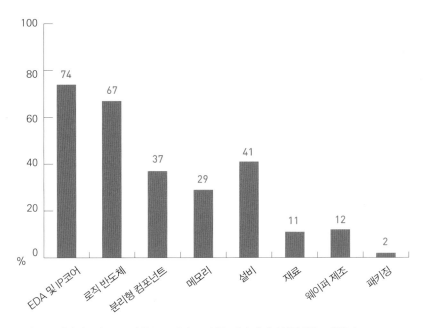

| 도표 6-1 | **2019년 미국의 반도체 공급망 점유율**

*참고: 분리형 컴포넌트는 분리형 부품, 아날로그 부품, 광전 및 감지 부품 등을 포함한다.
자료 출처 : Antonio Varas, Raj Varadarajian, Ramiro Paima, Jimmy Goodrich. and FalanYiung, "Strengthening the Global Semiconductor Supply Chain in an Uncertain Era.", 2021년 4월 2일(보스턴 컨설팅 그룹).

중 미국 기업이 일곱 곳을 차지하였으며 퀄컴, 브로드컴(Broadcom), 엔비디아 등 상위 세 곳의 기업이 전체의 61.1%를 차지합니다.

반도체 제조 분야에서는 2021년 미국의 반도체 수출액이 490억 달러로 항공기, 완제품 유류 및 원유에 이어 4위로 나타났습니다. 미국 반도체산업협회(SIA)의 2021년 연례 산업 보고서에 따르면2 반도체 공정의 프론트엔드 단계(패키징 및 테스트와 대비)에서 미국 기업의 생산 능력은 기존 57%가 미국 내에 있었으나 2020년에는 43.2%로 하락했습니다. 해외 생산 능력은 싱가포르(18.3%), 대만(9.7%), 유럽(9.6%), 일본(8.8%), 중국(5.5%) 및 기타 지역(4.9%)에 분산되어 있습니다.

지난 10년 동안 해외 지역에서의 생산 증가율은 미국 내 생산 증가율의 5배였습니다. 보고서는 이러한 결과를 각국의 외국 투자를 유치하기 위해 제공한 인센티브 조치로 귀결하며 따라서 미국 정부도 유사한 장려 조치를 취해야 산업 경쟁력을 유지할 수 있다고 주장합니다. 하지만 위와 같은 결론은 너무나 단순화된 근거에 기반하고 있습니다.

'IC 인사이츠'의 통계에 따르면 2020년 말 기준으로 전 세계 반도체 제조업체 생산 능력 순위에서 Top 10개 기업 중 네 곳이 미국 기업이었습니다. 여기에는 마이크론(3위), 인텔(6위), 글로벌파운드리스(8위), 텍사스 인스트루먼트(9위)가 포함됩니다. 반도체 제조 전용 파운드리 영역에서는 '칩 인사이츠'의 조사 보고서에 따르면 2021년 Top 10개 기업 중 미국의 글로벌파운드리가 3위에 해당되며 시장 점유율은 약 7.43%입니다. 이는 미국 기업이 종합 반도체 회사를 위주로 채택하기 때문입니다.

반도체 제조 백엔드의 패키징 및 테스트에서는 단 한 곳의 미국 기업인 엠코 테크놀로지가 Top 10개 기업에 올랐습니다. 엠코 테크놀로지는 대만의 ASE에 이어 2위를 차지했습니다.

미·중 무역 전쟁에서 반도체 공급망 재구축까지

　미·중 무역 전쟁에서 반도체 산업은 중국 정부가 전략적 산업으로 지정하고 큰 보조금을 지원받는 대상으로, 항상 미국의 제재 대상이었습니다.

화웨이 제재부터 시작

　무역 전쟁은 2018년 7월 6일에 트럼프 정부가 340억 달러 규모의 중국 제품에 25% 관세를 부과하는 첫 번째 단계에서 시작되었는데 해당 목록에는 일부 반도체 제품도 포함되어 있었습니다. 2019년에는 미국이 통신 장비 제조업체인 화웨이에 대한 제재를 위해 반도체 공급망의 수출 통제를 확대시키고 대상을 점진적으로 확대했습니다.

　화웨이는 스마트폰 주요 공급업체입니다. 2019년 전 세계 시장 점유율은 17%로, 2위입니다. 트랜드포스 계열사인 티알아이(TRI, Topology Research Institute)에 따르면 화웨이는 통신 기반 설비 공급 분야에서 많은 국가들의 5G 네트워크 고객인 주요 업체입니다. 2019년 글로벌 5G 기지국 시장에서 화웨이는 시장 점유율 27.5%로, 주요 공급업체 중 하나였으며 에릭슨은 30%, 노키아는 24.5%, 삼성은 6.5%의 시장 점유율을 가지고 있었습니다.

　그러나 미국 정부는 화웨이 장비에 두 가지 우려를 품고 있었습니다. 첫째, 중국 국가 안전법은 기업들이 네트워크 장비를 통해 수집한 외국의 데이터를 중국 정부에 제공하도록 강제했고 이 데이터에는 개인, 기업, 정부, 군사 등의 정보가 포함됩니다. 둘째, 화웨이의 저비용 장비가 해커의 악의적인 네트워크 공격을 받았을 때 성능과 신뢰성이 떨어질까 하는 우려였습니다. 미국과 영국, 호주, 프랑스, 스웨덴 등은 5G 네트워크에 화웨이 장비를 사용하지 않기로 결정했습니다.

2019년 1월, 미국 정부는 화웨이를 미국 기술 도용, 자금 세탁과 이란이 대량 살상 무기 확산에 대한 처벌을 회피하도록 도왔다는 혐의로 기소하고 이를 바탕으로 수출 통제 조치를 취했습니다. 2019년 5월과 8월, 미국 상무부는 화웨이와 그 계열사를 엔티티에 등재하여 수출 통제를 시행했습니다. 미국 법률에 따르면 엔티티는 정부가 발표한 외국 기업이나 조직의 목록으로, 여기에 등재된 기업에게 정부 허가 없이 제품이나 서비스를 제공하는 것은 불법입니다. 이로 인해 미국 제조업체가 화웨이에 직접 반도체를 공급하는 일이 제재를 받았으며 화웨이의 자회사인 하이실리콘에 EDA 툴을 판매하는 것도 중단되었습니다. 이렇게 화웨이의 5G 장비 제조를 간접적으로 방해하여 삼성, 에릭슨, 노키아 등의 경쟁 업체에게 시장을 양보하도록 만들었습니다.

수출 통제 장기 관할권

그러나 미국의 초기 수출 통제 조치는 두 가지 문제 또는 결함을 가지고 있었습니다. 첫째, 수출 통제 범위가 너무 넓어서 국가 안보에 위협을 주지 않는 스마트폰용 반도체까지 통제의 대상이 되어, 미국 기업의 손실이 과도하게 발생했습니다. 둘째, 수출 통제 조치가 국가 안보를 효과적으로 보호하지 못했습니다. 예를 들어, 2019년의 수출 통제는 화웨이가 팹리스업체의 칩 디자인을 TSMC와 삼성전자에 제공하는 일을 막지 못했습니다.

2020년 6월, 미국반도체협회의 보고서에 따르면 화웨이의 기지국 생산을 위해 필요한 대부분의 반도체는 미국 외의 지역에서 수입되었기 때문에 수출 통제 조치는 유명무실했습니다. 미국의 관련 산업계에서는 정부의 수출 통제에 우려를 표명했습니다. 미국 반도체 산업의 연간 수익 20% 이상이 중국의 화웨이와 기타 기업으로부터 비롯되었기 때문입니다.

2020년 5월, 미국은 새로운 수출 통제 조치를 도입하여 외국 기업도 화웨이에 반도체를 공급하지 못하도록 강제했습니다. 미국은 해외 직접 제품 규칙(Foreign Direct Product Rules, FDPR)을 확대하여 외국 반도체 생산업체를 제약했습니다. 반도체 공급망의 다른 단계에서 미국의 제조 장비나 기술을 사용하는 경우에는 해당 제품은 엔티티에 오른 조직이나 기업에 판매할 수 없습니다. 이는 '수출 통제 장기 관할권(Long Arm Jurisdiction, LAJ)'이라고도 불리는 조치입니다. 이로 인해 TSMC와 삼성전자 등은 선택의 기로에 직면하게 되었습니다.

2020년 12월, 중국의 주요 파운드리업체인 SMIC도 엔티티에 등재되어 미국 제조 장비 반도체 설계 및 소프트웨어의 수출이 제한되었습니다.

투자 통제까지 확대하다

수출 통제 외에 미국은 기업 투자에도 제재와 안티트러스트(Anti-Trust) 조치를 취했습니다. 2018년 미국 정부의 종합 무역 법안 제301조에 따른 조사 보고서는 중국 국영 기업의 외국 기업 인수에 대한 우려를 언급하면서 미국 외국인투자위원회가 법적으로 외국 기업이 미국 기업을 인수할 때 국가 안보 위협을 방지할 권한을 가지고 있다고 언급했습니다. 중국 기업의 반도체 기업 인수는 미국 외국인투자위원회의 검토를 거쳐야 하며, 따라서 미국 외국인투자위원회의 개입으로 잠재적인 인수 협상이 방해되는 경우가 많습니다. 2018년의 외국인 투자 위험성 검토 현대화법은 미국 외국인투자위원회의 법적 권한을 강화했으며, 동시에 중국의 안티트러스트도 외국 반도체 회사의 합병을 거부했습니다. 미국이 국가 안보를 이유를 들어서 본사가 싱가포르에 위치한 브로드컴이 퀄컴을 인수하는 일을 거부한 이후 2018년 중국도 퀄컴이 네덜란드 반도체 회사인 NXP를 인수하는 일을 거부했습니다.

2020년 말에는 글로벌 자동차용 반도체 부족 현상이 급작스럽게 발생하면서 포드, 포르쉐, GM, 토요타, 혼다, 닛산 등 자동차 제조사들이 생산 중단이나 생산량 감소를 발표함으로써 자동차 산업에 심각한 영향을 미쳤고, 이는 각국 경제에도 영향을 주었습니다. 2021년 1월, 미국, 독일, 일본 등은 공식적인 경로를 통해 대만 기업들에게 협조를 요청했습니다.

자동차용 반도체의 부족은 코로나19 팬데믹 때문에 신차 판매가 저조하여 주요 자동차 제조사들이 생산량을 줄이고 다수의 칩 주문을 취소한 것이 주된 원인입니다. 반대로 이 기간 동안 집에서 생활하는 인구의 증가로 IT 관련 수요도 증가하였으며 여기에는 컴퓨터, 태블릿, 스마트폰, 서버 등이 포함되었습니다. 이로 인해 반도체 생산업체는 자동차 산업에서 불린 생산 능력을 IT 관련 시장으로 이동시켰습니다. 그리고 나서 신차 판매가 점차 회복되며 이전 수준의 수요를 초과해서 자동차용 반도체의 부족 현상이 발생하게 되었습니다. 이에 대해서는 자동차 산업의 일부 책임이 있습니다. 오랫동안 비용 절감을 위해 JIT(Just-In-Time, 적기 생산 방식)을 적용하여 재고 수준을 낮추고 공급업체 수를 줄였기 때문에 자동차 시장 수요가 회복되는 동안에도 칩 부족 현상에 대응하기가 어려웠습니다. 또한 칩 부족 현상은 점차 전자 분야로 확산되어 전 세계적으로 심각한 문제로 대두되었습니다.

폭풍의 중심지가 된 대만

자동차 반도체의 부족으로 자동차 생산 중단과 생산량 감소가 발생한 이후 몇몇 주요 국가의 정부들은 대만 정부나 반도체 업체에 협조를 요청했습니다. 이로 인해 '대만에 지나치게 반도체 생산을 의존하면 대만은 지리적·정치적 리스크를 가진다'와 같은 의견이 점진적으로 표면에 드러나기 시작하였습니다. 2021년 1월 23일, 「이코노미스트」는 20세기엔 호르무즈 해협을 통과하는 석유 운송선이 전 세계 경제의 병목이었지만 곧 한국과 대만의 소수 사이언스 파크에서 생산되는 반도체가 이와 유사한 병목 현상이 될 것이라고 언급했습니다.

2021년 1월 26일, 「블룸버그」는 '세계의 대만 반도체 의존과 리스크'라는 제목의 보도에서 중국의 계속된 공격 위협에도 불구하고 대만이 반도체 업계를 장악함으로써 세계 반도체 공급망의 목을 조르는 핵심 국가가 되었다고 언급하며 일본, 미국, 중국 등에서 자급자족율을 빨리 늘려야 한다고 보도했습니다. 독일의 싱크탱크 그룹 SNV의 과학 기술 및 지정학 프로젝트의 반도체 전문가 얀 페터 클라인한스는 한 인터뷰에서 "대만이 반도체 위탁 생산 업무를 주도함으로써 대만은 반도체 공급망에서 가장 치명적인 취약점이 되었다."라고 말했습니다.

　　「일본경제신문 중국어판」도 이에 동참하여 4월 16일, '세계는 TSMC에 과도하게 의존해 리스크를 높인다'라는 제목의 기사를 게재하였으며 5월 3일에는 '세계는 아시아의 반도체 공급에 의존하고 있다'라는 기사로 생산 기지가 아시아에 집중된 게 지정학적 위험 대응 능력의 약화를 불러올 것이라고 주장했습니다. 이 기사에서 가리키는 '아시아'는 대만입니다. 2022년 4월 15일, '첨단 반도체에서 대만 리스크 상승'과 4월 29일, '대만이 미국의 반도체 팹리스 분야를 나눠받고 있다'라는 제목의 기사를 통해 대만의 경쟁력이 가져오는 리스크를 계속 강조했습니다.

　　따라서 미·중 대립 때문에 대만이 지정학적으로 고위험 지역에 위치하게 되고, 특히 첨단 제조 공정을 비롯한 대다수의 생산 과정이 대만에 집중되며 언론, 정치인, 경쟁업체 등 다양한 이해 관계자들이 가세하는 국제 분위기 속에서 반도체 제조는 국가 및 경제 안보와 관련된 전략적 산업으로 안착했습니다. 반도체 제조의 본토화는 미국, 유럽연합, 일본, 중국, 인도 등 다양한 국가의 정책 중요 과제가 되었습니다.

미국 반도체 산업 정책: 우위를 유지하는 법안 제정

미국은 자유 시장 경제를 주장하는 국가로서 정부의 산업 정책 개입을 항상 반대해 왔습니다. 하지만 현재는 소수의 산업에서는 전략적 산업이라는 관점을 가지고 있으며 그중에서도 반도체 산업을 가장 중요한 산업으로 여기고 개입합니다.

반도체 공급망의 중요성 인식

2012년 1월 미국 대통령으로 오바마가 취임했을 때 '글로벌 공급망 안전에 대한 국가 전략'이라는 보고서를 발표했습니다.3 이 보고서는 효율적이고 안전한 글로벌 공급망 시스템의 중요성을 강조하며 자연 재해로 인한 공급망 중단 및 테러 활동에 의한 경제 성장과 생산력 저하의 수단으로서의 공급망 공격을 강조하고 있습니다. 미국은 이러한 위협에 대응하기 위해 국가 및 국제 정책을 강화해야 한다고 주장합니다.

효율적이고 안전한 물품 이동, 유연한 공급망 구축을 위해 미국 정부는 두 가지 방면에서 목표를 달성하려고 노력할 것입니다. 하나는 중앙부터 지방 정부 기관, 민간 및 국제 기관과의 힘을 활성화하고 통합하는 것이고, 다른 하나는 공급망 위험을 관리하고 멀티 레이어 방어, 조기 경보, 예상치 못한 중단을 막고 신속하게 복구할 수 있는 유연한 공급망을 구축하는 것입니다.

미국의 반도체 산업 선두 지위 확보

오바마 정부 시기에는 반도체를 전략적 대상으로 고려하지 않았으며, 지역 정치적 리스크에 대한 공급망 중단 문제도 고려되지 않았습니다. 또한 공급망 자립성 강화에 대한 문제도 주목받지 못했습니다.

그러나 오바마 대통령의 임기 말인 2017년 1월에는 '미국이 장기적으로 반도체 분야에서 우위를 유지하기 위한 보고서'를 대통령 과학기술자문위원회(President's Council of Advisors on Science and Technology, PCAST) 실행 사무국에서 발표했습니다.[4]

이 보고서는 중국의 정책이 혁신을 침해하고, 미국의 시장 점유율을 빼앗으며, 미국의 국가 안보를 위협한다는 사실을 발견했습니다. 오직 첨단 기술 혁신 분야에 계속 투자하는 방법으로만 중국의 산업 정책으로 인해 생겨난 위협을 줄이고 미국 경제의 건전성을 강화할 수 있습니다.

반도체 산업의 발전과 중국의 산업 정책에 대한 분석을 토대로 작성된 이 보고서는 미국이 다음의 세 가지 전략을 채택해야 한다고 제안했습니다.

첫 번째 전략으로는 혁신을 방해하는 중국의 산업 정책을 극복하고 공정한 경쟁 환경을 구축해야 한다고 했습니다. 양자 및 다자 포럼을 통해 중국의 정책 투명성을 개선하고 동맹국과 협력해 내부 투자 안보와 수출 통제를 강화해야 합니다. 중국의 미국 안보를 위협하는 정책에는 단호하고 일관된 반응을 취해야 합니다. 또한 미국은 적절한 수출 통제를 시행함으로써 국가 안보를 보호해야 합니다.

두 번째 전략으로는 미국을 기반으로 하는 반도체 생산업체의 비즈니스 환경을 개선해야 한다고 말했습니다. 경쟁력 있는 미국 내 산업이 혁신과 안보를 위한 핵심이라고 강조하며 인재 유치, 기초 연구를 지원하는 정책을 제안하고 회사 세법 개혁 등을 통해 진정한 우위 조건을 창출해야 한다고 언급했습니다. 만약 미국이 역행하여 적법한 외국 경쟁 방어를 통해 산업의 선도적 위치를 유지하려고 한다면 혁신은 손상을 입게 되며, 미국의 경쟁력이 약화되고, 경제 상황이 더욱 악화될 것입니다.

세 번째 전략으로는 앞으로 10년 동안의 변혁적 혁신을 추진하는 것입니다. 문샷(moonshots) 프로젝트를 추진하여 생물학적 방어 시스템(Bio Defense System) 및 첨단 의약 기술 등 게임 체인저 분야의 발전을 이끌어서 더 넓은 애플리케이션 분야에서 반도체가 빠른 발전할 수 있도록 해야 합니다.

보고서에서는 반도체 산업의 미래에 대해 전 세계가 두 가지 주요 도전을 마주할 것이라고 경고했습니다. 첫째, 칩의 트랜지스터가 물리적 한계에 근접하고 있으며 애플리케이션 분야의 다양화와 산업 집중도의 증가 등으로 인해 기술과 시장이 변화되고 있습니다. 둘째, 중국의 산업 정책이 미국의 혁신과 국가 안보에 실질적인 위협을 준다는 것입니다. 특히 중국은 대량의 보조금으로 외국 기업의 기술 이전을 강제하고 기술을 도용하는 등의 제로섬 전략을 통해 디자인 및 제조 분야에서 세계 리더로 성장하고 있으며, 중국 내 반도체 소비의 지속적인 증가로 인해 이런 상황이 더욱 심각해지고 있습니다.

이러한 도전에 대해 보고서는 미국 정책 결정자들에게 다음과 같은 여섯 가지 원칙을 제시했습니다.

1. 더 빠르게 달려라. 중국을 앞지르기 위해 미국의 혁신 활동을 지속하며 중국보다 선도적 우위를 유지해야 한다.

2. 반도체의 최첨단 기술에 초점을 맞춰라. 선도적인 우위를 확보하는 것 외에도 정책 결정자들은 주요 분야의 안정적인 위기 관리에 초점을 맞추되 반도체 공급망의 수많은 과정에서 선도적 위치를 전부 차지하려들지 말아야 한다.

3. 중국을 모방하는 것이 아니라 미국의 가장 큰 장점에 집중 발전을 꾀하라. 미국과 중국은 정부와 민간 부문 간의 적절한 관계를 유지에 대해 서로 다른 시각을 가지고 있다. 예를 들어, 미국은 특정 기업이나 부문에 자원을 배분하는 것이 아니라, 민간 부문의 성공을 위한 환경을 만드는 것을 목표로 한다. 반면 중국은 기업과 산업에 보조금을 제공하는 접근 방식을 취한다. 또한 미국은 개방적인 세계 무역과 투자를 지지하고 있는데 반해 중국은 글로벌 시장 개방의 혜택을 누리지만 국제 무역 규칙을 준수하지 않는다.

4. 미국의 조치에 대한 중국의 대응을 준비하라. 중국은 지속적으로 미국의 정책에 대해 상응한 대응 및 조정을 할 것이다.

5. 중국의 발전을 반대하는 반자세를 취하지 말아야 한다.

6. 무역 및 투자 규칙을 시행하라. 중국의 개방적인 무역 및 투자 규칙 위반을 미국은 반대해야 하며, 필요한 경우 다른 국가와 협력하여 효과적인 제재를 취해 보복 위험을 예방해야 한다.

위에서 오바마 정부의 대통령 과학기술자문위원회가 제출한 공급망 및 반도체에 관한 보고서와 현재 바이든 정부의 정책 간에는 네 가지 주요한 차이점이 있습니다. 첫째, 중국의 기술적 우위를 유지하고 중국의 발전을 억제하지 않으려는 점입니다. 둘째, 특정 산업 정책을 채택하는 대신 전반적인 발전 환경을 개선하려는 점입니다. 셋째, 글로벌화를 계속 지원하며 개방적이고 공정한 경쟁 환경을 유지하려는 점입니다. 넷째, 미국은 공급망의 새로운 환경을 주도하는 것이 아니라 핵심적인 부분에 집중해야 한다는 점입니다.

미국의 공급망 100일 평가 보고서

2021년에는 자동차 반도체 부족 현상이 심각해지며 공급망 안전과 자급자족 등이 전 세계적으로 주목받는 이슈가 되었습니다. 바이든 대통령은 2월 24일, 행정명령을 서명하여 반도체와 대용량 배터리, 약물 및 유효성분, 핵심 광물 및 재료 등 네 가지 주요 산업의 공급망을 평가하도록 지시했습니다. 그 결과, 6월 8일에 상무부와 에너지부, 보건복지부, 국방부에서 제출한 '공급망 100일 평가 보고서'가 백악관에 공개되었습니다.[5] 보고서에서는 미국의 공급망이 취약한 다섯 가지 이유를 아래와 같이 요약했습니다.

1. **미국의 생산 능력 부족**: 중국과 같은 저임금 국가와의 경쟁과 미국의 생산력 정체로 2000년부터 2010년까지 미국 제조업의 고용은 1/3 이 감소했습니다. 생산 능력이 외부로 이동하면서 연구개발 및 공급 망도 함께 이동되어 미국의 혁신 능력이 약화되었습니다.

2. **민간 시장의 투자와 수익의 불균형과 단기주의**: 미국 시장 구조는 품질, 지속 가능성 및 장기 생산성에 대한 투자에 적절한 보상을 제공하지 못하고, 기업들은 단기 수익을 극대화하는 데 집중하게 됩니다. 즉, 기업들에게는 장기적인 탄력성에 대한 투자가 부족합니다.

3. **동맹국, 파트너 및 경쟁 국가의 산업 정책**: 미국의 자국 내 산업 기반 투자가 둔화되는 동안 동맹국, 파트너 및 경쟁자들은 전략적인 계획 을 통해 자국 내 경쟁력을 향상시키는 데 성공했습니다. 예를 들어, 유럽연합은 전략적 이익이 될 것으로 배터리를 보고 배터리 공급망 에 35억 달러의 연구개발 보조금을 지원했습니다. 대만은 연구 투자 및 다른 장려책 외에 반도체 생산 시설에 대해 토지 비용의 50%, 건 축 및 시설의 45%, 반도체 제조 장비의 25%의 장려금을 제공했습 니다.

4. **글로벌 공급 리소스의 특정 지역 집중**: 공급망의 핵심 단계가 소수 국 가에 집중되어 있어서 자연 재해, 지정학적 요인 및 글로벌 팬데믹과 같은 요소로 인해 기업이 공급 중단의 위기에 노출됩니다. 그러면 미 국 및 전 세계 생산업자들의 리스크가 증가합니다.

5. **제한된 국제적 협력**: 미국은 공급망 안정화 및 발전에 투입하는 국제 외교 노력이 부족합니다. 비록 핵심 상품의 미국 내 생산을 확대하는 것이 미국 공급망의 취약성을 부분적으로 해결한다고 할지라도 미

국은 모든 상품을 생산할 수는 없습니다. 미국과 동맹국들에게 영향을 주는 도전에 직면했을 때 미국은 공급망의 탄력성을 지원하기 위해 국제협력기구를 구축하는 데에 체계적으로 집중하지 않았습니다.

앞서 언급한 미국 공급망의 취약성을 야기하는 주요 요인에 대한 보고서는 다음과 같은 여섯 가지 제안을 제시했습니다.

1. **자국 내 생산 및 혁신 능력 구축**: 첫째, 미국 연방 법률을 활용하여 핵심 공급 체인을 강화하고 산업 기지를 재구축합니다. 둘째, 핵심 제품의 연구 및 상용화에 대한 공공 투자를 증가시킵니다. 예를 들어, 새로운 세대의 배터리 개발에 투자합니다. 셋째, 생산과 혁신의 생태계를 지원한다.

2. **노동자, 지속 가능한 가치 및 품질 향상에 대한 시장 발전 지원**: 주요 조치로는 21세기 핵심 광물 채굴 및 가공 기준 수립, 의약품 공급망의 투명성 개선 등이 포함됩니다.

3. **정부 구매자 및 핵심 상품 투자자 역할 강화**: 주요 조치로는 연방 조달을 활용하여 미국 공급 체인을 강화하고, 자국 내 생산을 위한 과학 및 기후 연구개발에 대한 연방 보조금을 강화하는 것이 있습니다.

4. **불공정한 경쟁에 대응하기 위한 국제 무역 규칙 강화**: 무역 공격팀을 구축하고, 수입 네오디뮴(Nd) 마그넷에 대한 제232조에 기반한 조사를 시작할지 여부에 대한 평가 등이 포함됩니다.

5. **동맹국 및 파트너와의 협력 강화로 글로벌 공급망의 취약성 감소**: 새로운 대통령 포럼, 미국 금융 협력 개발 및 기타 자금 지원 도구를 활용

하여 공급망의 탄력성을 지원하는 다자 외교 협약을 확대합니다.

6. 코로나19 팬데믹으로부터 경제 회복 과정에서 공급망 중단 사례 감시: 공급망 중단 대응팀 구성, 단기 공급망의 취약성을 모니터링하기 위한 데이터 센터 설립 등이 있습니다.

미국 반도체 산업에 대한 평가

'공급망 100일 평가 보고서'는 반도체 산업의 공급망 설계, 제조, 패키징 테스트 및 첨단 패키징, 재료, 장비 등 주요 단계를 평가한 후 공급망이 직면한 위험을 지적했습니다.

첫째, 공급망의 취약성. 둘째, 악의적인 공급망 중단. 셋째, 구형 반도체 및 공급망을 이용한 기업의 지속적인 이익 관련 도전. 넷째, 고객 집중 및 지정학적 요소. 다섯째, 전자 제품 생산 네트워크 효과. 여섯째, 인력 자본 격차. 일곱째, 지적 재산 도용. 여덟째, 혁신 이익을 획득하고 개인적 이익과 공공 이익 사이의 불균형한 차이를 조화시키는 것 등이 있습니다.

현재의 반도체 부족 사태 및 위에서 언급한 각 리스크에 대응하기 위해 보고서는 다음의 일곱 가지 해결책을 제안했습니다.

1. 반도체 부족에 대응하여 투자를 촉진하고, 투명성을 높이며, 협력을 증진하고 산업계와 파트너십을 형성합니다.
2. 2021년 예산 연도 국방 권한 법안(National Defense Authorization Act)이 '칩법'에 자금을 제공하여 각종 프로그램을 승인했습니다.

- 연방 재정 지원을 통해 반도체 제조를 지원하기 위해 새로운, 확장 또는 현대화된 반도체 관련 시설을 장려합니다.

- 신설된 미국 국립반도체기술센터를 통해 첨단 기술 연구를 추진한다.

3. 미국 내 반도체 제조 생태계 강화: 법률을 통해 자극제를 제공하여 재료, 장비, 가스 등의 중요한 업스트림과 다운스트림 산업을 지원하고 미국의 높은 운영 비용의 균형을 맞춥니다. 또한 셀렉트 USA(Select USA) 같은 상무부의 프로그램을 통해 미국에 투자하고 제조하는 것을 지속적으로 지원합니다.

4. 공급망 내 중소기업 및 불리한 위치에 있는 기업 지원: 새로운 기술 검증을 돕고 혁신을 상용화하기 위한 자금 지원을 제공하며 성장에 필요한 자금 지원을 지원합니다.

5. 다양한 역량을 갖춘 인재 유입 경로 구축: 행정부와 의회는 STEM(과학, 기술, 공학, 수학) 인재 육성 및 다양성을 위한 대규모 투자를 진행하고, 이민 정책을 변경하여 세계 최고의 인재를 유치하는 등의 조치를 취해야 합니다.

6. 동맹국 및 파트너와 함께 공급망 탄력성 구축: 외국 제조업체 및 재료 공급업체가 미국 및 기타 동맹 국가에 투자할 수 있도록 장려하고 다자간 연구 파트너십을 추구하며 불공정한 무역 조치, 산업 정책 및 동맹국과의 일치된 정책을 채택합니다.

7. 제조 및 첨단 패키징 기술 우위 보호: 국가 안보와 외교 정책에 대한 반도체 제조 및 첨단 패키징에 관련된 우려를 고려하여, 수출 규제가 정책에서 요구하는 행동을 지원할 수 있도록 확실히 하고 미국 외국

인투자위원회가 반도체 제조 및 고급 패키징 공급망의 국가 안보에 대한 우려를 실제로 고려할 수 있도록 합니다.

결과에 맞추어 목표를 설정한 평가 보고

'공급망 100일 평가 보고서'에는 사실 많은 부분이 왜곡되어 있습니다. 가장 중요한 문제 중 하나인 미국 제조업이 왜 점차 산업 기반을 잃었는지를 검토하지 않았습니다. 미국의 제조업 이탈은 하루 아침에 시작된 현상이 아닙니다. 제조업의 외주화는 산업 발전 환경에 관한 이유가 분명히 존재합니다. 과거에 영광을 누렸지만 지금은 잃어버린 산업을 되찾으려면 문제의 원인을 찾아내야 하지만 이 보고서에서는 원인과 관련된 내용의 검토가 부족했습니다.

또한 보고서의 분석은 지나치게 간략했습니다. 단편적인 예로 미국 반도체 산업의 이탈과 신흥 반도체 생산 국가의 부상을 다루었는데, 후자가 우수한 보조금과 보상을 제공한다고만 결론짓고 있습니다. 심지어 보조금의 범위나 규모도 과장했습니다. 예를 들어, 이 보고서에서는 대만 정부가 토지와 공장 등의 거대한 보조금을 제공했다고 하는데 사실과 전혀 다릅니다. 이는 미국 제조업의 경쟁력 상실을 정당화하기 위한 핑계를 만들고, 칩법에 방대한 예산을 지원하기 위한 근거를 찾기 위해서 던진 말입니다. 이러한 보고서를 정책 또는 의사 결정의 근거로 사용했을 때 얼마나 많은 효과를 얻을지 의문입니다.

보고서의 제안과 이전 미국 정부가 이미 취한 조치 및 제안을 비교하면 칩법을 추진하고 칩4 동맹의 구성, 일본과의 연구개발 협력 등을 포함하여 이 보고서가 단지 '바이든 정부의 입맛에 맞추어 목표를 설정한 결과'일 뿐이라는 점을 명확히 이해할 수 있습니다. 이 보고서의 가장 큰 수확은 미국 중요 부문의 산업 상황을 대략적으로 훑은 것밖에 없습니다.

반도체 지원 법안

바이든 정부가 제출한 '공급망 100일 평가 보고서'에서 반도체 산업에 대한 제안 중 일부는 사실 평가가 완료되기 전에 이미 실행되었거나 추진되었습니다. 예를 들어, 수출 규제 등이 그러하며 그중에서도 외국 투자자와 미국 내 기업들이 가장 기대하는 지원 법안은 '칩 생산 지원 및 과학법(CHIPS and Science Act)'입니다.

이 법안은 미국 2021 회계 연도 국방 승인 법안(NDDA)의 일부로, 미국에서 반도체 연구 및 개발 및 제조를 촉진하기 위한 일련의 계획에 대한 권한을 부여하는 내용입니다.

트럼프 정부가 정부 전체를 동원하여 중국과 전략적 경쟁을 벌이며 미국의 경쟁력과 핵심 기술의 선도 지위를 확보하기로 결정한 이래로, 이는 입법적 우선 사항으로 고려되었습니다. 구체적으로 정책 결정자들은 미국이 전략적 산업에서 높은 수준의 제조 기반을 유지하고 국제 갈등이나 예상치 못한 위기(예를 들어, 코로나19 팬데믹)가 발생했을 때 우선순위가 높은 공급망을 보호하는 능력을 갖추기를 원했습니다.

제조에 대한 인센티브 측면에서, 이 법안은 미국의 반도체 생산 능력을 증설하고 확장, 현대화하는 데 재정적 지원을 제공한다는 내용을 담고 있습니다. 개인 기업, 공공 기관 또는 이들의 연합은 미국 상무부에 30억 달러를 초과하지 않는 연방 보조금을 신청할 수 있으며, 해당 금액을 초과할 경우 상무부는 연방 관련 기관과 협의하여 승인해야 합니다. 신청자는 새로운 공장을 건설하고 확장해 현대화할 수 있는 능력을 증명해야 할 뿐만 아니라 직원 및 지역 사회에 대한 투자 약속을 제시하고, 지역의 교육 기관과 노동자 교육 계약을 체결해야 하며, 미국 연방 지원을 받은 이후에도 운영을 유지하는 데 필요하며 실행 가능한 계획을 제시해야 합니다.

연구개발 측면에서 보겠습니다. 이 법안은 다자간 반도체 안전 기금을 설립합니다. 이는 미국과 국제 동맹국들이 공동으로 반도체 및 마이크로전자 공급망을 안정적으로 유지하기 위한 자금 지원 체계입니다.

칩법은 미국 내에서 미세전자공학 분야의 리더십을 담당하는 SML (Subcommittee on Microelectronics Leadership) 설립에 대한 권한을 부여했습니다. 이 위원회는 대통령 내각의 주요 인사로 구성되며 미국 내 강력한 마이크로 일렉트로닉스 산업을 계획하고 첨단 칩 디자인과 제조의 연구개발 우선순위를 설정하여 국가 전략을 수립합니다. SML이 계획한 국가 전략에 따라, 국립반도체기술센터 및 에너지부와 국립과학재단이 첨단 칩 개발을 비롯한 반도체 연구를 수행합니다.

그 외에도 국가표준기술연구소(NIST)는 국가 첨단 패키징 제조 계획을 담당하며 첨단 테스트, 조립 및 패키징 능력과 관련된 미국 내 산업 생태계를 강화할 것이며 국가 반도체 기술 센터와 유사한 연구개발 프로젝트를 수행할 것입니다.

의회가 발목을 잡다

2021년 1월에 미국 의회에서 법안이 통과되었지만 2021 회계 연도 국방 승인 법안에서는 예산 할당이 이루어지지 않았습니다. 따라서 법안 통과는 1년 이상 지났지만 예산을 제공할 수 있는 다른 법안의 통과를 기다려야 했습니다. 당시 미국의 양당은 반중 분위기 속에서 모두 칩법을 지지했지만 자금 예산을 제공하는 보조 법안에 대해서는 합의를 이루지 못했습니다.

6월, 상원은 '미국혁신경쟁법(United States Innovation and Competition Act, USICA)'을 통과시켜 칩법 법안 계획에 자금을 배정했습니다. 미국혁신경쟁법은 5년 동안 반도체 공장에 330억 달러의 재정 지원을 포함하고 있으며 추가적으로 칩법 법안의 연구개발 활동에 112억 달러를 제공할 예정입니다. 관계자들은 이 자금이 7~10개의 칩 반도체 공장 설립을 추진할 것으로 예상했습니다. 미국혁신경쟁법은 혁신을 추진하고 도시와 위성도시의 지역 기술 센터에 대한 투자 같은 광범위한 새로운 계획을 포함하여, 미국 내에서 광범위하게 적용되는 법률입니다.

그러나 하원의 일부 민주당 의원들이 연방 연구 및 기술 혁신 예산에 동의하지 않아 2022 회계 연도 국방수권법(National Defense Authorization Act, NDAA)에 미국혁신경쟁법을 포함시키지 못했습니다. 2022년 1월 말에 하원 민주당은 자체 버전인 미국 경쟁법(America COMPETES Act)을 제출했는데, 여기에는 칩법 법안과 동일한 520억 달러의 자금이 포함되어 있지만 지역 기술 센터 등 기타 계획에 대한 미국혁신경쟁법 자금이 약 2,000억 달러 삭감되었습니다. 3월에는 상원이 하원의 법안을 기반으로 한 수정 경쟁 법안을 제출하였습니다. 그 결과, 경쟁 법안은 상원과 하원 간의 이견으로 긴 조정 기간이 소요되었습니다.

칩법의 예산 조정이 6월까지 여전히 확정 대기 상태에 있었기 때문에 구글, 아마존, 마이크로소프트 등 100여 개의 관련 기업의 책임자들이 2022년 6월 15일에 하원의장과 양당 지도자들에게 공동으로 편지를 보내 법안을 가능한 빨리 통과시켜 달라고 촉구했습니다. 통계에 따르면 해당 기업들은 2022년 상반기에 의회 의원들에게 로비를 하느라 1,960만 달러를 지출했습니다. 기업들의 노력 외에도 행정부는 의회에 압력을 가하기 위해 노력했습니다. 특히 상무장관 지나 러몬도가 미국이 대만의 반도체에 과도하게 의존하고 있으며 대만이 지리적인 위험에 처해 있고 경제적·국가 안보적으로 미국은 자국 내 반도체 산업을 재건해야 한다는 발언 등을 지속적으로 하며 대만을 희생양으로 사용하여 의회에 법안 통과를 촉구했습니다. 이것이 바로 미국의 효율적이지 못한 민주주의 제도입니다.

정책이 특정 분야의 발전을 지원하도록 전환하다

미국은 항상 자유 시장 경제를 강조해 왔으며, 과거 국제 경제 무역 분야에서 중국을 가장 엄중히 비판한 사항 중 하나는 정부가 기업에 대규모 보조금을 지급해 저가 제품으로 시장 점유율을 확보하려는 불공정한 무역 행위를 하는 것이었습니다. 심지어는 과잉 생산으로 제품 가격 하락을 초래한다는 것이 주된 비난 논조였습니다. 미국 무역대표부는 2022년 2월, 의회에 제출한 연례 보고서에서 중국이 세계무역기구의 자유 무역 정신을 무시하며 보조금과 규제 모델을 사용하여 외국 기업의 경쟁력을 압박하고 자국 내 기업을 지원하는 행위를 다시 한번 언급했습니다. 하지만 최근 미국 정부의 행동은 그들이 비판하는 중국과 유사하게 보조금 등 다양한 조치를 채택하여 투자를 촉진하고 있다는 점에서 중국과 큰 차이가 없습니다.

미국 산업 정책의 검토

피터슨국제경제연구소는 1970년부터 2020년까지 미국이 다양한 목적으로 시행한 18가지 유명한 산업 정책 사례를 연구하여 산업 정책을 다음과 같이 분류했습니다.

첫째, 무역 조치. 예를 들어 반덤핑 조치와 균형 세금, 자발적 수출 제한, 외국 시장 개방 유도, 시장 보호 등. 둘째, 보조금, 현금 보조금, 세액 감면 혜택 등. 셋째, 연구개발 프로젝트 지원. 예를 들어 방위 고등 연구 계획국(DARPA), 리서치 트라이앵글파크(Research Triangle Park, RTP), 세마테크(SEMATECH) 등으로 세 가지 범주로 나누었습니다. 그런 다음 산업 정책의 효과를 평가하기 위해 다음과 같은 세 가지 지표를 사용했습니다. '해당 산업이 글로벌 경쟁력을 갖추게 되었는가?', '세금 지불자와 소비자에게 합리적인 비용으로 일자리가 창출되었는가?', '정부 지원을 통해 기술이 발전되었는가?'입니다.

2021년에 피터슨국제경제연구소는 '미국이 반세기 동안 산업 정책에서 얻은 교훈'이라는 연구 보고서를 발표했는데[6] 이 보고서에 따르면 과거의 경험에 따라 산업 정책의 효과는 다양하다고 언급했습니다. 쇠퇴하고 노화된 산업의 보호는 거의 성공하지 못했고 연구개발에 대한 보조금은 때때로 목표를 달성했으며, 단일 기업을 대상으로 하는 과제 수행은 성공한 케이스가 많지 않았으며, 산업 정책을 통해 일자리 창출이나 유지하는 데에는 종종 높은 비용이 소요됐지만 산업 정책은 세계적 수준의 외국 기업을 미국에 투자 유치할 수 있었다는 결론을 내렸습니다.

피터슨국제경제연구소는 모든 산업 분야에 대한 연구개발 지원은 경쟁적인 방법을 채택하고, 과학과 엔지니어링 전문가들의 광범위한 지침을 따르며, 정치적 개입 없이 전망이 있는 고위험 연구개발 프로젝트에 지원을 제공하는 것이 가장 효과적이라고 생각합니다. 플로리다주의 생명공학센터와 리서치 트라이앵글파크는 이러한 산업 정책 모델의 성공을 입증하였습니다. 하지만 의사 결정자는 특정 단일 기업을 지정하여 기술 발전을 촉진하는 데 주의해야 합니다. 왜냐하면 어떤 단일 기업에 대한 보조금도 성공적인 사례로 확인되지 않았기 때문입니다.

무역 정책 측면에서는 미국의 강철, 자동차, 섬유 및 의류, 반도체(반 덤핑세) 및 태양광 패널 등 5개 산업을 지원하는 무역 조치의 결과가 각각 다릅니다. 철강, 섬유 및 의류, 반도체, 태양광 패널에 대한 보호 정책에도 불구하고 외국 경쟁자와 경쟁할 수 있는 산업을 창출하지 못했으며 기술 발전 촉진 역시 실패했습니다. 강철, 섬유 및 의류 등의 산업을 구제하기 위해 소비자가 부담한 비용이 매우 높았습니다. 그렇게 얻은 교훈은 수입 보호 조치가 성공한 경우는 많지 않으며, 오히려 다운스트림 산업에 고비용을 부과하고, 기술 발전의 기여도는 낮으며, 미국 기업을 수출 대형 기업으로 발전시키지 못했다는 점입니다. 토요타나 TSMC와 같은 세계적 기업들이 미국에 공장을 설립하기 위해 위협적 장벽을 활용한 것은 특별한 예외입니다.

특정 주에서 일자리를 창출하기 위한 노력은 종종 세금 납부자들에게 높은 비용을 안겨주었으며 그 비용으로 다른 주에서 창출할 수 있었던 상당한 양의 일자리를 희생하는 경우가 많습니다. 일자리 창출에 더 효과적인 정책은 국가 레벨로 진행되어야 합니다. 예를 들어 직업 훈련, 소득세 감면 등의 정책 조치가 있습니다.

전략적 산업 정책

피터슨국제경제연구소는 기본적으로 자유 시장 경제를 주장하는 싱크탱크지만 미국에는 피터슨국제경제연구소보다 25년 더 젊은 정보통신혁신재단 같은 전략적 산업 정책을 주장하는 싱크탱크도 있습니다. 예를 들어, 2022년 1월에 발표된 '컴퓨터칩과 감자칩'[7] 및 2월에 발표된 '전략적 산업 경쟁력을 미국 경제 정책에 통합'[8]과 같은 기사에서 정보통신혁신재단은 미국이 전략적 산업에 대한 특별한 정책을 채택해야 한다는 주장을 강력하게 제시했습니다. 주요 주장은 다음과 같습니다.

1. 중국은 글로벌의 슈퍼 리더로 성장하고자 하는 비전을 실현하기 위해 기술 경제를 주도하기 위해 노력하고 있습니다. 따라서 중국은 불

공정한 정책 조치를 포함하여 가능한 모든 방법을 동원하여 미국의 산업 기반을 체계적으로 약화시키고 있습니다. 세계의 많은 국가가 미국과 동일한 선상에 서 있지 않으며 중국을 중요한 경제 파트너로 간주하고 있기 때문에 미국은 자국내에서 충분한 생산 및 혁신 능력을 확보할 수 없으며 또한 필요할 때 안정적으로 다른 국가로부터 얻을 수 없습니다.

2. 중국의 굴기를 직시하고 미국은 단순히 경쟁 전략을 갖추기 위할 뿐 아니라 전략적 중요 산업의 생산 및 혁신 역량을 추진하기 위한 특별한 정책이 필요합니다. 특히 기술적으로 정밀하고 복잡한 군·민 이중 용도 산업에 초점을 맞추어야 합니다.

3. 치열한 글로벌 경제에서 미국의 경제와 국가 안보는 이제 전략적 중요 산업과 기술의 역량을 추진하는 데 의존하고 있으며 모든 산업에 적용되는 범용 정책만으로는 충분하지 않습니다. 정책 결정자는 전략적 산업 정책을 세워야 하며, 핵심 산업과 기술을 선택하고 미국과 외국의 역량을 지속적으로 모니터링하며 목표 산업 분야의 발전을 추진해야 합니다.

4. 전략적 산업 정책은 미국 기업을 미국에서 생산 및 연구하는 동맹국의 기업보다 우대하는 것에 국한되어서는 안 되며 능력이 부족한 산업이나 개별 기업을 미국이 선택하여 승자로 지정하는 것을 의미하지 않습니다.

5. 전략적 산업은 미국의 국가 안보를 위해 충분한 역량을 갖추어야 하는 산업으로 명확하게 지정되어야 합니다. 따라서 각 산업의 강점과 약점을 분석하고, 올바른 정책 개입을 구현하여 산업의 경쟁 우위를

확보해야 합니다.

6. 현재는 자유 시장과 산업 정책에 관한 진부한 논쟁을 종결시킬 때입니다. 미국은 두 가지 요소가 필요하며 이중적인 정책 구조를 채택해야 합니다. 즉, 대부분의 경제는 시장 기반의 정책을 채택해야 하지만 선택된 부문에는 전략적 산업 정책을 적용해야 합니다.

7. 전략적 산업을 초점으로 삼는 것은 미국 외국인투자위원회가 다른 방식으로 작동해야 함을 의미합니다. 미국 국가 안전에 직접적인 영향을 미치는지 여부뿐 아니라 외국 투자가 미국의 전략적 산업을 약화시키지 않는지에도 주의를 기울여야 합니다.

정보통신혁신재단의 생각을 종합해 보면 다음과 같습니다. 현실적으로 국가 및 경제 안보를 타국에 위탁할 수 없다면 세계에서는 어떤 선진국도 전략적 산업 정책이 없어서는 안 될 것입니다. 따라서 이 기관은 세 가지 수준의 정책 프레임워크를 구축했는데, 가장 넓은 수준에서 경제 정책은 미국 경제의 안정적인 성장을 보장하기 위한 것으로, 교육과 효과적인 지적 재산 체계, 불충분한 고용의 금융 및 재정 정책, 합리적인 세금 체계 등 여러 정책 도구를 포함합니다. 성장 정책은 특정 산업, 기술 또는 역량과 상관없이 적용됩니다.

두 번째는 경쟁 정책으로, 자동차와 항공기 등 미국의 글로벌 시장에서의 경쟁력을 강조하는 산업에 초점을 맞춥니다.

세 번째는 전략적 산업 정책으로, 미국의 경제와 국가 안전을 고려하여 특정 부문에 대한 충분한 산업과 기술 역량이 있는지에 주목합니다. 미국 국방부 산업정책사무소의 발표에 따르면 미국은 첨단 재료, 무인 항공기, 자율 주행 시스템, 인공지능, 양자 컴퓨팅, 바이오 기술, 에너지 저장 시스템, 레이저, 광학 장비, 우주 항공 기술, 공작 기계, 조선 및 선박, 첨단 무선 통신 시스템 등의 혁신과 생산 리더십을 유지해야 할 대상을 정하고 있습니다.

정보통신혁신재단의 생각은 미국 정부의 산업 개발 정책에서 중요한 전환점을 나타냅니다. 자유 시장 경제에서 국가 안보 또는 경제 안전을 목표로 특정 산업을 선택하고 이를 적극적으로 발전시키기 위해 필요한 조치를 제공합니다.

미국의 양손 전략

반도체 산업 문제에서 미국은 기본적으로 두 가지 정책 방향을 펼치고 있습니다. 하나는 자국 내 반도체 제조 부분, 특히 첨단 반도체 부분을 재건하는 것입니다. 다른 하나는 중국의 반도체 기술 발전을 저지하고 중국과의 연결을 끊는 것입니다. 이 두 가지 정책 방향이 미국의 반도체 산업의 양손 전략입니다. 미국 정부는 자국 내 반도체 제조 활성화에서 주로 칩법에 의존해 공장 제조, 기술 연구개발, 인재 양성에 대한 투자를 장려하고 있습니다.

칩법 통과 이후

행정부와 산업계의 강력한 압박 속에서 미국의 상·하원은 마침내

2022년 7월 27일과 28일에 지연된 지 1년여 만에 칩법을 통과시켰고 바이든 대통령은 8월 9일 이에 서명했습니다. 이후 상업부는 재빠르게 9월 22일, 약 20페이지에 이르는 '미국 반도체 산업 육성을 위한 지원 전략'을 발표했습니다.9

비록 해당 문서는 칩법에 포함된 520억 달러 예산의 할당 및 활용을 중심으로 작성되었지만 실제로는 미국 정부가 미래의 반도체 산업 발전을 추진하기 위해 이용할 청사진을 제시하고 있습니다. 이 내용에는 지침 실행과 목표, 미국의 반도체 산업 배경 및 미래 동향, 계획 실행 조직, 펀드 신청자의 자격 및 세 가지 주요 행동 계획 등이 포함되어 있습니다.

이 법안이 주목받는 이유는 미국 정부가 해당 법안의 보조금 및 세제 우대 등의 조치를 통해 자국 내 첨단 반도체 제조 산업을 부흥시키려는 노력을 하고 있기 때문입니다. 현재 미국의 반도체 제조 능력은 세계 시장에서 약 11%를 차지합니다.

보조금 측면에서 보면 이 법안은 약 520억 달러의 예산을 제공하며 그 중 390억 달러는 공장 투자를 지원하고 112억 달러는 반도체 연구를 지원합니다. 그 외에 투자자에게는 4년간 25%의 투자 세액 공제를 제공합니다. 하지만 이러한 보조금은 특정 부가 조건이 있으며, 보조금을 받은 기업은 10년 내에 중국이나 다른 비우호적인 국가에서 새로운 공장 건설이나 첨단 공정 생산 능력을 확장해서는 안 됩니다. 미국 행정부는 이 법안을 통해 TSMC, 삼성전자, 인텔 등 몇몇 대형 기업의 중요한 투자를 추진했습니다.

칩법이 효력을 발휘하면 기업들은 보조금 신청에 참여하기 위해 경쟁할 것입니다. 기업들은 520억 달러가 어떻게 분배되는지 파악하고 싶었습니다. 수십억 또는 수백억 달러에 이르는 투자 계획과 미국에서의 높은 운영 비용을 감안할 때 일시적인 보조금이 얼마나 유익할 수 있는지 의문이 들 것입니다. 중국으로 10년간 투자를 금지하는 조건은 과한 대가인지도 궁금할 것입니다. 전 세계 반도체 수요가 감소하는 가운데 중국에서 이뤄지는 매년 3~4천억 달러에 달하는 반도체 수입 거래라는 큰 비즈니스 기회를 포기할 수 있는지에 대해서도 의문이 생길 것입니다.

열쇠는 산업 발전 환경에 있다

산업 발전 환경에 중점을 두면 제한적인 보조금과 세제 우대만으로 미국의 반도체 제조 업계를 부흥시키는 것은 현실적으로 불가능합니다. 만약 이러한 방법이 효과가 있었으면 중국이 수년간 국가적인 노력을 기울여 보조금과 독려를 쏟았으니 이미 2020년에는 반도체 자급자족률 40%를 달성했어야 할 것입니다. 하지만 현재 중국의 반도체 자급자족률은 20%에 불과합니다.

미국은 반도체 산업의 태동지로, 1980년대 이전에는 글로벌 반도체 산업에서 독보적인 입지를 가지고 있었습니다. 하지만 1980년대에 일본의 메모리 반도체가 급속히 발전하여 미국 업체들을 추월하였고, 최종적으로는 '미·일 반도체 협정'이 양국의 반도체 산업을 상호 손상시키고, 한국이 어부지리로 이득을 보게 되는 결과를 초래했습니다. 이때 미국은 산업 발전 문제를 전면적으로 재검토해야 했습니다. 최근에는 무어의 법칙의 발전에 따라 새로운 제조 공정에 필요한 투자 자금이 급속히 증가해서 일부 미국 기업은 기술 발전을 따라오지 못하거나 대규모의 자금을 투입할 수 없어 첨단 공정을 추격하는 대신 팹리스 설계 회사로 전환되었습니다. 이렇게 미국의 웨이퍼 제조 능력은 감소했으며 주로 아시아에 생산을 의존하고 있습니다. 미국이나 산업 발전 환경을 철저히 점검하지 않고 아시아 국가들의 보조금과 장려를 계속해서 탓하는 것은 원인과 결과를 혼동하는 행동입니다.

예를 들어, 일본 도쿄경제산업연구소의 고문인 빌렘 토르베케(Willem Thorbecke)는 2022년에 '왜 전자 제조가 미국에서 동아시아로 이동하였는가?'라는 연구 보고서에서 다음과 같은 결론을 내놓았습니다.

1. 정부의 보조금보다 경쟁이 더 중요합니다.

2. 일본, 대만, 한국은 교육에 투자하여 엔지니어가 반도체 기술에 빠르게 적응할 수 있도록 지원했습니다.

3. 동아시아 국가들은 예산 흑자를 추구하거나 적자를 최소화하기 위해 정부의 정책에 중점을 두었으며 개개인의 높은 저축율과 결합하여 대규모의 국가 저축금이 자본으로 형성되었습니다. 이 자본은 상당한 투자가 필요한 반도체 공장, 장비 및 연구개발 분야에서 투자되어 매주 중요한 역할을 했습니다. 반면 미국의 지난 13년간 예산 적자는 GDP의 평균 6.9%에 달했습니다.

4. 동아시아 국가들은 미국보다 소득 분포가 더욱 공평하며 TSMC CEO의 2021년 급여는 TSMC의 평균 급여의 약 10배인데, 인텔 CEO의 2021년 급여는 인텔의 평균 급여의 1,711배에 달합니다.

5. 창업가들은 아시아 전자 산업에서 중요한 역할을 합니다. 또한 기업들은 환경 보호, 노동력 등의 요인으로 미국에서의 투자와 공장 건설 규제가 엄격하고 검토 절차가 오래 걸려 시간과 비용이 증가한다고 말했습니다.10

빌렘 토르베케의 보고서에서 알 수 있는 점은 산업의 발전은 전체 경제, 산업 경제, 사회 구조, 문화 등 다양한 요소와 관련이 있으며 보상 조치나 소수의 우위 조건으로는 성과를 이룰 수 없다는 점입니다.

경쟁력이 핵심이다

어떤 이유에서든 미국 산업의 경쟁력이 이미 상실되어 산업의 해외 이전이나 유출을 초래한다는 것이 핵심입니다. 미국의 경제는 이미 지식 경제로 나아가고 있으며 경쟁력은 제조업에서 지식 서비스 산업으로 전환되었습니다. 예를 들어, 2020년 세계무역기구의 통계에 따르면 미국의 제조업은 9,770억 달러의 무역 적자를 기록했지만 지적 재산권 사용료 수입만으로 738억 달러의 무역 흑자를 올렸습니다.

산업의 발전은 한순간에 이루어지지 않습니다. 비록 국가 및 산업마다 다양한 발전 모델이 있지만 단계적으로 건전한 산업 발전 환경과 경쟁력 있는 산업 생태계를 구축해야 합니다. 대만의 반도체 산업은 오랜 기간 동안 효율적인 생산 체계를 구축하고 건전한 업·다운스트림 및 지원 체계를 갖추어 성장해 온 것입니다.

수십 년 전 미국 반도체 산업은 백엔드 패키징, 테스트 공정을 비용이 낮은 아시아로 이전시켰으나 최근 10~20년 동안은 프론트엔드의 웨이퍼 생산 기지 역시 해외로 이전되었습니다. 반도체 산업은 팹리스 분야로 이동했으며, 인재는 연구개발과 혁신 분야에 집중되었습니다. 전체 반도체 제조 생태계가 파괴되어 세계적인 첨단 제조 기반을 구축하려면 완전한 생태계를 재구축하고, 제조 인재를 양성해야 하며, 이에 필요한 자원과 시간은 이전보다 더 많이 필요합니다. 제한된 보조금, 장려금, 정치적 개입으로 해외에 정착된 산업을 미국으로 옮기려고 하는 행동은 소 잃고 외양간을 고치는 것 또는 우물가에서 숭늉을 찾는 격입니다.

그 외에도 특히 자본 밀도가 높고 기술 집약적인 산업인 반도체 같은 산업은 국제 경쟁 환경에서 정부 행정 및 입법 기관의 장기적인 약속과 강력한 지원이 필요합니다.

그러나 장기간 미국은 시장 자유 경제를 강조하며 정부의 직접적인 산업 발전 개입이 거의 없었으며 반독점법과 산업 발전은 서로 공존할 수 없을 뿐 아니라 정부의 산업 보조금이나 지원이 상대적으로 인색했습니다. 미국의 민주·공화 양당의 분명한 대립으로 정부 교체가 빈번히 일어나고 정책의 지속성이 어려워지며 의회의 입법 절차가 길어서 효율이 떨어지고 불확실성이 높은 상황입니다. 반도체 법안은 1년이 넘는 시간을 허비하며 업계의 강력한 압력을 받고 나서야 최종 단계에서 통과된 모습이 이를 반증합니다.

문제의 심각성과 해결을 위한 시간이 정비례하듯, 미국 반도체 제조 산업의 미래는 미국 정부의 의지에 달려 있습니다. 행정부나 의회가 책임감 있는 태도로 투자 환경을 장기적이고 안정적으로 개선하며 산업 발전 추진 및 지원할 의지가 있는지가 핵심입니다.

우유 한 잔을 위해 소 한 마리를 키울 가치가 있나?

미국이 자국의 반도체 제조 산업을 재건하기로 한 이유 중 하나는 국방 기술 때문입니다. 반도체는 국방 및 군사 장비의 중요한 구성품이며 이러한 최첨단 반도체는 현재 외국 업체에 의존하고 있습니다. 예를 들어, 반도체 법안이 통과되기 전에 미국 상무부 장관인 지나 러몬도는 "미국은 대만으로부터 최첨단 반도체의 70%를 구매합니다. 이는 군사 장비에서 사용되는 반도체로써 재블린 미사일 시스템에는 250개의 반도체가 들어가는데 이 모든 반도체를 대만에서 구매하고 싶습니까? 이것은 상당히 리스크가 큽니다."라고 말했습니다.

특수 영역 군용 제품

그러나 이렇게 소량의 반도체를 얻기 위해 첨단 공정의 반도체 공장을 재구축해야 할까요? 미국은 건설 비용과 운영 비용이 아시아보다 훨씬 높고 국제 경쟁력이 부족한데 이러한 첨단 공장이 어떻게 생존할까요?

1960년대와 1970년대에는 국방 군수 시장이 미국 반도체 업체의 중요한 고객이었으므로 반도체 산업의 성장과 발전을 지원했습니다. 하지만 1980년대와 1990년대에는 미국의 반도체 제조 기술이 해외로 이동하기 시작하였고, 일본과 한국 및 대만은 메모리 칩, 패키징 및 테스트 등의 분야에서 급격히 성장했습니다.

미국 정부는 국방 군수 반도체 부품 공급을 보장하기 위해 자체 반도체 공장에 투자하기 시작했습니다. 하지만 반도체 기술의 빠른 발전과 공정 장비의 업그레이드 투자 비용이 증가함에 따라 국방부와 국가안보국은 2003년부터 '신뢰 반도체 공장 프로그램'을 추진했으며 외주 또는 외부 공급 방식으로 필요로 하는 모든 반도체를 TFP(Trusted Foundry Program)로부터 공급받았습니다.

당시 아이비엠의 마이크로 일렉트로닉스 부문은 최첨단 칩의 유일한 공급업체였습니다. 이후 TFP는 범위를 확대하고 경쟁 메커니즘을 도입하여 2013년에는 55개 기업이 자격을 취득하였으며 설계, 제조, 패키징 및 테스트 등 공급망 기업들까지 포함하고 있었습니다. 하지만 2014년, 아이비엠은 반도체 제조 사업을 분할하여 글로벌파운드리스에 판매하였으며 글로벌파운드리스는 TFP의 하위 공급업체로서 14나노 최첨단 칩을 공급하게 되었습니다. 글로벌파운드리스의 소유주는 아부다비 주권재산기금 소속의 ATIC(Advanced Technology Investment Company)입니다.

한편 글로벌파운드리스도 동일한 문제에 직면했습니다. 더욱 선진적인 공정을 추진하기 위해서는 대규모의 연구개발 및 장비 투자가 필요했는데 수익의 불확실성도 함께 존재했습니다. 2018년에 글로벌파운드리스는 7나노 공정을 더 이상 개발하지 않기로 결정하였으며, 미국 국방 관련 기관은 7나노 이하의 칩을 TSMC와 삼성전자에 의존해야만 했습니다.

소를 키우는 것만으로는 모든 문제를 해결할 수 없다

외국의 공급에 의존하는 첨단 칩 외에도 미국 국제전략문제연구소 (Center for Strategic and International Studies, CSIS)의 수자이 시바쿠마르(Sujai Shivakumar)와 찰스 W. 웨스너(Charles W. Wessner)의 연구에 따르면11 각종 군사 장비에 응용되는 군수용 칩이 민간 부문에 의존하는 상황 자체 가 이미 오랜 시간 존재했던 도전 과제였습니다.

1. 민간 반도체의 기술의 발전 속도가 군수용 분야보다 빨라져 정부의 최첨단 기술 확보 능력 통제 및 확보가 제한적입니다.

2. 국방 부서의 칩은 상용 칩보다 훨씬 긴 수명을 필요로 하기 때문에 어떤 부서는 최첨단 반도체를 필요로 하고 또 다른 부서에서는 장기 공급이 필요한 레가시(Legacy) 부품을 찾고 있습니다.

3. 특정한 재료, 화합물 또는 기술이 필요한 칩도 있습니다. 예를 들어 황화갈륨, 질화갈륨, 탄화 규소 등입니다. 다시 말해, 군사용 부품은 다양한 형태이며 일반적인 제조 솔루션으로 해결하기 어렵습니다.

4. 미국 국방 부서의 칩 수요는 상용 시장에 비해 매우 적습니다. 2021 년까지 TFP 공장에서 생산된 미국 군사 시스템에서 사용되는 부품 은 전체의 약 2%에 불과하며 대부분은 특정 용도를 위한 것입니다. 예를 들어, 우주나 핵 장비에 사용되는 방사선 저항 칩이 그중 일부 입니다. 다른 칩은 일반적으로 상용 시장에서 구매할 수 있으며 재고 나 표준 제품 등이 포함됩니다. 많은 상용 제조업체에게 군사용 칩의 소량 생산은 매력적이지 않습니다.

5. 미국 국방부는 통합된 마이크로 일렉트로닉스 전략이 없으며 구매 절차가 매우 복잡하고 각 부서에 분산되어 있어서 상용 기술의 발전 속도를 따라가지 못합니다.

미국 국제전략문제연구소의 연구에 따르면 국방 관련 부서의 칩 수요는 매우 복잡하며 이는 군수품의 특성으로, 일반 상용품과는 완전히 다릅니다. 특히 새로운 세대의 공정은 이전 세대에 비해 투자 규모가 크게 늘어나서 경제 규모와 생산 능력도 상대적으로 높습니다. 소량의 국방용 칩을 위해 미국 내에서 고도의 첨단 반도체 제조 산업을 재건하는 일은 거의 불가능합니다.

1960~1970년대에는 미국의 군용 및 민간 부품 제조가 동일한 공장에서 이루어질 수 있었습니다. 당시 국방부가 자체 공장에서 생산할 수 있었던 이유이기도 합니다. 하지만 오늘날은 군사 무기 및 장비 시스템이 지나치게 거대하고 복잡하기 때문에 칩 생산을 위한 기술과 투자 규모는 예전과 비교할 수 없을 정도로 커졌습니다. 미국의 제조업 투자 환경은 장기간에 걸쳐 경쟁력을 잃었으며 반도체 제조 산업을 재건하여 국방용 칩 확보를 기대하는 것은 굉장히 어려운 과제입니다.

문제 해결을 위한 다양한 접근 방식

국제전략문제연구소의 제임스 앤드류 루이스(James Andrew Lewis)의 연구에 따르면12 미국의 문제 대부분은 반도체 산업 생산을 강화하거나 가속화하는 방법뿐 아니라 미국의 취약점이 전체 마이크로 일렉트로 닉스 산업에서 발생하는 문제라고 합니다. 지난 수십 년 동안 마이크 로 일렉트로닉스 생산은 미국이나 유럽에서 중국 등 생산 비용이 낮 은 지역으로 이동해 왔으며 이러한 마이크로 일렉트로닉스는 트랜지 스터, 커패시터(capacitor, 축전기), 인버터 등과 같은 기본 구성품입니다. 이 제품들은 정교하지 않고 가격도 높지 않으며 상대적으로 이윤이 낮습니다. 만약 중국이 미국의 반도체를 갖지 못한다면 중국은 디지털 제품을 생산할 수 없고, 미국이 중국의 마이크로 일렉트로닉스를 갖지 못한다면 역시 미국도 디지털 제품을 생산할 수 없습니다.

따라서 국방용 칩과 마이크로 일렉트로닉스의 신뢰할 수 있는 공급 을 보장하기 위해 미국은 더욱 창의적이고 효과적인 방법을 모색해야 합니다. 다음은 시행할 수 있는 관련 방안입니다.

1. 군사 무기 및 장비 시스템의 서비스 특성, 로지스틱스, 유지 보수, 성 능 향상 등 요구 사항 및 안정적인 공급원에 대한 시스템 및 부품 설 계 시 통합적이고 통일된 설계 지침을 갖습니다.

2. 효율적인 공급업체에 대한 이점을 높이기 위해 국방 관련 부서의 구 매 정책, 체계, 절차를 통합합니다. 대량 구매 규모와 효율성을 향상 시켜야 합니다.

3. 정부가 공장 시설과 장비에 투자하고 민간이 운영하는 모델인 '정부 소유 민영화(Government-Owned, Contractor-Operated)' 방식을 고려해야 합니다. 따라서 경쟁, 성과 및 이윤 공유 등의 체제를 통해 상업적인 운영을 동시에 허용해야 합니다.

4. 국방 기술과 무기 장비 시스템의 선진 동맹국과 협력하여 공동 군용 칩 제조 센터를 설립하여 제조 비용을 절감하고 신뢰할 수 있는 칩 공급을 보장합니다.

5. 가장 효과적인 방법은 여전히 동맹국과의 협력을 강화하고 공급망 각 환경을 강화하여 고품질, 저비용 칩의 안정적인 공급원을 확보하는 것입니다.

미국의 블랙리스트

미국은 자국 내 반도체 제조 산업을 부흥시키는 것 외에도 중국의 반도체 산업의 추가 발전을 막겠다는 중요한 목표를 가지고 있습니다. 이전에 시행된 반도체 법안에는 플러스 조항이 포함되어 있으며 미국 정부의 보조금을 받는 기업은 보조금 수령일로부터 10년간 중국에서의 첨단 반도체 생산 능력 확대나 신규 건설을 할 수 없도록 규정되어 있습니다.

2022년 8월 31일, 엔비디아와 AMD라는 대표적인 팹리스 기업들이 동시에 중국으로의 인공지능 고속 칩 공급 중지 통보를 받았으며 이후 두 회사는 미국 정부로부터 1년의 유예 기간을 부여받았습니다. 또한 애플도 미국 정부의 압력으로 인해 중국 양쯔메모리를 새로운 스마트폰 공급업체 목록에 포함시키지 않았습니다.

이 기간 동안 국제 반도체 산업계에서는 미국 정부가 중국에 더 포괄적인 차단 정책을 적용할 것이라는 루머가 돌았습니다. 2022년

10월 7일, 미국 상무부 산업안전국은 일련의 개정 사항을 발표하여 이미 공표된 반도체 법안과 조화롭게 그리고 중국의 반도체 산업을 보다 강력하게 통제했습니다.

미국 정부가 공개한 새로운 수출 관리 규정은 반도체 분야에서 다양한 측면을 다루며 중국의 하이테크 산업 발전에 큰 영향을 미칠 것으로 예상됩니다. 130페이지가 넘는 규정의 주요 내용은 다음과 같습니다.

1. 수입 규제 국가는 홍콩, 마카오를 제외한 중국입니다. 하지만 수출업자와 중간 판매업자는 마카오로 수출할 때 관련 조사를 철저히 진행하고 경고 통보할 것을 권장합니다.

2. 규제되는 품목은 테러 예방과 지역 안정을 근거로 합니다. 상업 규제 목록에 특정 첨단 컴퓨팅 칩, 해당 칩을 포함한 컴퓨터 및 전자 부품, 상기 품목을 개발하거나 생산하는 소프트웨어, 특정 첨단 반도체 제조 장비 등을 추가합니다. 이러한 품목을 수출하기 전에 수출업자는 미국 상무부 산하의 산업안보국로부터 허가를 받아야 하며 산업안보국은 개별 심사 방식을 채택하여 승인합니다. 지역 안정 이유로 통제되는 항목의 경우 산업안보국은 심사 시 거부 추정(Presumption of Denial)의 원칙을 적용합니다.

3. 통제되는 최종 용도에 관해, 모든 통제되는 품목은 허가를 받지 않은 경우 중국에서 특정 집적 회로 개발이나 생산에 사용될 수 없습니다. 이는 16/14nm 이하 공정 또는 3D 트랜지스터 구조의 로직 집적 회로, 128레이어 이상의 낸드 플래시 메모리, 하프 피치 18nm 이하의

D램 메모리가 포함되며, 이 제품들은 중국에서 특정 반도체 생산 관련 장비와 부품을 개발하거나 생산하는 데 사용할 수 없습니다. 규제되는 항목을 수출할 경우 수출업자는 산업안보국에 수출 허가를 신청해야 합니다.

4. 미검증 리스트(Unverified List, UVL)에 대한 협조가 필요합니다. 미국의 수출 규제 목록은 엔티티, 미검증 리스트, 거래 부적격자 목록으로 구분됩니다. 새 규정에서는 미검증 리스트에서 9개의 기관을 삭제하고 31개의 새로운 기관을 추가했습니다. 이 31개의 기관은 기업, 연구 기관 및 대학을 포함합니다. 그 외에 발표된 규정은 두 가지 새로운 규정을 추가했습니다. 첫째, 산업안보국이 최종 용도 확인을 요청한 후 60일 이내에 확인 작업을 완료하지 못할 경우 해당 개체를 미검증 리스트에 등재합니다. 미검증 리스트에 등재된 기관은 라이선스 신청 없이 수출할 수 없습니다. 심지어 라이선스가 필요하지 않은 품목도 미검증 리스트 기관에 대해 적절한 조사를 수행해야 하므로 관련 공급업체들이 해당 기관과 거래를 선호하지 않습니다. 둘째, 60일 이내에 미검증 리스트에 등재된 기관의 확인이 완료되지 않을 경우 해당 기관은 엔티티에 등재됩니다. 엔티티에 등재되면 충분한 이유를 제시하지 않는 한 수출 허가 신청이 거부됩니다.

5. 통제 범위는 다음과 같습니다. 하이엔드 컴퓨팅, 슈퍼 컴퓨터와 엔티티 내의 지정된 개체들이 해외 직접 제품 규칙으로 확대됩니다. 설령 미국 외에서 생산된 특정 품목이어도 개발이나 제조에 특정 미국 통제 기술이나 소프트웨어를 직접 사용한 경우면 미국의 수출 통제 대상이 되어 수출하기 전에 미국 산업안보국에 수출 허가를 신청해야

합니다. 즉, 미국 내 규정이 해외에서 생산되는 제품에 대해서 초관할적 규제를 적용합니다.

6. '사람'에 대한 규제로 확대됩니다. 새로운 규정에서 중국 반도체 업체의 개발이나 생산에 미국인이 지원할 수 없도록 제한이 추가되었습니다. 이때 지원이란 운송, 전송, 특정 제품의 이동, 특정 반도체 개발 또는 생산에 대한 서비스 제공 등을 포함합니다. 여기서 미국인은 미국 시민, 영주권자, 보호받는 개인, 법인, 미국 영내 모든 개인을 의미합니다. 이 소식이 나오자 마자 보도에 따르면 어플라이드 머티리얼즈, KLA, 램 리서치, ASML 등 중국의 주요 외국 장비업체들이 중국에서 인원을 철수시켰습니다. 「월스트리트 저널」에 따르면 상장된 중국 반도체 16개 기업 중 최소 43명의 고위 관리자가 미국 시민이며 중국 기업의 많은 미국 국적 고위 관리자들은 직업과 미국 시민 · 영구 거주권 사이에서 선택의 기로에 서게 되었습니다.

로디움 그룹의 레바 고존(Reva Goujon) 등이 분석한 바에 따르면13 이러한 새로운 규제 조합은 몇 가지 정책 목표에 맞게 설계되었습니다.

첫째, 중국이 고성능 컴퓨팅 칩을 군사용으로 도입하는 것을 지연시킵니다. 둘째, 설계 소프트웨어와 제조 장비의 병목 현상을 겨냥하여 중국의 반도체 산업 발전을 제재합니다. 셋째, 미검증 리스트를 활용하여 중국기업 등을 엔티티에 등재하는 데 도움을 줍니다. 넷째, 해외 직접 제품 규칙을 활용하여 해외 동맹국이 미국과 협력하도록 강요합니다. 다섯째, 관리 대상이 물품과 최종 사용 목적을 넘어 미국인에 대한 제한으로 확대되었습니다. 따라서 중국에 대한 통제 범위도 확대되었습니다.

다시 말해, 미국이 추가한 신규 수출 통제는 중국의 반도체 및 그의 첨단 애플리케이션 분야 발전에 대해 전방위적인 포위 전략을 취하였고, 이는 중국 제재를 위해 많은 부분을 고려한 다음 설계되었다고 할 수 있습니다.

숨겨진 비용과 효과

새로운 통제 규정에 대한 로디움 그룹의 분석에 따르면 영향을 받는 비용은 한정적이지만 외부 효과는 광범위합니다. 예를 들어, 공급망 재구성과 단기적인 가격 상승, 장비업체의 중대한 손실, 관련 업체들이 규제 규정에 과도하게 반응하는 등의 비용이 발생할 수 있으며 심지어 규제 비용이 증가할 수도 있습니다.

사실 신규 규정의 내용과 관련된 분석을 깊이 이해하면 거의 일치하는 견해를 얻을 수 있습니다. 즉, 신규 규정은 중국의 반도체 산업의 발전에 중대한 영향을 미칠 것으로 예상됩니다. 하지만 이 새로운 규정이 얼마나 큰 비용을 수반할 것인지 그리고 중국에 대한 장기적인 방어가 얼마나 효과적일 것인지에 대해 미국 정부는 명확한 설명을 하지 못하며 관련된 싱크탱크의 학자들의 구체적인 연구 역시 부족합니다. 이 신규 규정은 구체적으로 다음과 같은 비용을 야기할 것으로 예상됩니다.

1. 반도체 공급망의 재편으로 인해 다운스트림 조립업체의 생산 기지가 이동될 수 있습니다.

2. 시장 병목으로 인해 칩, 팹리스, 장비, 소재 등의 공급업체에 직접적인 손실을 초래할 수 있습니다.

3. 반도체는 연구개발 및 자본 집약적인 산업이므로 수익이 감소하면 기업의 투자 및 연구개발 능력이 약화되어 산업의 혁신과 업그레이드 속도가 둔화되며 미국의 기술 발전에 불리한 영향을 미칠 수 있습니다.

4. 신규 규정에는 여전히 많은 불명확한 점이 존재합니다. 첨단 반도체 제조 장비가 첨단 및 성숙한 반도체 제조 과정 모두에서 사용될 수 있으므로 이러한 경우, 규제가 성숙한 반도체 제조 과정에서 사용될 때 적용되는지 문제가 됩니다. 다시 말해서 반도체 제조 장비에 대한 규제가 그 장비의 사용 방식이나 응용 범위에 따라 달라질 수 있는지도 불명확하며, 첨단 기술과 성숙한 기술 사이의 경계가 모호하며, 이로 인해 규제의 적용 범위를 명확히 하는 것이 어려울 수 있다는 것이 문제입니다. 보통 기업은 자기 보호를 위해 엄격한 해석을 하므로 과도한 반응을 일으켜 더 큰 손실을 입을 수 있습니다.

5. 반도체 산업은 인재에 의존하는데 통제 대상이 미국인까지 확대되면 얼마나 많은 인재 이탈이 발생할지 미국 정부의 실질적인 분석을 읽을 수 없습니다.

6. 낮은 효율의 규제는 높은 비용을 초래합니다. 미국의 수출 규제는 수출 허가 신청을 기반으로 하는데 일본무역진흥기구 보고서에 따르면14 2021년, 중국으로의 수출 허가 신청 5,923건 중 승인된 비율은

67%였으며 거부된 비율은 9%에 불과합니다. 나머지는 반려된 신청 서입니다. 평균 심사 기간은 2017년의 37일에서 81일로 증가했는데 이는 미국 정부의 수출 규제가 비효율적이고 제한된 성과를 가져오 며 정치와 비즈니스 간의 부패와 부정 행위 가능성을 높였음을 보여 줍니다.

중국의 반도체 산업과 첨단 분야의 발전을 얼마나 효과적으로 방지 할 것인지는 미국 정부의 실행 방식에 따라 달라질 것입니다.

1. 미국 정부의 새로운 규제 조치는 기업에 중대한 손실을 입힐 것입니다. 이러한 대기업들은 일반적으로 의회 로비를 통해 행정부에 압력을 가합니다. 그래서 규제 조치가 발표된 후 기업들은 즉각적인 면제와 완화 기간을 획득하는 사례가 빈번하게 발생하여 정책 효과가 크게 축소되었습니다.

2. 일부 규제는 상당히 엄격해 보일 수 있지만 수요와 공급 측의 기업들이 문제 해결이나 대체 솔루션을 찾기 위해 노력하여 규제의 효과가 축소될 수 있습니다. 예를 들어, 미국 정부가 인공지능 고속 처리 칩에 대한 규제를 발표한 직후에는 관련 업계에서 대체 솔루션을 찾기 위해 칩 디자인 변경 등을 이야기하는 소식이 전해졌습니다.

3. 미국이 해외 직접 제품 규칙의 사용을 확대하는 건 다른 국가들의 반감이나 항의를 불러올 수 있습니다. 중국을 향한 제재에는 동맹국들의 협력이 필요한데 예를 들어, 반도체 포럼 같은 것들이 있습니다. 미국이 큰 이익을 창출하지 못하는 상황에서 동맹국들은 이익을 얻

지 못하고 손해를 입을 수 있으며, 동맹국들 사이에는 산업 경쟁 관계가 존재합니다. 이러한 규제 조치가 얼마나 오래 지속될 수 있는지 의문입니다.

현재 미국의 반도체 산업에 대한 전반적인 의견은 '중국을 억제하고 미국을 보호한다'라고 표현될 수 있습니다. '중국 억제'는 중국의 반도체 발전을 막고 중국의 반도체 산업을 동결한다는 것을 의미합니다. '미국 보호'는 미국의 반도체 산업, 특히 최첨단 제조 분야를 재건한다는 것을 의미합니다. 하지만 거시적이고 장기적인 관점에서 볼 때 이 두 가지 방향은 결국 막다른 길에 다다를 것입니다.

미국이 쇠퇴한 산업 역량 및 경쟁력을 되찾을 수 있을까?

산업 발전에는 일정한 원리가 있습니다. 미국은 예전에 많은 우수한 경제학자들을 배출하고 경제 이론을 개발했습니다. 하지만 현재 미국 정부의 정책 사고는 이러한 이론 및 원리와 정반대의 방향으로 나아가고 있습니다. 미국은 예전에는 자유 시장 경제와 글로벌화를 주도했지만 이제는 반대 방향을 향해 나아가고 있습니다. 미국 정부가 얼마나 멀리 갈 수 있는지 의문입니다. 미국은 예전에는 많은 전통 산업과 기술 산업의 태동지였지만 지금은 그런 산업들이 사라졌거나 쇠퇴한 상태입니다. 그 상황에서 과거의 영광을 되찾을 수 있을까요?

산업은 계속해서 발전하며 업그레이드를 거듭하는 방향으로 진행됩니다. 과거의 산업이 쇠퇴하면 자원은 생산성이 높은 산업에게 제공됩니다. 어떤 국가도 무한한 자원을 가지고 모든 산업을 점령할 수 없습니다.

미국의 반도체 제조 산업은 경쟁력이 없는 백엔드 패키징 및 테스트를 해외로 이전시키고 여유 자원을 프론트엔드 웨이퍼 가공 제조에 사용했습니다. 프론트엔드 웨이퍼 가공 제조가 경쟁력을 잃으면 리소스는 다시 높은 부가 가치를 갖는 설계 활동으로 이동합니다. 풍부한 자원을 얻은 설계 및 연구개발은 미국의 반도체 및 다운스트림 애플리케이션 분야의 빠른 혁신을 촉진시켰고 미국 경제의 지속적인 성장을 이끌었습니다. 이것이 산업 진화의 과정이자 경제 발전의 동력입니다. 미국은 오랫동안 반도체 제조의 경쟁력을 잃어버렸으며 반도체 제조에 필요한 인재와 생태계, 개발 환경이 빠져나갔습니다. 이렇게 손실된 산업을 다시 찾으려면 얼마나 많은 자원을 투입해야 할까요?

아마도 미국 정부가 원하는 것은 완전한 반도체 산업이 아니라 소수의 최첨단 공정을 갖는 기업의 보유일 것입니다. 그러므로 단기적으로는 강력한 보조금과 장려 정책을 통해 기존의 산업 선두기업이 미국에 투자하고 외국의 선도 기업을 미국 내에 유치하도록 유도하며, 장기적으로는 차세대 반도체 제조 기술 개발에 대한 연구를 가속화하려고 합니다. 하지만 가능할까요? 기업은 산업 발전에 의존하며 산업은 생태계와 개발 환경에 의존하여 경쟁력을 갖춥니다. 기업은 지속 가능한 발전을 추구하며 투자를 해도, 건전한 생태계와 경쟁력 있는 개발 환경이 부족한데 기업이 얼마나 멀리 갈 수 있을까요?

중국을 향한 경제적 봉쇄 · 제재의 힘은 지속될 수 있을까?

중국의 반도체 산업 개발을 막기 위해 미국은 글로벌화, 세계 경제, 동맹국 이익, 반도체 산업 발전, 국내 기업 이익 등을 대가로 지불하고 있지만 미국 정부가 원하는 대로 되지 않을 수도 있습니다.

사슬의 강도는 가장 약한 연결 부분에 의해 결정됩니다. 사슬이 길어질수록 강도는 취약해집니다. 반도체 공급 사슬은 서로 얽혀 있고 복잡합니다. 글로벌화된 환경에서 반도체 산업은 세분화되어 국경과 도시를 넘나들며 글로벌 분업이 이뤄졌으며 반도체 제조의 업 · 다운스트림 과정과 소프트웨어 기술, 장비, 재료가 구성하는 공급 체인 외에도 장비와 재료 역시 각기 다른 긴 공급 체인을 가지고 있습니다. 제조 공정 기술의 발전에 따라 공급 사슬은 점점 길어지고 있습니다. 미국은 중국을 규제하여 현재의 반도체 산업을 얼려둘 수는 있겠지만 중국은 급하게 해동하려고 하지 않아도 됩니다. 중국이 몇 개의 공급 사슬 링크를 잡으면 전체 반도체 산업의 운영을 차단할 수 있으며 그때 미국은 협상과 타협을 해야 할지도 모릅니다.

또한 미국의 중국 봉쇄에는 동맹국의 참여가 필요합니다. 미국은 직접 봉쇄 환경을 통제하지 않습니다. 예를 들어, 네덜란드 ASML의 노광 장비가 그중 하나입니다. 지금 미국은 동맹국과 이익을 공유하기보다는 동맹국의 이익을 희생시킬 뿐입니다. 이러한 차단은 얼마나 오래 지속될 수 있을까요?

2022년 12월 2일, 네덜란드 경제기후정책부 장관 미키 아드리안센스(Micky Adriaansens)는 영국 「금융 타임즈」와의 인터뷰에서 "중국이 최첨단 기술을 획득하는 것을 막는 것은 불가능하며, 네덜란드는 중국 수출을 과도하게 제한하지 않을 것이며, ASML사의 노광 장비를 중국에 판매하는 문제에 대해서는 자체적인 결정을 내리고 우리의 이익을 지킬 것이다."라고 밝혔습니다. 이는 미국의 전면적인 봉쇄 정책에 문제가 있다는 것을 시사합니다.

게다가 미국의 봉쇄는 중국의 발전을 지연시키기만 할 뿐 중국의 발전을 완전히 막을 수 없습니다. 미국은 반도체 칩, 장비, 기술, 인력 등을 중국으로 수출 제한하고 있지만 근본적으로는 규제하는 것은 기술입니다. 기술은 일반적으로 사람, 장비, 소프트웨어에 동반되는데 이 중에서도 사람이 핵심입니다. 미국 정부는 모든 사람을 통제할 수 있을까요?

미국 정부의 전면적인 봉쇄에 직면하면 중국은 기술 개발을 가속화하고 기술을 해외에서 확보하기 위해 노력할 것입니다. 중국은 세계에서 가장 큰 시장을 보유하고 있으며 많은 다국적 기업이 중국을 생존 근간으로 삼고 있습니다. 생존과 발전의 압박 아래에서 미국은 다국적 기업들이 관련 기술을 중국에 전달하는 일을 모두 막을 수 있을까요? 높은 이익에 유혹을 받는 상황에서 사람들이 기술을 중국으로 가져가는 것을 전부 방지할 수 있을까요?

세계 산업의 발전 역사는 기술이 가능한 많은 경로로 스며들어 점진적으로 기술 격차를 좁혀 왔습니다. 예를 들어 초기에는 이웃 나라가 필름 카메라 산업을 개발할 때 일부 기업은 이웃 나라의 엔지니어를 비밀리에 고용하여 제품 제조 기술을 향상시키고는 했습니다. 이와 비슷한 사례는 무수히 많이 있습니다. 중국의 일부 반도체 기업은 TSMC, 인텔, 삼성전자 등에서 근무한 고위 관리자를 고용함으로써 경영 및 시스템 통합 능력을 크게 향상시켰으며 이는 단순히 봉쇄하는 것이 가장 효과적인 방법은 아님을 보여줍니다.

다시 말해, 미국의 '중국 제재와 미국 보호'는 양쪽 모두에게 아무것도 쥐여 주지 않을 수도 있다는 의미입니다.

대만 반도체 산업, 기적과 위기의 순간들

Chapter 07

대만 반도체 산업의 개요

1976~1979년, 대만의 공업기술연구원은 정부의 '집적 회로 시범 공장 계획'을 실행했고, 1976년에 미국 RCA와 반도체 기술 이전 계약을 체결하여 4인치 7마이크로미터 CMOS 공정 기술을 도입하였으며, 반도체 생산의 양품률을 기술 이전의 성공 여부를 가늠하는 중요한 지표로 삼았습니다.

산업 초기 단계

계획이 완료된 후 1980년에 하나의 성과를 UMC로 파생시키는 한편 고밀도 집적 회로 계획(1979~1983년)을 꾸준히 실행했습니다. 1984년에는 대만의 행정원장 쑨윈쉬안이 과학 기술 고문단의 제안을 받아들였고, 제2예비금을 동원하여 공업기술연구원에 초고밀도 집적 회로(VLSI) 계획(1983~1988년) 가속화를 추진하였으며, 목표를 3마이크로미터 공정 기술에서 2마이크로미터로 상향 조정하였습니다.

계획이 완료된 1987년 이후에는 기술 성과를 TSMC로 확대해서 적용시키고, 파운드리 서비스 모델을 통해 집적 회로 팹리스업체의 발전으로 확대했습니다. 이때부터 대만 반도체 산업이 다방면으로 발전하는 기초가 되어, 오늘날 세계 반도체 파운드리 산업의 중심지가 되는 기적을 창출하였습니다.

제조 산업의 업·미들·다운 스트림을 완성하다

대만의 시장 조사 기관인 MIC가 2022년 5월에 발표한 자료에 따르면 2021년 대만 반도체 산업의 총 생산액은 NTD 3조 7,167억 달러에 이르렀으며 성장률은 26.8%에 달하였습니다. 이 중 집적 회로 제조는 47.3%며 성장률은 17.5%, 집적 회로 디자인은 30.3%며 성장률은 47.9%, 집적 회로 패키지 테스트는 16.9%며 성장률은 18.4%, 메모리는 5.5%며 성장률은 43.2%였습니다. 2016~2021년을 보면 집적 회로 설계가 가장 빠르게 성장하였고 그 비율이 23.9%에서 30%로 높아졌습니다. | 도표 7-1 | 참조

기업 본사 위치 국가를 생산 가치 계산 기준으로 할 경우, 공업기술연구원의 자료에 따르면 2020년 세계 반도체 산업 체인 업·다운스트림의 총 생산액에서 미국이 43%로 1위, 대만이 20%로 2위, 한국이 16%로 3위였습니다. 항목별로 살펴보겠습니다. 대만의 집적 회로 팹리스는 세계 2위, 웨이퍼 파운드리는 세계 1위, 집적 회로 전문 패키지 테스트는 세계 1위, 메모리는 세계 4위를 차지하였습니다. 다시 말해, 제조 산업 체인의 업·다운스트림이 완벽하게 발전되어 있는 것이 대만의 특징과 장점입니다.

집적 회로 설계 산업의 빠른 성장 덕분에 대만은 매출 기준으로 글로벌 점유율 24.3%를 차지했습니다. 이 점유율은 미국에 이어 세계 2위입니다. 세계 Top 10에 속한 대만 기업으로는 미디어텍(4위), 노바텍(6위), 리얼텍(9위)이 있습니다.

그러나 「일본경제신문 중국어판」에서는 'IC 인사이츠'의 자료를 기

2015년과 2021년 대만 반도체 산업 생산액

자료 출처: MIC(Market Intelligence & Consulting Institute), 2022년 5월.

반으로, '대만, 반도체 설계에서 미국의 우위 양분'이라는 제목의 기사를 실었습니다. 세계가 대만의 반도체에 과도하게 의존하는 경향이 더욱 심화될 것이라고 주장한 것입니다. 'IC 인사이츠'의 통계에 따르면 대만은 처음으로 4개의 집적 회로 팹리스업체를 세계 Top 10에 올린 나라입니다. 세계 Top 10에 오른 대만의 집적 회로 팹리스업체로는 미디어텍(4위), 노바텍(6위), 리얼텍(8위), 하이맥스(10위)가 있습니다. 나머지 6개는 모두 미국 기업으로, 위 기사에서는 대만 기업이 미국의 팹리스 분야에 점점 진출하고 있다고 주장하면서 이는 미국의 입장에서 이미 위협이 되는 상황이라고 했습니다.

사실 대만에서 4개의 회사가 세계 Top 10의 '집적 회로 팹리스업체'로 올랐지만 이 4개 회사의 규모는 서로 다르며 차이가 존재합니다. 미디어텍의 매출은 대만의 상위 10위 집적 회로 팹리스업체 중 54.5%를 차지합니다. 노바텍의 매출은 미디어텍의 매출 27%, 리얼텍은 21%, 하이맥스는 9% 미만에 그칩니다. 상위 3위까지 3개의 미국 기업과 비교하면 격차가 훨씬 크게 나타납니다.

웨이퍼 파운드리는 대만의 강점입니다. 2021년 대만의 웨이퍼 파운드리 생산액은 전 세계의 62%로 1위를 기록했습니다. 웨이퍼 파운드리 부문에서 세계 상위 10개 기업 중 대만 회사는 4개로 TSMC(1위), UMC(3위), PSMC(Powerchip Semiconductor Manufacturing Corporation, 7위), VIS(8위)가 포함됩니다. 메모리 측면에서는 대만은 세계의 4.4%를 차지하는 4위입니다. 주요 기업으로는 난야, 윈본드(Winbond), 매크로닉스(Macronix) 등이 있습니다.

생산액 외에도 대만의 반도체 첨단 공정 생산 능력도 계속 향상되고 있으며 2021년 4분기까지 대만의 32나노미터 이하 공정의 매출 비율은 64% 이상을 차지했습니다. 특히 TSMC는 경쟁사인 삼성전자와 인텔을 앞서, 2020년 3분기에 5나노미터 공정 양산에 돌입했고 2021년에는 7나노미터와 5나노미터 첨단 공정이 전체 매출의 50%를 넘었습니다.

집적 회로 패키징 테스트 분야에서도 대만은 뛰어납니다. 세계에서 61.5%를 차지하며 1위에 올랐습니다. 세계 Top 10에는 ASE(1위), 파워 테크놀로지(4위), 킹위안전자(KYEC, 7위), 그레이트텍(Greatek, 8위), 칩본드(Chipbond, 9위), OSE(Orient Semiconductor Electronics, 10위) 6개 회사가 속해 있습니다.

집적 회로의 수출입 비중 상승

대만의 반도체 산업은 주로 수출에 의존합니다. 수출은 반도체 산업의 발전을 촉진하고 대만의 중요한 기반 산업이 되었습니다. 반도체 중 집적 회로는 가장 중요한 제품입니다. 대만 재정부 세관 통계에 따르면 2001년 대만의 반도체 집적 회로 제품 수출은 대만 총 수출의 11.8%를 달성했고, 2011년에는 18.0%로 늘었으며, 2022년에는 38.4%로 더욱 늘었습니다. 2001년부터 2022년까지의 수출 연평균 성장률은 12.7%로 증가했습니다.

대만의 집적 회로 수출에는 홍콩을 포함한 중국의 비율이 계속해서 증가하는 중입니다. 2001년에는 중국이 대만 집적 회로 수출의 36.4%를 차지했으며, 2011년에는 51.1%로 늘었고, 2022년에는 58.0%로 증가했습니다. 2001년부터 2022년까지의 연평균 성장률은 15.2%로, 대만의 집적 회로 수출 성장률보다 높았습니다. | 도표 7-2 | 참조

마찬가지로 집적 회로가 차지하는 대만 총수입의 비율과 중국에서

| 도표 7-2 | **2001~2021년 대만 집적 회로(IC) 수출입 현황**

	2001년	2021년	2001~2021년 CAGR
총수출에서 IC 수출 비율	11.8%	34.8%	14.0%
중국으로의 IC 총수출 비율	36.4%	60.2%	18.0%
총수입에서 IC 수입 비율	15.1%	21.3%	8.4%
중국으로의 IC 총수입 비율	3.6%	24.9%	19.4%
IC 수입 / IC 수출	1.09	0.523	

자료 출처: 재정부 세관 2001~2021년 수출입 통계.

집적 회로를 수입하는 총수입의 비율도 계속 증가하는 추세입니다. 2001년에 집적 회로는 대만 총수입의 15.1%를 차지했고, 2022년에는 20.6%로 증가했습니다. 집적 회로 수입 중 2001년에 중국이 차지한 비율은 3.6%였으나 2022년에는 24.4%로 증가했습니다.

집적 회로 수입과 수출값을 비교해 보겠습니다. 2001년 집적 회로 수입/집적 회로 수출값은 1.09였으나 2022년에는 0.48로 줄었습니다. 이는 대만의 집적 회로 산업이 지난 20년 동안 빠르게 성장했으며, 기존에 수입이 수출을 초과하던 상태에서 현재는 수입이 수출의 절반 정도만 차지하고 있음을 보여줍니다. 이런 성장은 주로 중국 수출로부터 이루어졌습니다.

프론트엔드 · 백엔드 분업

집적 회로의 생산은 일반적으로 프론트엔드와 백엔드로 나뉩니다. 프론트엔드는 웨이퍼의 가공 제조를 가리키며, 백엔드는 프론트엔드 생산 후의 패키징 테스트를 말합니다. 따라서 집적 회로를 다이/웨이퍼와 패키지된 집적 회로 두 부분으로 나눌 때 공업기술연구원의 통계에 따르면 2021년 대만의 집적 회로 수출 중에서 다이/웨이퍼는 29.5%, 패키지된 집적 회로는 70.5%를 차지했습니다. 수입 집적 회로 중에서는 다이/웨이퍼가 30.5%, 패키지된 집적 회로가 69.5%를 차지합니다. 수입과 수출의 구조는 동일했습니다.

이러한 구조는 반도체 산업의 복잡한 공급망이 글로벌 분업된 체계라는 점을 보여줍니다. 대만은 다이/웨이퍼를 수출하여 현지에서 패

자료 출처: 공업기술연구원.

키징 테스트를 진행하고 완성된 제품 일부는 현지의 다운스트림 최종 제품 조립에 제공하고, 일부는 대만으로 다시 들여오거나 제3지역으로 출하합니다. 마찬가지로 대만으로 수입된 다이/웨이퍼는 대만에서 패키징 테스트를 진행한 후 일부는 현지 다운스트림 제품 조립에 제공하고 일부는 원래의 수입처로 돌려보내거나 제3지역으로 출하합니다. 수출하는 패키지된 집적 회로는 이런 종류의 제품을 포함하고 있습니다.

대만이 중국에 수출하는 집적 회로 중에서 패키지된 집적 회로가 80%를 차지합니다. 중국에서 수입하는 집적 회로 중에서 패키지된 집적 회로는 74.5%입니다. |도표 7-3| 참조

대만의 반도체 산업에서 나타나는 문제점

반도체 제조 분야에서 대만이 중요한 성과를 거두었음에도 핵심 장비와 제조 과정에서 사용되는 주재료는 대부분 수입에 의존하고 있습니다.

대만에서 반도체 투자 붐이 일어날 때마다 장비는 대량으로 수입됩니다. 2021년은 전 세계적으로 반도체 투자가 활발한 시기였고 대만의 웨이퍼 제조 장비 수입은 254억 달러에 이르렀는데 이는 원유 수입을 초과하는 엄청난 수치였습니다. 다음 해에 원유 가격이 상승하면서 다시 원유 수입보다 낮아졌습니다. 재정부 세관의 2020~2022년 수출입 통계에 따르면 2022년 웨이퍼 제조 장비 수입액은 297억 달러에 이르렀고 주요 수입처 상위 3개 국가는 네덜란드, 일본, 미국이었습니다. 그중 네덜란드에서는 84억 달러만큼 광학 노광 장비(EUV)를 수입해 전체 수입액의 28%를 달했습니다. 그해의 집적 회로 수출액 1,841억 달러와 비교하면 장비 수입 금액이 집적 회로 수출액의 16%

| 도표 7-4 | **2020~2022년 대만 웨이퍼 제조 장비 수입액과 비중**

	2020년	2021년	2022년
장비 수입액	181억 달러	254억 달러	297억 달러
주요 수입국	네덜란드(27%) 일본(25%) 미국(22%)	네덜란드(32%) 일본(24%) 미국(20%)	네덜란드(28%) 일본(23%) 미국(20%)
장비 수입/ IC 수출	15%	16%	16%

자료 출처: 재무부 세관 수출입 통계(장비 수입은 CCC 번호 8486에 따른다).

를 차지한 것입니다. 하지만 반도체의 전반적인 전후 공정 제조 과정에 관련된 장비를 고려하면 같은 해 수입액은 363억 달러에 이릅니다. 이는 대만의 총수입의 8.5%를 차지할 정도입니다. |도표7-4| 참조

거친 길을 다듬고 산림을 개척하다

대만이 미국의 RCA로부터 반도체 기술을 도입하려고 했을 때 한미국인이 "세상에서 컴퓨터, 자동차, 반도체 세 가지만 미국에서 만들어질 수 있다."라고 비꼬는 말을 했답니다. 해석하자면 대만이 어떤 조건을 갖췄기에 반도체를 개발하려고 생각하는지 의문을 제기한 것입니다. 당시의 상황은 정말로 그랬습니다. 세계적으로 첨단 산업인 반도체를 개발하려면 대만에는 인재가 필요했는데 그때는 인재가 없었습니다. 기술이 필요한데 기술이 없었습니다. 자금이 필요한데 자금이 없었습니다. 시장이 필요한데 시장이 없었습니다. 그러니까 마치 한 장의 백지처럼 산업 발전의 조건은 모두 결여된 상태였습니다.

무에서 유를 창조하고 최고가 된 대만의 기적

40년의 시간 동안 대만이라는 작은 섬이 전 세계 반도체 산업의 중심지가 되었습니다. 개인용 컴퓨터와 노트북의 생산 가치도 전 세계 시장 점유율 1위에 올랐습니다. 자원이 풍부한 다른 국가들과 비교할 때 대만이 산업 창조 기적을 만들어낸 전문가가 아니라고 할 수 있나

의문입니다.

그러나 기적은 하늘에서 떨어진 것이 아닙니다. 무에서 유를 창조하고, 마침내 세계 최고가 된 건 대만이 한 걸음 한 걸음을 쌓아 올린 결과입니다. 대만은 반도체 집적 회로 제조 기술을 도입하기 전에 이미 점진적으로 발전할 에너지를 축적하고 있었습니다.

묵묵히 축적된 에너지

1960년대 후반부터 대만은 가공 수출 산업을 발전시키기 시작했습니다. 레코드 플레이어, TV 등 시청각용 전자 제품 생산 산업을 도입하면서 반도체 부품에 대한 지식이 점차 보편화되었습니다. 또한 미국의 제너럴 일렉트릭(GE), 텍사스 인스트루먼트 등의 회사들이 반도체, 다이오드 등의 관련 제조 기술을 차례로 대만에 도입했습니다. 1980년대에 들어서 반도체 패키징이 대만에서 발전하기 시작했고, 이를 기점으로 반도체 산업이 점차 형성되었습니다.

인재 양성의 측면에서도 살펴보겠습니다. 국립자오퉁대학교(國立交通大學)가 1958년 신주에 다시 개교하면서 전자연구소와 반도체실험실을 설립하였고 대학부에서는 전자공학과, 전자물리학과, 컴퓨터계산제어공학과, 전산공학과 등을 차례로 설립해 초기부터 반도체와 관련된 분야의 인재를 키워 왔습니다.

1976년 대만이 미국의 RCA와 협력하여 7마이크로미터 CMOS 공정 기술을 도입하였을 때 이미 관련된 개발 조건들이 장기간 쌓여 기초가 마련되었으며, 이후 반도체 산업의 초기 발전 과정에서도 정부는 건전한 환경을 조성하는 데 항상 중요한 역할을 했습니다.

물과 전력, 토지 등의 기본적인 인프라 외에도 기술, 인력, 자금은 반도체 산업에서 꼭 필요한 자원입니다. 기술 측면에서 정부는 선봉장 역할을 했고, 기술을 통해 대만이 산업 발전을 시작할 수 있도록 했습니다. 오랜 기간 동안 정부는 과학 기술 프로젝트를 통해 연구 기관과 기업체가 기술 능력과 에너지를 구축하도록 지원을 아끼지 않았습니다. 비록 산업이 계속 성장하면서 정부의 과학 기술 특별 예산이 산업 생산에서 차지하는 비율이 점차 희석되고 있지만 여전히 중점적으로 지원하고 있습니다.

기술 도입부터 시작하다

재정 상황이 그리 넉넉하지 않았던 1974년, 대만 정부는 특별 프로젝트를 통해 미국의 RCA로부터 기술을 도입하기 위해 NTD 4.8억 달러의 예산을 승인했습니다. 1975~1979년에는 '집적 회로 시범 공장 계획'을 시작했습니다. 차오싱청(曹興誠)과 그의 팀 31명이 반도체 전문 지식과 경험을 활용해 새로운 회사인 UMC를 설립했습니다. 1979~1983년에는 정부가 12억 달러를 투자하여 '고밀도 집적 회로 기술 개발 계획'을 실시했으며, 1983~1988년에는 22억 달러를 투자해 '초고밀도 집적 회로 기술 개발 계획'을 실행했습니다. 이를 통해 모리스 창이 130명을 이끌고 TSMC를 설립했습니다. 또한 1990~1995년에는 '서브마이크로미터 공정 기술 개발 계획'을 진행해 고밀도 집적 회로를 설립하고, 대만에 8인치 웨이퍼 공장 투자를 추진했습니다.

반도체 산업의 모태, 공업기술연구소원

이 단계에서 정부는 공업기술연구소원이 계속해서 과학 기술 프로 젝트를 실행하고 성과를 도출하는 회사와 지원 기업을 지원하도록 해 서 산업에서 물리학적으로 말하는 '정지 마찰력'을 돌파하는 데 기여 했습니다. 이는 산업의 시작 단계에서 동력을 발휘한다는 획기적인 의 미를 지니고 있습니다. 그 후 정부는 과학 기술 프로젝트를 통해 반도 체 기술의 연구와 개발을 지속적으로 지원하고, 인재를 양성하고, 공 통 기술의 개발을 강화했습니다. 이 과정에서 공업기술연구원은 기술 도입, 연구와 개발, 핵심 플랫폼 확산의 역할을 맡았습니다. 기술 성과

| 도표 7-5 | 정부 과학 기술 전문 프로젝트와 파생 회사

	과학 기술 전문 프로젝트	파생 회사
1975~1979년	IC 시범 공장 계획, RCA로부터 7 마이크로미터 CMOS 기술 도입	
1979~1983년	LSI 기술 개발 프로젝트	1980년 UMC
1983~1988년	VLSI 기술 개발 프로젝트	1987년 TSMC
1990~1995년	서브마이크로 제조 공정 기술 개발 프로젝트	1994년 VIS
1997~2000년	딥 서브마이크로(Deep Sub Micro) 기술 개발 프로젝트	
2003~2010년	실리콘 프로젝트 (矽導計畫) - 웨이퍼 시스템 국가형 기술 개발 프로젝트	
2011~2015년	스마트 전자 국가형 과학 기술 프로젝트	
2016~2019년	스마트 전자 산업 추진 프로젝트	
2018~2021년	칩 디자인 및 반도체 기술 연구개발 응용 프로젝트 파생 회사	

자료 출처: 대만 경제부.

를 통해 회사를 만든 후에도 기업이 공정 개선 기술을 구축하도록 돕고, 제품 수율을 향상시키며, 기업과 협력하여 제품과 공정 기술을 공동 개발하는 데에 지속적인 도움을 주었습니다. 대만의 반도체 산업의 발전 역사에서 공업기술연구원은 기술 연구와 개발, 인재 양성, 기업 지원, 정부가 산업 발전 환경을 구축하는 데 있어 모든 측면에서 결정적인 역할을 했습니다. |도표 7-5| 참조

과학 캠퍼스의 탄생

기업의 투자 운영에는 친근한 환경이 필요합니다. 반도체 산업이 발전을 시작하던 시점에 대만 정부는 1979년 '과학 공업 캠퍼스 설립 관리 조례'를 발표하였고, 신주 과학 캠퍼스는 그해 1월에 착공하여 1980년 12월에 완공되었습니다. 또한 관리국을 설립하였습니다. 이 과학 캠퍼스는 대만의 첨단 기술 산업 발전의 플랫폼이 되었고, 근처의 공업기술연구원, 국립자오퉁대학교와 국립칭화대학교, 근처의 신주 공업 구역과 함께 첨단 기술 산업 발전 생태계를 구축했습니다.

과학 캠퍼스의 공장 부지는 임대하는 방식으로 사용되어 기업의 투자 필요 자금을 줄였으며, 투자 기업은 5년간 법인세 면제와 수입 기계와 장비에 대한 관세와 세금 면제 등을 누릴 수 있었습니다.

또한 과학 캠퍼스는 1983년에 실험 고등학교를 설립하여 고등학교·중학교·이중 언어 클래스 및 이중 언어 유치원 등에 재학할 학생들을 모집해 투자 기업과 학술 연구 기관 및 해외 유학생들의 자녀들을 교육하는 문제도 해결했습니다. 가장 중요한 점은 과학 캠퍼스의

관리국이 기업에게 편리하고 신뢰할 수 있는 공공 시설과 통합된 창구 서비스를 제공해 기업들이 자신의 경영과 발전에 집중할 수 있게 하였고, 이는 반도체 산업 발전의 중심이 되었다는 점입니다.

투자 자금처의 정부 지원

첨단 기술 산업은 일반적으로 자본 집약적 산업이기도 하므로, 창업가에게는 자금 조달이 큰 장애입니다. 1973년 대만의 행정원은 핵심 생산 사업과 기술 집약적 사업의 경제 건설 프로젝트에 투자하기 위해서 투자 장려법 특별 예산 절차를 따라 '행정원 개발 기금'을 설립했습니다. 자오퉁은행(交通銀行)은 특허은행으로서 산업 전문 은행에 속하는데 1979년에 개발은행(開發銀行)으로 개편되었습니다. 그들의 정책적 임무는 전략적인 핵심 산업 발전을 지원하고 창의적인 투자와 창업 투자, 중장기 개발 및 여신 등의 업무를 처리하는 것입니다. 이 단계에서 행정원 개발 기금의 투자와 자오퉁은행의 대출은 첨단 기술 산업 발전을 돕는 2개의 중요한 팔이 되었습니다.

벤처 캐피털 산업이 견인차 역할을 하다

그러나 정부의 지원만으로는 기업 투자 자금을 충분히 확보하기 어렵습니다. 따라서 민간 자금의 참여를 유도해야 합니다. 1982년에 리궈딩은 미국을 방문했는데 첨단 기술 분야의 스타트업 기업들을 지원하는 실리콘밸리 벤처 캐피탈 산업의 역할에 깊은 인상을 받았습니다.

이후에 대만으로 돌아와 적극적으로 이를 추진하였고, 1984년에는 대만의 첫 번째 창업 투자 회사인 홍따(宏大)가 설립되었습니다.

1987년에 투자 장려법이 수정되어 '개인 또는 영리 사업이 규정에 따라 창업 투자 회사에 투자할 경우, 주식 가격의 20%를 종합 소득세 또는 영리사업 소득세에서 차감할 수 있다'라는 조항이 추가되었습니다. 이 같은 조치는 사적 자금이 창업 투자 산업에 투입되는 열기와 신기술 스타트업의 설립 및 투자 열기를 촉진했습니다.

안타깝게도 이러한 선의를 가진 창업 투자 산업의 지원은 중소 기업과 신생 기업의 설립과 발전에 매우 도움이 되는 혜택이었지만 2000년 '산업 업그레이드 촉진 조례'가 개정되면서 폐지되었습니다. 이때 당시 미국의 인터넷 기술 버블 붕괴와 과학 기술 산업의 불황으로 인해 창업 투자 산업의 발전이 큰 타격을 받았습니다.

산업 발전 정책 지침

산업 발전을 촉진하기 위해 대만 정부는 1960년부터 '투자 장려 규정'을 실행하여 산업 발전의 정책 지침으로 사용했으며, 이 지침에는 세금 인센티브와 산업 단지 설치 등이 포함되었습니다. 투자 장려 규정은 시행 이후에도 여러 번 수정되었고, 1991년 1월에 폐지되면서 '산업 업그레이드 촉진 규정'으로 대체되었습니다. 두 법은 전자가 산업별 인센티브에 초점을 맞추는 반면 후자가 기능별 인센티브, 예를 들어 연구개발에 중점을 두고 있다는 점에서 차이가 납니다. 산업 업그레이드 촉진 규정은 거의 20년 동안 시행되었으며, 여러 번 수정되다가 2010년에 폐지되고 '산업 혁신 규정'으로 대체되면서 대부분의 인센티브 조치가 삭제되었습니다.

'투자 장려 규정' 단계

오랫동안 기업에 대한 기계 설비 및 연구개발 투자를 장려하는 것이 항상 대만 정부의 세금 인센티브의 핵심이었지만 '투자 장려 규정'이 시행되었을 당시, 산업이 발전하지 않았다는 시대 배경이 존재했기 때문에 투자에 중점적으로 인센티브를 주었습니다. 그런 다음 대만 반도체 산업이 성장하며 점차 변형 단계로 들어가면서 연구개발이 산업 업그레이드를 주도하는 것이 정부의 주요 관심사가 되었습니다.

대만의 첨단 기술 산업, 특히 컴퓨터 및 관련 산업이 성장하기 시작했을 때 1987년에 수정된 투자 장려 규정은 투자를 장려하는 인센티브 중심으로, 세금 면제 또는 고정 자산 내구성 기간을 단축하는 것(일명 가속 감가상각) 중에서 선택하도록 했습니다. 세금 면제를 선택한 경우에는 새로운 투자 생산 사업이 인센티브 항목과 기준을 충족하면 제품 판매 또는 노동 제공 시작일로부터 5년 동안 사업소득세를 면제받을 수 있으며 자본 증자 및 확대자는 4년간 여전히 세금 면제를 받을 수 있었습니다. 가속 감가상각을 선택한 경우에는 기계 장비의 내구성이 10년 이상인 경우 5년으로 줄일 수 있었고, 건물이나 건축물 및 교통 운송 설비는 1/3로 줄일 수 있었습니다. 추가로 투자를 확대하면 새로운 기계 설비 및 장비도 가속 감가상각 규정에 따라 처리할 수 있었습니다.

대만 반도체 산업, 기적과 위기의 순간들 **313**

자본 또는 기술 집약적인 생산 사업에 대한 면세 혜택을 선택한 경우에는 판매 시작일이나 노동 제공 시작일로부터 2년 이내에 면세 시작 기간을 선택하여, 최대 4년까지 연기할 수 있었습니다. 이 규정은 자본 또는 기술 집약적인 산업이 제품 판매를 시작할 때 기업이 손익 균형을 극복하기 위해 상당한 시간을 필요로 할 수 있기 때문에 그 전에 주어지는 면세 혜택은 해당 기업에게 실질적인 이익은 없었습니다. 오히려 혜택의 좋은 의미가 퇴색되었습니다.

기업의 연구개발을 장려하기 위한 주요 규정은 두 가지였습니다. 첫째, 생산 사업의 연구개발 실험 비용은 해당 연도의 과세 소득에서 차감할 수 있습니다. 둘째, 기업의 연간 연구개발 비용이 최근 5년간 최대 지출 금액을 초과한 경우 초과 부분의 20%는 해당 연도의 사업 소득세액에서 차감할 수 있으며 해당 연도에 차감할 수 없는 경우에는 이후 5년 동안 차감할 수 있습니다.

따라서 투자 장려 규정의 중점은 산업별 투자를 장려하는 데에 있었고, 이는 정부의 기업에 대한 배려를 보여주었으며 기업이 세금 면제 시작일을 선택할 수 있게 하여 인센티브가 실질적인 의미를 갖도록 한 조치인 것입니다.

'산업 업그레이드 촉진 규정' 단계

투자 장려 규정은 거의 30년 동안 시행되다가 1991년 1월에 폐지되었습니다. 곧 '산업 업그레이드 촉진 규정(산업 촉진 규정)'으로 대체되었습니다. 이 법은 산업 업그레이드를 촉진하는 것을 목표로, 기능별 인센티브를 강조했습니다. 연구개발과 인재 양성, 환경 오염 예방 및 방지, 국제 브랜드 이미지 구축 등이 포함되었습니다.

세금 혜택 측면에서 산업 촉진 규정은 기업에게 5년간 세금 면제라는 중요한 혜택을 폐지하고 기능별 지출에 대한 기업 투자를 감액하는 방식으로 변경되었습니다. 이 법은 거의 20년 동안 시행되었는데, 그동안 몇 번의 수정을 거쳤으며 인센티브 규정도 여러 번 조정되었습니다. 자동화 장비와 연구개발에 대한 투자는 가장 중요한 축이었으며 자동화 장비 투자 감소의 변화는 다음과 같습니다.

- 1991~2001년: 같은 과세 연도에 자동화 장비의 총 구매 금액이 NTD 60만 달러 이상인 경우, 구매 비용의 20%(국내 생산) 또는 10%(해외 생산)를 법인세(사업소득세)에서 공제할 수 있었습니다. 하지만 세계무역기구 가입 이후 국내 및 해외 생산을 구분하지 않았습니다.
- 2002~2003년: 공제율이 20%에서 13%로 감소하였습니다.
- 2004~2005년: 공제율이 13%에서 11%로 감소하였습니다.
- 2006~2009년: 공제율이 11%에서 7%로 감소하였습니다.

연구개발 투자에 대한 공제 규정의 변화는 다음과 같습니다.

- 1991~1998년: 연간 연구개발 지출이 NTD 200만 달러 또는 영업 수입의 2% 이상인 경우에는 법인세에서 15%를 공제할 수 있었습니다. 지출이 NTD 200만 달러를 넘어서고 영업 수입의 3%를 초과하는 경우, 초과 부분에 대해 20%를 법인세에서 공제할 수 있었습니다.

- 1999년: 연간 연구개발 지출이 NTD 200만 달러 또는 영업 수입의 2% 이상인 경우에는 법인세에서 20%를 공제할 수 있었습니다.

- 2000~2001년: 연간 연구개발 지출이 NTD 150만 달러 또는 영업 수입의 20% 이상인 경우에는 법인세에서 25%를 공제할 수 있었습니다. 지출 총액이 이전 2년 동안의 연구개발 비용의 평균을 초과하는 경우에는 초과 부분에 대해 50%를 법인세에서 공제할 수 있었습니다.

- 2002~2009년: 연구개발 지출을 법인세에서 30%를 공제하였으며, 지출 총액이 이전 2년 동안의 평균을 초과하는 경우에는 초과 부분에 대해 50%를 법인세에서 공제했습니다.

위에서 언급한 생산 장비와 연구개발 지출에 대한 법인세 공제율의 변화를 통해 정부의 장려 정책이 기업의 생산 장비에 대한 세제 혜택을 줄이는 한편, 연구개발 활동을 점차 강화하는 방향으로 나타남을 알 수 있습니다. 이는 산업 업그레이드를 촉진하기 위한 의미에 부합합니다.

'산업 업그레이드 촉진 규정'은 2010년까지 시행되다가 '산업 혁신 규정'으로 대체되었습니다. 산업 혁신 규정은 2010년부터 2018년까지 기업의 생산 설비 투자에 대한 장려를 완전히 배제했습니다. 하지만 2019년에 개정 법률이 시행되어, 기업이 스마트 기계에 투자하는 경우에는 해당 지출을 당해 연도에 5%로 공제하거나 3년에 걸쳐 3%로 분할 공제할 수 있는 새로운 규정이 도입되었습니다.

연구개발 측면도 살펴보겠습니다. 2010~2015년 동안 연구개발 지출은 법인세에서 15%를 공제할 수 있었습니다. 2015년부터 연구개발 지출은 당해 연도에 15%를 공제하거나 3년 내에 10%를 공제할 수 있게 되었습니다.

위에서 볼 수 있듯이 컴퓨터, 반도체 등 첨단 기술 산업이 빠른 성장을 이루는 단계에서 정부는 연구개발과 혁신에 상대적으로 유리한 장려 조치를 제공하여 투자자와 산업 투자의 방향을 이끌었습니다. 하지만 최근 10년 이상 대만의 정치, 경제, 환경의 변화로 산업 경제 결정이 외부 요인에 의해 제약 받고 있으며, 정부의 투자나 연구개발을 장려하는 정책 조치도 크게 축소되어 점차 효력을 잃는 상황입니다.

이를 통해 미국 정부가 발표한 '공급망 100일 평가 보고서'에서 언급한 대만 반도체 산업이 토지와 공장 건설 등의 우대적인 인센티브 혜택을 받는다는 주장은 대만의 실정과 10년 이상이나 일치하지 않는다는 점을 알 수 있습니다.

인재 유출과 회귀의 순환

인재는 어떤 과학 기술 산업의 발전에서나 가장 귀중한 자원입니다. 대만은 개발 도상국에서 이미 선진국에 진입했습니다. 전통적인 산업에서 첨단 기술 산업으로의 전환을 이루기 위해 직면한 주요 도전은 인재 부족입니다. 이전에 대만에서는 "오너라, 대만 대학교에 오너라. 가라, 미국에 가라."라는 문구가 퍼져 있었습니다. 미국으로 간 사람들은 미국에 정착하여 다시 대만으로 돌아오지 않았습니다. 그중 많은 수의 공학 분야 인재들이 캘리포니아로 이주하여 실리콘밸리의 과학 기술 산업 발전에 이바지했습니다. 대만에게 이때는 인재 유출 시대였습니다. 하지만 대만의 과학 기술 산업이 발전하면서 창업, 취업 및 비즈니스 기회가 제공되자 미국으로 이주한 인재들은 점차 다시 대만으로 돌아오거나 대만을 대상으로 하는 태평양 양안 기업 간의 상업 교류에서 중요한 매개자가 되었습니다. 이로써 대만의 과학 기술 발전에 새로운 활력이 주입되어 '인재 회귀'라는 상황이 나타났습니다.

미국 인구 조사 데이터에 따르면 1990년에 실리콘밸리의 이민자들은 지역 내에서 주민의 32%가 과학자 및 엔지니어였으며, 그중 2/3이 아시아 출신이었습니다. 아시아 출신 이민자 중에서 중국 출신은 51%였으나 그중 대부분의 이민자가 대만 출신이었습니다. 인도 출신은 23%였습니다.

또한 던 앤 브래드스트리트(Dun & Bradstreet Corporation)의 1998년 데이터에 따르면 실리콘밸리의 첨단 기술 회사 중 중국 출생자가 CEO인

회사는 2,001개였습니다. 회사 수로는 17%, 매출로는 13.4%, 고용 인원으로는 10%를 차지했습니다.[1]

2001년 캘리포니아대학교의 애너리 색스니언(AnnaLee Saxenian) 교수가 실리콘밸리에 거주하는 2,300명을 대상으로 설문 조사를 실시한 결과, 88%가 미국이 아닌 외국에서 태어났다고 답했습니다. 대만에서 태어난 응답자 중 70%가 1~9명의 친구나 가족이 대만으로 돌아가 일을 하거나 창업했다는 사실을 알고 있었고, 10명 이상이 대만으로 돌아간 사실을 아는 사람은 17%였으며, 모른다고 응답한 사람은 13%에 불과했습니다.

또한 2002년 캘리포니아 공공정책연구소의 보고서에 따르면 실리콘밸리에서 조사한 대만 출신의 과학 기술 전문가들 중 34%가 전일제로 스타트업 설립 및 운영에 참여하였고, 부분적으로 참여한 사람들은 17%였습니다. 이는 실리콘밸리의 창업 붐을 보여주며, 한편으로는 대만 출신의 많은 창업 과학 기술 인재가 존재한다는 점을 드러냅니다. 응답자 중 1년에 1회 대만에 돌아가는 사람들은 40%였고, 2~4회 돌아가는 사람들은 20%, 5회 이상 돌아가는 사람들은 50%였습니다.[2]

위의 각종 통계와 조사로부터 알 수 있는 점이 있습니다. 초기에 대만의 인재들이 미국에 머물렀던 이유는 대만에 일자리나 발전 기회가 부족했기 때문입니다. 대만의 과학 기술 산업이 발전하기 시작하면서 일부는 대만으로 돌아와 창업을 하고, 일부는 일을 하러 돌아왔습니다. 미국에 머물며 계속 지내던 사람들은 태평양 양안의 과학 기술 산업 협력 발전 과정에서 견인차 역할을 하였고 '인재 유출'과 '인재 회귀'는 매우 긍정적인 '인재 순환'이라는 상황을 이룩해 냈습니다. 한때 신주 과학 캠퍼스 관리국의 통계에 따르면 과학 캠퍼스 내에 위치한 스타트업 CEO 3명 중 1명은 미국에 갔다가 돌아온 사람이었습니다.

D램 산업의 실패로 얻은 교훈

대만의 반도체 제조 업계에서는 웨이퍼 파운드리 외에도 D램 메모리 산업이 원래 중요한 축이었습니다. 한국의 삼성전자는 1983년에 64K D램 생산을 결정하고, 다음 해에 생산 라인을 완성하였지만 대만은 1990년대에야 비로소 D램 제조를 시작했습니다. 이는 한국에 8~10년 뒤처진 상황으로, 기술 부족과 D램 생산 공장을 건설하는 데 필요한 거대 자금 부족이 주요 원인이었습니다.

D램의 불안정한 출발

대만 최초의 D램 회사는 미국에 있던 중국계팀인 귀샨(國善)과 미국의 모셀 비테릭(Mosel Vitelic) 및 화즐(華智) 등이 대만으로 돌아와 신주 과학 캠퍼스에 설립한 회사입니다. 하지만 이 회사들은 생산 공장이 부족해 제품을 외부에 아웃소싱해야 했습니다. 예를 들어, 화즐은 일본 소니와 한국 현대전자에서 256K D램을 아웃소싱했습니다. 모셀 비테릭은 일본 후지쯔에서 16K S램을, 한국 현대전자에서 64K S램을, 일본 샤프에서 256K S램을 아웃소싱했습니다.

1989년에 대만의 에이서(Acer)는 컴퓨터 제품을 생산할 때 많은 양의 D램이 필요했기 때문에 텍사스 인스트루먼스와 협력해 텍사스 에이서 반도체(Texas Acer Semiconductor)라는 제조 회사를 설립했습니다. 그리고 곧 6인치 공장을 세워 D램을 제조하기 시작했습니다. 이 회사는 1992년에 생산을 시작했으며, 이후 8인치 공장을 건설했지만 불경기로 인해 손실을 본 상황에서 텍사스 인스트루먼스가 D램 부문을 미국의 메모리 반도체 회사인 마이크론(Micron)에 매각했습니다. 1999년에 에이서 반도체(Texas Acer Semiconductor)는 다시 TSMC에 인수되어서 가장 먼저 D램 제조에서 퇴출된 회사가 되었습니다.

또한 1987년에 설립된 모셀 비테릭은 1993년까지 6인치 D램 생산 라인을 건설하여 1994년에 본격적으로 생산을 시작했습니다. 1996년에는 모셀 비테릭이 독일의 지멘스의 반도체 부문과 합작하여 모셀 비테릭 주식회사(Mosel Vitelic Corporation)를 설립하고 8인치 D램 공장을 설립했습니다.

대만의 반도체 제조 기술을 계속 발전시키고 독립적인 D램 기술 능력을 구축하기 위해 1990년에 정부는 공업기술연구원에 '서브마이크로 프로젝트'를 실시하도록 요청했습니다. 곧 8인치 웨이퍼 생산 라인이 건설되었습니다. 이 프로젝트는 D램으로 4년 사이에 세계 기술 수준을 빠르게 따라잡았고, 성공적으로 0.5마이크론 공정 기술을 개발했습니다. 1994년에 이 기술을 기반으로 VIS가 설립되었습니다. 이 회사는 이후 0.25마이크론 공정을 개발했지만 0.18마이크론 부문에서는 디자인 팀이 분산되면서 인력이 부족해지는 문제에 직면해 심각한 손실을 입고, 2004년에 웨이퍼 파운드리업체로 전환하며 D램 제조에서 철수한 두 번째 회사가 되었습니다. 하지만 서브마이크로 프로젝트의 실행과 VIS 제조 회사의 설립을 통해 정부는 반도체 분야에서 선도적인 역할을 수행하며 이에 따라 파워칩, 난야, 프로모스(茂德), 윈보드 등 여러 회사의 설립과 성장을 이끌어 냈습니다. 2008년에 대만의 D램 월 생산 능력은 전 세계의 약 39.9%를 차지했으며, 이는 한국의 40.3%에 이어 두 번째였습니다. 하지만 개별 제조업체를 기준으로 보면 한국의 삼성전자는 25.3%로 1위였고, 그다음은 대만의 파워칩이 17.0%, 한국의 SK하이닉스가 15.0%, 대만의 윈보드가 10.3%, 나머지는 모두 10% 이하였습니다.

2008년 미국에서 네 번째로 큰 투자 은행인 리먼 브라더스(Lehman Brothers)가 파산하면서 미국 금융 위기를 일으키고, 이로 인해 전 세계 경제가 침체하며 수요가 크게 감소하였습니다. 이에 따라 D램 제조업체들은 매출이 급감하면서 경영에 어려움을 겪었습니다. 독일의 키몬다는 이런 상황을 버티지 못해 2008년에 파산을 선언할 정도였습니다. 대만의 업체들도 계속 손실을 입으면서 심각한 금융 위기를 겪어 업계에서는 정부가 개입해 통합하길 바란다는 목소리가 나왔습니다.

급한 속도는 잠재적 문제를 야기한다

천수이볜(陳水扁) 정부 시대에는 대만의 전략 산업인 '양조쌍성(兩兆雙星) 산업발전계획'이 발표되었습니다. 반도체와 디스플레이라는 양조 산업의 미래 가치를 각각 1조 달러(NTD) 이상씩 달성하겠다는 의미에, 바이오와 디지털 콘텐츠라는 쌍성 산업이 미래의 스타 산업이라는 뜻을 담은 정책입니다. 성장 목표를 강조하던 것처럼 2000년대에 들어서 대만의 D램 산업은 빠르게 성장했습니다. 2000년대 후반에는 주요 D램 제조 업체로는 파워칩, 프로모스, 매크로닉스, 난야, 윈본드라는 5개 회사가 있었고 2006년에는 파워칩 그룹이 일본의 엘피다 메모리와 합자하여 렉스칩(Rexchip)이라는 회사를 설립했습니다. 이 기업들의 주요 운영 방식은 외국의 대기업으로부터 특정 기술의 허가나 이전을 받은 다음 원래의 기술 소유자를 대신해 제품을 생산하거나 서비스를 제공하는 방식이며, 이러한 기업은 지속적으로 성장하기엔 매우 높은 리스크를 품고 있었습니다. 6개 회사는 2개의 주요 그룹으로 나뉘어 있었으며 파워칩과 렉스칩, 윈보드, 프로모스 등은 일본 엘피다 메모리 진영에 속하고 난야와 매크로닉스는 미국 마이크론 진영에 속했습니다.

당시 대만의 D램 제조업체들은 주로 표준 PC D램을 생산하였습니다. 해외 기술을 선도하는 대기업들의 경영 전략은 새로운 세대의 제품 선도·개발, 최초로 대량 생산에 진입, 생산 능력을 확장해 비용적인 측면에서 우위를 확보하는 전략이었습니다. 표준 D램 제품 생산은 전형적인 학습 곡선 효과를 가지고 있어서 누적 생산량이 2배가 될 때마다 단위 생산 비용이 20~30% 줄어들기 때문에 기술을 선도하는 대기업들은 대량 생산에 선두주자로 참여하고 생산 능력을 확장함으로써 경쟁 우위를 확보했습니다. 하지만 D램 수요는 다운스트림 산업의 경기에 쉽게 영향을 받고, 생산 능력을 늘리는 것은 과잉 생산과 시장의 공급 초과라는 위험을 가져올 수 있기 때문에 기술을 선도하는 대기업들은 자사에 라이선스를 부여한 업체에 위탁 생산을 하며 자체 생산 능력을 일부만 유지하는 이중 전략을 채택했습니다. 이를 통해 시장 수요의 변동에 유연하게 대응하고 기업의 매출과 이익을 확보했습니다.

대만 D램에 가해진 치명상

기술을 선도하는 대기업의 장점은 라이선스를 받는 업체들에겐 단점이 됩니다. 반면 대만의 D램 업체들은 기술 라이선스를 제공하는 대기업에 비해 경쟁에서 항상 다음과 같은 어려움에서 벗어날 수 없었습니다.

1. 기술은 독립적이지 못하며 항상 다른 사람에 의해 제한되며 뒤처집니다. 2009년 1분기에는 삼성전자의 표준 D램이 이미 50나노미터 단계에 진입했고, SK하이닉스와 마이크론은 60나노미터 공정에 진입한 상태였습니다. 대만 업체들 중에서는 파워칩만이 60나노미터에 진입했고, 나머지 기업들은 아직 70나노미터 단계에 머물러 있었습니다.
2. 대규모 생산 시기가 기술 원천 기업에 비해 늦었기 때문에 생산 비용이 비교적 높아지며, 이로 인해 수익 경쟁에서는 저가로 의존해야만 합니다.
3. 기술 원천 기업은 파운드리 방식을 통해 경기 리스크를 피하고 자체 생산 능력을 우선적으로 활용합니다. 그에 반해 대만 업체들은 생산 능력의 이용률이 하락하고 영업 손실이 증가하는 상황 등을 견뎌야 합니다. 평가에 따르면 대만 업체들의 2010년 4분기 생산 능력 중

기술 원천 기업의 대리 생산 비중은 1/3에 이르기도 합니다.

4. D램 제품의 각 세대의 수명은 약 1.5~2년에 불과하며, 대만 업체들
은 기술 이전을 얻으려고 2,500만~3,300만 달러, 최대 5,000만 달러
에 달하는 비용을 지불해야 합니다. 또한 기술 원천 기업과 위탁 생
산을 위한 계약을 할 때는 일반적으로 시장 가격에서 15~20% 할인
된 가격으로 청구됩니다. 다시 말해, 대만의 D램 반도체 산업은 국제
기술 원천 기업의 식민 공장으로써, 많은 제약을 받으며 운영 리스크
와 낮은 투자 수익을 감수해야 합니다.

경기 침체로 산업 전체가 곤경에 처하다

이러한 경영 모델 아래에서 경기가 안정적일 때는 기업들이 어느
정도의 작은 확신을 유지할 수 있지만 경기가 침체되면 크나큰 위기
에 처할 수 있습니다.

2006년 세계 D램 생산액이 32% 증가했지만 다음 해에는 7.4% 감
소했고, 2008년에는 글로벌 경제 위기로 인해 추가로 23.2%가 감소
했으며, 2009년에도 6.7%가 감소했습니다. 난야, 윈보드, 프리모스,
파워칩 그리고 윈본드 5개 기업은 2008년 1분기부터 2009년 4분기
까지 연이어 손실을 입었습니다. 2007년에는 5개 회사가 NTD 370억
달러의 적자를 기록했고, 2008년에는 NTD 1,172억 달러로 적자가
확대되었습니다. 여기에는 난야가 NTD 352억 달러, 파워칩이 NTD
320억 달러, 프리모스가 NTD 245억 달러, 화야(華亞)가 NTD 181억
달러, 화방전자(華邦電子)가 NTD 74억 달러의 적자를 보았습니다.

또한 난야, 윈보드, 프리모스, 파워칩, 윈본드 5개 기업은 장기 및 단기 부채 금액이 막대하여 2009년 말, 대출 총액이 NTD 3,413억 달러에 이르렀으며, 2009년부터 2012년까지 상환해야 할 금액은 각각 NTD 909억, 861억, 679억, 622억 달러로 일부 기업은 심각한 재무 위기에 직면했습니다. 단기적인 경기 회복에도 불구하고, 장비 투자와 새로운 공정을 추진하기에는 무리가 있는 상태였습니다. 메모리 산업은 반도체의 중요한 부문이기 때문에 사회적으로 정부가 관련 기업을 통합해야 한다는 목소리가 나왔으며 통합을 해서라도 메모리 산업이 지속적으로 발전하기를 희망했습니다.

당시 정부는 5개의 D램 기업이 각각 다른 기술 협력 파트너와 위탁 생산 계약을 맺고 있으며, 각기 다른 재무 체질과 주요 은행, 기업 경영자들이 기업에 다양한 기대를 품고 있다는 복잡한 요인을 고려했을 때 단기간 내에 통합하는 것은 거의 불가능하다고 판단했습니다. 또한 기술이 자체적으로 개발되지 않고 영업 모델에 큰 변화가 없다면 통합하더라도 큰 의미가 없으며, 장기적으로 통합된 상태를 유지하기도 어렵다고 생각했습니다. 따라서 산업을 재정비하려면 돌파구를 제시해야 했습니다.

모바일 기기의 부상과 산업 재창조의 기회

이 시기에 산업과 시장은 변곡점의 기회를 보였습니다. 표준형 PC D램 메모리는 이미 성숙 단계에 접어들었지만 모바일 장치인 스마트폰 등에 적용되는 D램은 성장의 기회를 얻게 되었습니다. 이는 D램 산업에 새로운 활기를 가져다줄 수 있으며 조속히 개발에 투자할 가치가 있는 분야입니다.

다른 한편으로 이 시기에 엘피다 메모리도 경영상 어려움에 직면했습니다. 산업 관계자들과 엘피다 메모리의 책임자는 초기 접촉을 통해 만약 대만 정부가 모바일 기기용 D램 개발에 전념하는 새로운 회사를 설립하는 데 동의한다면 엘피다 메모리는 모든 지적 재산을 무료로 제공하고 대만과 협력하여 개발하겠다고 제안했습니다.

위의 두 가지 유리한 조건을 기반으로 하여 대만 경제부는 2009년 3월에 새로운 D램 회사 설립을 추진하려는 계획을 세웠고, 초기에는 대만 메모리 회사(TMC)라는 이름을 붙였습니다. 이 회사는 정부의 국가 개발 기금의 투자를 받았습니다. 이후 경제부는 행정원에서 승인받은 'D램 산업 재창조 계획'에 따라 공개적으로 기업들에게 계획서 제출을 요청했고 대만 혁신 메모리 회사(TIMC)가 신청하여 심사 과정을 거쳤습니다. 행정원은 국가 개발 기금의 투자가 조건부로 승인되었는데 구체적인 조건들은 다음과 같습니다.

1. TIMC는 엘피다 메모리와 기술 라이선스 계약을 체결해야 한다. 엘피다 메모리는 사전에 모든 지적 재산을 무료로 제공하는 것에 동의해야 한다.
2. 엘피다 메모리는 TIMC에 대등한 투자를 해서 상호 지분 공동 소유 연맹 관계를 형성해야 한다.

엘피다 메모리와 TIMC의 협력은 일본 정부의 지원을 받았으며, 이 협력 사안의 중요성을 강조하기 위해 일본의 경제산업부에서 수차례 주요 관리자를 대만으로 파견하여 대만과 일본의 협력을 통해 D램 산업 발전을 추진하고 있습니다.

부적절한 정치·기업 관계 때문에 실패하다

그러나 이렇게 중요한 순간에 일부 기업들은 자신들의 이익을 위해 TIMC 계획을 비밀리에 반대했습니다. 미국 의회 및 의원과 언론을 통해 대·일 D램 협력이 세계무역기구 규정을 위반한다며 비난하고, 정부의 정책을 방해하려 들었습니다.

다른 기업들은 국민당과 민진당의 당직자, 경제위원회 주요 위원들에게 적극적으로 로비하여 D램 재창조 계획을 저지하려 했으며 심지어 국회 예산센터는 D램 산업의 미래 발전 기회와 TIMC의 운영 구조를 제대로 이해하지 못한 상태에서 2009년 4월에 'D램 산업 재창조 계획 및 정부의 TMC 투자 예산 편성이 국회 심의를 거쳐야 한다'라는 연구 보고서를 발표하고 이를 통해 해당 계획을 반대했습니다. 이들의 반대 이유는 "마치 청산할 회사를 설립한 것과 다름없으며 기회를 엿보며 저렴한 가격에 기존 제조업체를 합병하려 든다."라는 말도 안 되는 주장을 포함했습니다.

따라서 2009년 6월부터 11월까지, 국회의원들은 정부 예산 검토 기회를 이용하여 총 5회에 걸쳐 국가 개발 기금의 TIMC 투자나 D램 산업 재창조를 완전히 막기 위한 결의안을 제출했습니다. 제안에 참여한 의원들은 여당과 야당을 모두 포함하였으며 이로써 기업 집단의 악랄한 힘을 엿볼 수 있었습니다. 엎친 데 덮치듯, 이때 대만은 태풍 모라코트(Morakot)로 인한 재난에 직면하여 행정부는 재난 구조 작업을 하느라 바빴고, 9월에 내각을 개편하면서, D램 재창조 계획은 잠시 중단되었습니다.

2010년 1월까지 경제부 관료들은 일본을 방문하여 경제산업부의 주요 관리자 및 엘피다 메모리의 임원과 회담을 했습니다. 주요 골자는 'D램 산업 재구성 계획'의 추진이었습니다. 일본의 경제산업성부는 대만 측에서 기획한 국가 발전 기금 참여를 통한 TIMC 투자 계획이 실현되지 않았기 때문에 일본 정부가 이 사안에 더는 지원할 수 없다고 판단했습니다.

엘피다 메모리는 기존의 협력 구조가 변경되었으므로, 기존의 대·일 정부 간 협력에서 라이선스 비용을 지불하지 않는 새로운 협력 구조를 제안했습니다. 이는 대·일 기업 간의 기존 협력 모델로 돌아가 후퇴하는 일이며 엘피다 메모리의 디자인 특허를 활용하는 경우에는 라이선스 비용을 지불해야 한다는 것을 의미합니다.

일본 정부의 지원이 중단되었고, 일본 측이 제시한 새로운 협력 모델은 대만이 독자적인 기술을 개발하고자 하는 정책 목표와 다소 차이가 있어서 D램 산업 재구성 계획은 종료되었습니다. 이로써 대만은 일본 정부와의 협력을 통해 D램 산업을 공동으로 발전시키고 한국에 대항할 기회를 상실하였습니다.

비참한 교훈을 기억하다

대만은 D램 산업의 침체와 D램 산업 재창조 계획의 실패로부터 두 가지 중요한 교훈을 얻었습니다.

첫째, 반도체 제조는 '어려운 산업'으로 기술과 자본 밀도의 특성을 동시에 갖추고 있어 기술과 시장의 자립성을 유지하는 것이 기업의 안정적인 성장에 필요한 조건입니다. 기술을 지속적으로 개선하고, 기술 선두 위치를 유지하며, 충분한 자금을 확보하여 연구개발과 장비 투자를 계속하면서 독보적인 경쟁 우위를 창출할 수 있는 공간을 제공해야 합니다. 만약 단기적인 이익만을 추구하고, 경쟁적인 기업에 의존하여 일시적인 안식처를 찾고, 산업과 시장 변화가 가져오는 충격을 무시하거나 시장에 대해 과도하게 낙관적이고 비현실적인 기대를 가지고 있으면 결국 실패할 것입니다.

둘째, 부적절한 정치-기업 간 관계가 정부의 행정에 개입하면 국가의 전체 이익을 손상시킵니다. 이런 비상식적인 행동은 사람들에게 혐오감을 불러일으키지만 민주주의 정치를 표방하는 사회에서는 어디에나 존재하기에 정부는 정책 시행 전 미리 예방하고 이런 비합리적인 요소에 의해 정책이 좌우될 경우를 감안해야 합니다.

반도체를 가진 죄: 대만이 직면한 정치적 위험

반도체 제조 공정 노드가 발전함에 따라 점점 더 많은 기업이 기술적으로 뒤처지고 있습니다. 180나노미터 공정 노드에서는 전 세계에 29개의 회사가 있었지만 16나노미터/14나노미터 노드에 이르자 삼성전자, 인텔, 글로벌파운드리스, SMIC, UMC, TSMC 6개 회사만 남았고 10나노미터 공정 노드에 이르렀을 때는 인텔, 삼성전자 그리고 TSMC 3개 회사만 남았습니다.

TSMC가 압도적이다

그러나 인텔은 2019년 10나노미터 공정에 도달했으나 7나노미터 공정의 개발이 지연되었습니다. 7나노미터, 5나노미터 기술 단계에서 TSMC는 항상 삼성전자보다 반년 이상 앞서 있고, 제조 기술에서 TSMC는 단연 글로벌 선두입니다.

한편 파운드리 영역에서는 트렌드포스의 2022년 4월 데이터에 따르면 대만 4개 회사의 2021년 세계 시장 점유율의 합계는 64%에 달하며, TSMC는 압도적으로 53%의 점유율을 차지했습니다. 2019년 10나노미터 이하의 시장에서 TSMC는 92%의 점유율을 차지해 거의 모든 첨단 제조 공정 제품을 통합했습니다. 하지만 피라미드의 정상에 서 있는 것은 위험을 초래했습니다.

2020년 하반기, 자동차 산업의 수요가 점차 코로나19로 인한 위기에서 회복되며 자동차용 칩의 부족 현상이 점차 대두되었습니다. 그리고 이런 상황은 점점 심각해졌습니다. 여러 글로벌 자동차 회사들의 생산이 중단되어 경제 복구에 영향을 미치고 독일과 일본, 미국 정부가 대만에게 도움을 청했습니다. 2021년 「이코노미스트」는 20세기에 전 세계 경제가 석유에 의존하여 호르무즈 해협을 중요한 전략적 위치로 만들었듯이 현재에는 이러한 경제적 생명선이 대만과 한국의 소수 기술 단지로 전환되었다고 보도했습니다. 동시에 「블룸버그」는 중국-유럽 상공회의소 회장인 요르케 우트케(Joerg Wuttke)의 발언을 인용하여 지리적·정치적 긴장 상황에서 수출 제재, 정치적 개입 등과 같은 요인으로 인해 공급망이 생산 능력 이외의 요소로 인해 중단될 수 있으며 이로 인해 반도체 부족 문제가 빈번하게 발생할 수 있다고 보도했습니다.

이후 대만 반도체 산업에 불리한 주장들이 계속해서 확산되었으며 이는 다양한 측면에서 발생했습니다. 그 배경에는 각각 다른 의도가 있었습니다. 이러한 주장들은 다음과 같은 핵심 포인트로 요약할 수 있습니다. 첫째, 대만은 지리적으로 고위험 지역에 위치해 있습니다. 둘째, 세계가 대만 반도체에 지나치게 의존하고 있습니다. 셋째, 대만은 반도체 산업에 과도한 보조금을 지급하고 있습니다.

미디어 점화의 시작

미디어 보도 측면에서 살펴보겠습니다. 2021년 4월, 「일본경제신문 중국어판」은 "전 세계가 TSMC에 과도하게 의존하여 리스크가 높아지고 있다."라는 내용의 보도를 했고, 6월 「다우존스」는 "세계가 대만의 한 반도체 업체에 의존하고 있어 모두가 쉽게 상처받을 수 있다."라는 논지의 보도로 지적했습니다. 「캐피탈 이코노믹스」는 "대만의 반도체에 의존하는 것이 전 세계 경제에 위협이 될 수 있다."라고 단정

지어서 말했습니다.

또한 2022년 4월에는 「일본경제신문 중국어판」이 "첨단 반도체가 대만이라는 한 곳으로만 집중돼서 위험이 증가하고 있다.", "대만이 반도체 설계 분야에서 미국의 우위를 뺏고 있다." 등의 내용이 담긴 기사를 계속 발행하여 대만 산업의 눈부신 성과에 대한 공포를 퍼뜨렸습니다.

미국 고위 관료의 비밀 계획

정치인들의 발언은 주로 미국에서 나왔습니다. 2022년 5월, 미국 상무부 장관 지나 러몬도는 바이든 대통령과 함께 한국의 삼성전자를 방문한 다음 언론 인터뷰에서 미국 의회에 '반도체 지원법'을 신속히 통과시키도록 촉구하였고, 대만에서 70%나 되는 첨단 반도체를 구매하는 게 안전하지 않다며 미국이 자체적으로 반도체를 제조해야 한다고 강조했습니다.

지나 러몬도가 '대만 리스크 이론'을 발표한 건 처음이 아닙니다. 그녀는 2021년 중반부터 계속해서 이런 주장을 펼치고 있지만 대만의 차이잉원(蔡英文) 정부는 '대만은 지정학적 리스크에 처해 있다.'라는 주장이 국제 정치, 산업, 미디어 사이에서 바이러스처럼 퍼져나가고 있음에도 불구하고 적절한 조치를 취하지 않았습니다.

2021년 7월, 지나 러몬도는 한편으로는 "지리적·정치적 리스크가 미국이 대만에 대한 의존을 줄여야 하는 이유다."라고 밝혔지만 다른 한편에서는 "우리는 대만에 매우 의존하며 대만은 현재 동맹국이다."

라고 말하면서 미국이 여전히 두 얼굴을 지니고 있음을 보여주었습니다. 이와 같이 미국의 지원과 압박이 동시에 이루어지는 상황에서 2021년 5월, TSMC가 애리조나에 120억 달러를 투자하여 첨단 반도체 공장을 설립한다고 발표했습니다. 하지만 건설이 1년 이상 진행된 지금도 미국 정부가 제공해야 할 보조금은 여전히 미정된 상태입니다. 심지어 TSMC가 미국에 공장을 설립하였음에도 지나 러몬도는 대만을 계속 비난하고 대만 리스크 이론을 선동하는 발언을 지속합니다.

2021년 11월에는 시카고와 디트로이트 경제 협회 연설에서 지나 러몬드는 대만 리스크 이론을 반복해서 언급했습니다.

심지어 2022년 2월에는 「CNBC」와의 인터뷰에서 "미국은 대만에 너무 의존하고 있으며 대만이 위치한 지역은 취약한 상태다."라고 말했습니다.

지나 러몬도의 발언을 종합해 보면 미국은 자체적으로 첨단 반도체 제조 기반을 갖춰야 하며, 투자 유치를 위해 반도체 공장과 연구개발에 대한 보조금은 필수적인 정책 도구임을 의미합니다. 이 정책의 필요성을 합리화하기 위해 대만을 압박의 도구로 사용하고 있으며, 세 가지 압박 요소는 다음과 같습니다. 미국이 대만에 지나치게 의존하는 첨단 반도체, 대만이 높은 지리적 정치적 리스크에 처해 있다는 주장, 대만 정부가 반도체 산업에 고도의 보조금을 지원한다는 것입니다. 이러한 주장들은 사실 상당히 터무니없습니다.

또한 산업 부문에서는 인텔의 CEO인 팻 겔싱거가 한편으로는 개인 비행기를 이용해 TSMC의 첨단 공정 생산 능력을 확보하려고 대만을 방문하며, 다른 한편으로는 미국 정부의 TSMC 미국 공장 투자 보조금에 대해 공개적으로 반대하는 태도를 보이는 것으로 알려져 있습니다. 이는 상무부 장관 지나 러몬도와 같은 이중적인 태도의 전형적인 예시입니다.

경쟁자의 이중성

팻 겔싱거는 2021년 6월 24일, 「폴리티고(POLITICO)」에 '미국 반도체 생산 투자는 미국을 우선으로 지원해야 한다'라는 제목으로 글을 썼습니다.[3]

그는 이 글에서 미국의 혁신과 지적 재산 증대를 추진하기 위해 정부가 미국의 지적 재산 및 능력 구축에 투자해야 한다고 말했습니다. 그는 정부가 미국 세금을 본사 및 핵심 자산인 특허와 인력을 가진 회사에 투자해야 한다고 주장합니다. 다른 한편으로는 미국의 보조금을 탐내는 외국 반도체 제조업자가 가치 있는 지적 재산을 해외에 보유하면서 최고의 수익과 첨단 제조 기술을 자국에 두는 행위를 강력히 반대했습니다. 그는 대만의 TSMC가 2024년에 미국에서 첫 번째 공장을 가동한다고 해도 TSMC는 최첨단 제품을 대만에서 생산할 것이라고 지적했습니다. 결론적으로 겔싱거는 미국 정부에게 두 가지 선택지를 제시했습니다. 첫 번째 선택지는 미국에서 반도체 생산에 투자하는 기업에 혜택을 제공하고 보조금을 지원하라는 것입니다. 두 번째 선택지는 반도체 산업 생태계의 발전을 촉진하여 미국을 미래에 세계 최고의 제조 기술을 보유한 곳으로 만들라는 것입니다.

겔싱거가 기고한 글의 주요 목적은 미국 정부로부터 오하이오주의 반도체 공장에 200억 달러의 투자 보조금을 받아내는 데 있습니다. 동시에 그는 TSMC와 같은 경쟁자들이 미국에 투자하고 정부 보조금을 받는 일을 방해하려는 의도도 품고 있었습니다.

TSMC는 미국의 애리조나에 5나노미터 칩 공장을 건설하는 것 외에도, 2022년 6월에 일본 이바라키현 쓰쿠바시에 연구개발 센터를 설립했습니다. 보도에 따르면 일본 정부는 이 사업에 약 190억 엔의 보조금을 지원할 계획입니다. 또한 TSMC는 소니와 덴소 등과 협력해 일본 구마모토현에 반도체 공장을 신설할 것인데, 일본 정부는 약 4,760억 엔의 보조금을 지원할 계획이라고 합니다.

「일본경제신문 중국어판」에서는 일본의 '거액 보조금, TSMC가 열매를 맺을까?'라는 제목의 기사에서 일본 정부의 보조금이 경제 안보에 도움이 되지 않을 것이라는 의문을 제기하면서 TSMC가 보유한 새로운 기술이 일본에 어떻게 도움이 될지 알 수 없다고 지적했습니다. 해당 기사는 "현행 제도에 따르면 TSMC가 일본의 국가 자금을 이용해 연구개발을 진행하고 성과를 얻더라도 그 성과를 꼭 일본에 이전하지 않고 기술을 독점한 채 대만으로 가져갈 수도 있다."라고 주장했습니다. 이 주장은 팻 겔싱거의 발언과 유사하며 두 사례가 완전히 무관하다고는 할 수 없습니다.

위에서 언급한 대로 대만의 반도체 산업에 대해 국제적으로 확산되어 있는 부정적인 언급들은 다양한 결과를 초래할 수 있습니다. 이는 외국 고객이 발주를 전환하거나 대체 공급업체를 찾거나 외국 기업의 이탈, 외국 자본의 투자 감소, 외국 기업들이 해외로 투자하고 공장을 설립할 때 현지 기업과의 차별적 대우나 불합리한 요구 등을 겪는 것과 같은 다양한 형태의 결과로 나타날 수 있습니다.

실리콘 쉴드는 대만을 보호할 수 있을까?

반도체 산업과 TSMC는 대만에서 '수호신'으로 불리고 있습니다. 국가의 수호신이라는 의미는 대만의 안전이 반도체 산업과 TSMC를 의지한다는 의미입니다. 따라서 TSMC는 국가의 수호신이자 '실리콘 쉴드'의 역할을 합니다.

호주의 기자 존 애디슨은 2001년에《실리콘 쉴드: 중국 공격으로부터 대만을 보호한다》라는 책을 출판했으며4 이후 2009년에는 58분 분량의 〈실리콘 쉴드〉라는 다큐멘터리를 제작했습니다. 이 작품들은 주로 대만의 반도체 산업이 미국, 중국 및 전 세계에게 필수적인 전략 자원임을 묘사하고, 이로써 대만은 일종의 실리콘 쉴드를 보유하며 대만의 안전을 어느 정도로 보장받는다는 주장이었습니다. 그 후 13년이 지난 뒤 애디슨은 〈실리콘 쉴드: 2025〉라는 새로운 버전의 다큐멘터리를 제작했으며 이 작품에서도 대만의 반도체 우위가 중국의 침입을 억제한다고 강조했습니다.

애디슨의 주장은 많은 사람들의 신뢰를 받았으며 대만의 총통 차이잉원은 2020년에 페이스북에서 실리콘 쉴드가 대만의 반도체 산업을 보호할 수 있다고 언급하였으며, 2021년에는 미국의 「외교정보(Foreign Affairs)」에 기고문을 실어, 실리콘 쉴드가 글로벌 공급망을 파괴하려는 권위주의적 국가의 시도로부터 대만을 보호해준다고 밝혔습니다. 하지만 이러한 주장이 정말로 검증된 것인지 의문입니다.

2022년 2월, 러시아가 우크라이나를 침공하면서 전 세계의 에너지, 식량, 광물 등 중요 자원 공급망이 중단되었고 글로벌 물가 상승을 유발했습니다. 이에 서양 국가들은 직접적인 지원을 우크라이나에 제공할 수 없었고, 실리콘 쉴드라는 믿음이 불안정해진 상황을 보였습니다. 결국 국제 정치적인 고려가 경제적인 이해를 초월한다는 점이 드러났습니다.

미국의 「더 네셔널 인터레스트(The National Interest)」라는 잡지는 2022년 5월에 "실리콘 쉴드는 대만과 미국에게 리스크다."라는 내용의 글을 게재하여5 미국과 대만에 경고했습니다. 이 글은 실리콘 쉴드가 시대에 뒤떨어진 개념이라고 주장합니다. 또한 대만은 안정적인 칩 공급을 받기 위해 중국이 대만 침입을 억제하고, 서양의 회사들이 자신들의 이익에 기초하여 대만을 보호할 것이라 여긴다며 비꼬았습니다.

반도체로 인해 대만은 이중 억제를 통한 보호를 받을 수 있었습니다. 하지만 이러한 믿음이 잘못된 것이라면 대만의 취약성이 중국의 공격을 자극하고 미국의 개입으로도 충분히 보호받지 못하므로, 이중 억제는 곧 이중 재앙이 될 수 있습니다.

위의 글은 중국이 자국의 반도체 제조 역량을 향상시키는 노력을 하고 있으며 미국은 동시에 반도체 생산을 자국에 설립하기를 장려하여, 대만에 대한 의존도를 줄이고 있다고 언급했습니다. 대만의 실리콘 쉴드는 점차 약화되고 있는 상황에서 미국은 대만이 국방 지원을 요청하면 과연 도울까요? 미국 정부는 항상 자신의 이익을 우선합니다. 다른 국가를 희생해도 상관하지 않습니다.

미국은 다양한 방법을 통해 첨단 반도체의 공급 리소스를 확보하려고 합니다. 첫 번째로 가장 직접적인 방법은 TSMC를 미국으로 유인하는 것입니다. 모리스 창 회장은 미국에서의 생산 비용이 과도하게 높다고 반복적으로 언급했지만 이는 경제적인 고려 사항일 뿐, 미국 정부의 생각은 아닙니다. 미국은 국가 안보를 우선시하는 것입니다. 비용 효율성은 그들에게 가장 우선되는 요소는 아닙니다.

두 번째 방법은 일본과 함께 최첨단 2나노 공정을 공동 개발하는 것입니다. 2022년 7월 29일, 「일본경제신문 중국어판」에 따르면 일본과 미국 정부는 양자 컴퓨터를 사용하는 다음 세대 반도체를 대상으로 공동 연구를 진행하면서 실험 생산 라인을 구축할 예정이며, 2025년까지 양자 컴퓨터용 생산 시스템을 일본에 구축할 것이라고 예상됩니다.

세 번째 방법은 TSMC 이외의 두 번째 공급 업체, 예를 들어 삼성전자나 인텔 같은 기업을 지원하는 것입니다. 현재 이러한 기업들은 파운드리 분야에서 TSMC와 경쟁하기는 어렵지만 시간이 지나면 TSMC만큼의 역량을 갖출 수 있을 것입니다. 미국 정부가 대만을 보호하는 실리콘 쉴드의 힘을 약화시키고 있는 상황에서 대만은 여전히 TSMC에 수호신 역할을 기대할 수 있을까요?

대만 반도체 산업의 미래는 위험에 둘러싸여 있다

대만은 아무것도 없는 상태에서 현재까지 발전하여, 세계 반도체 제조 분야에서 핵심적인 위치에 섰습니다. 이는 정부의 정책, 기업의 노력, 산업에서의 기회 및 운이 맞물려 이루어진 결과입니다. 하지만 미래에는 과거와는 전혀 다른 환경에 직면할 것입니다. 반도체 산업 자체가 기술적으로 새로운 단계로 진입하고 있으며, 시장 진입도 새로운 단계로 진입했으며, 산업 구조 역시 큰 변화를 겪고 있습니다. 많은 국가에서 새로운 경쟁자들이 나타날 것이며, 국가 안보 및 지정학적 요인이 산업 운영에 개입되고 있으며, 대만은 부족한 토지와 물, 전력, 인력, 노동력 등 '다섯 가지 부족 문제'에 직면하고 있습니다. 이렇게 복잡하고 어려운 도전에 대해 많은 사람들이 걱정하는 중입니다. 대만 반도체 산업의 미래는 도대체 어디로 갈까요?

대만은 얼마나 많이 반도체를 제조할 수 있을까?

반도체 산업은 대만 경제의 중요한 주축이며 2022년에는 반도체가 대만 수출의 38%를 차지했습니다. 즉, 대만의 산업 발전은 반도체 산업에 상당히 의존하고 있으며 TSMC는 대만의 수호신으로, 대만 어디에 공장을 설립하든 그곳에서 일자리 기회와 부동산 가격 상승을 이끕니다. 하지만 다른 산업에 비해 반도체 공정은 전력, 수자원, 인력을 많이 소비합니다. 대만은 매우 작은 섬이며 자원이 극히 제한적입니다. 이 땅이 얼마나 많은 규모의 반도체를 제조하고, 얼마나 많은 규모의 TSMC를 수용할 수 있을지 의문입니다.

전력 측면에서 TSMC는 에너지 절약과 탄소 배출 감소에 주력하고, 친환경 전력을 구매하고 있지만 생산 능력이 확대되고 공정이 개선되면서 전력 수요는 여전히 빠르게 증가하고 있습니다. 2019년에는

TSMC가 약 130억 킬로와트시의 전력을 사용했으며, 2020년에는 169억 킬로와트시로 18% 성장하여 대만 전체 전력 사용량의 약 6.7%를 차지했습니다. 2016년부터 2020년까지 대만의 총 전력사용량은 평균 연간 1.6% 성장하였으나 TSMC의 전력 사용량은 평균 연간 13.7% 성장하여 대만의 전력 공급 성장률을 크게 상회합니다. 글로벌한 반도체 부족과 국제적인 경쟁 압박 속에서 TSMC는 대규모의 신규 및 확장 투자를 지속하며 전력 수요를 높이고 있습니다. 해당 회사는 2021년에 300억 달러의 자본 지출을 했으며, 2022년에는 440억 달러로 증가할 것으로 예상되어 전력 수요를 계속해서 증가시키고 있습니다. 추정에 따르면 2025년까지 TSMC의 전력 사용량은 대만의 8%에 이를 것으로 예상됩니다. 앞으로 더 높은 전력 소모량을 가진 첨단 공정이 계획에 따라 연이어 생산에 투입된다면 TSMC의 전력 사용량은 대만 전체에서 10%에 이를 것입니다. 대만은 이를 감당할 수 있을까요?

전기는 어디에서 오는가?

TSMC를 제외한 다른 반도체 업체들인 PSMC, 윈본드, UMC, 마이크론 등도 새로운 생산 계획과 확장을 추진하고 있으며 극자외선 장비의 수요도 증가하고 있습니다. 극자외선 장비는 성숙 공정에 사용되는 심자외선(DUV) 장비보다 10배나 많은 전력이 필요하며 이는 전력 공급이 부족을 야기할 수 있습니다. 정부는 전력 공급에 대해 여러 차례 안정성을 보장했지만 학자들과 전문가들은 데이터를 기반으로 한 예측을 통해, 대만이 전력 부족 위기를 맞이할 것으로 추정합니다. 전국적인 전력 부족 상황에서 정부가 우선적인 전력 공급을 보장한다 해도 TSMC만 전력 부족 없이 정상 운영을 보장받을 수 있을까요?

1999년의 921 대지진 때 난터우중랴오 변전소(南投中寮變電所)가 붕괴되었습니다. 평소에도 대만 북부의 전력은 공급과 수요의 균형을 이루지 못하고 있었고, 이때 남북의 전력 공급 중계소가 손상되었기 때문에 북부 지역은 구역별로 번갈아가며 전력을 공급받아야 했습니다.

훗날 신주 과학 캠퍼스를 정상적으로 운영하기 위해 정부는 우선적으로 신주에 공급을 보장하기로 결정했습니다. 하지만 반도체 업체들은 정부에게 청원하여 해당 업체의 공급 서비스가 중단되면 반도체 공장은 전력이 있어도 운영할 수 없게 되기에 신주 과학 캠퍼스 외부의 특정 업체에게도 우선적으로 전력을 공급해 달라고 요구했습니다. 이는 반도체 산업에서 세밀한 분업이 가져오는 공급망 효과입니다.

또한 대만은 공정한 자원 분배에 중점을 둔 사회를 형성하고 있습니다. 정부 정책으로 특정 산업과 기업이 과도한 자원을 사용하게 되면 사회적으로 상대적인 박탈감을 유발할 가능성이 존재합니다. 예를 들어, TSMC는 재생 에너지 구매 및 공장 토지 획득에서 우위를 가지며 정부의 정책적인 독특한 지원을 받았습니다. 법과 원칙에 따르면 TSMC가 그 자리에 들어갈 수 있지만 이로 인해 발생하는 사회적 인식이라는 문제를 경시해서는 안 됩니다.

더구나 대만이 심각한 전력 부족을 겪게 되면 TSMC를 비롯한 반도체 제조업체들도 혼자서는 문제를 해결할 수 없습니다. 미리 대비하기 위해 정부는 확대된 전력 공급의 책임을 져야 할 뿐 아니라 산업 구조를 조정해야 하며 기업들은 최적의 글로벌 전략을 계획하여 성숙 공정과 저부가 가치 공정을 점진적으로 해외로 이동시켜야 합니다.

물도 문제다

전기 사용 외에 공업수 사용에서도 문제가 큽니다. TSMC의 연간 보고서에 따르면 TSMC는 물 절약에 주력하고 있으며, 2021년 단위 제품당 물 사용량은 2020년 대비 15% 감소했으며, 2030년까지 30% 로 감소할 것으로 예상된다고 합니다. 일부 공장에서는 공정상 물 사용량의 90% 이상을 재활용하고 있습니다. 하지만 2021년 총 물 사용량은 8,267만m³로, 2020년의 7,726만m³보다 여전히 7%나 증가한 상황입니다. 2020년에는 대만 산업용수의 4.3%를 차지했으며 물 사용량의 증가는 대만 공급수의 증가보다 높습니다. 또 첨단 공정 비중이 증가함에 따라 총 소비되는 물의 양 증가도 더욱 높아질 것입니다.

1970년대부터 대만은 반도체 제조에 가장 경쟁력 있는 환경을 제공하여 기업들의 공장이 주로 대만에 집중되면서 전세계 반도체 산업의 중심지가 되었습니다. 하지만 국제적인 변동과 대만 자국 내 개발 자원의 부족으로 웨이퍼 제조 공장이 대만에서 무한 확장하는 것은 불가능합니다. 제조업자들은 미래의 성장을 고려하여 새로운 글로벌 전략을 수립해야 하며, 정부는 한편으로는 산업의 요구에 부합하는 정책을 제공하여 기업이 해외에서 새로운 발전 기지를 구축하는 데 도움을 줄 필요가 있으며, 다른 한편으로는 미래 반도체 산업 발전 청사진을 연구하고 산업 발전의 방향을 이끌어야 합니다. 이를 통해 대만에서 반도체 산업이 지속적으로 성장하고 자원을 최적으로 활용할 수 있도록 해야 합니다.

산업 인센티브 정책은 자멸의 길이다

여러 해 동안 산업 정책은 변화했고 일찍이 산업별(전략적 산업, 첨단 기술 산업) 투자 인센티브에서 기능별(예를 들어, 연구개발 등)로 변화해 왔으며, 세금 장려의 범주는 줄고 인센티브의 규모도 점차 축소되고 있습니다.

산업 인센티브의 점진적인 축소

2010년부터 시행된 '산업 혁신 조례'는 연구개발에 대한 투자를 공제하는 것으로 남아 있으며, 공제율은 '산업 업그레이드 촉진 조례' 때 최고 35%에서 15%로 축소되었습니다. 투자 장비에 대한 공제율도 산업 업그레이드 촉진 조례 때 최고 20%에서 3~5%로 축소되어 상대적으로 미비한 수준입니다. 다시 말하자면, 최근 10년 동안 대만의 보조금은 미국 백악관의 '공급망 100일 평가 보고서'에서 언급하는 '매우 높은 보조금'이 아닙니다.

또한 대만 정부의 산업 정책은 독특한 특징을 가지고 있습니다. '투자 인센트브 조례', '산업 업그레이드 촉진 조례'에서부터 '산업 혁신 조례'까지 대만은 특정 단일 산업을 위해 법률을 제정하거나 특별한 인센티브 조치를 취해 온 적이 없습니다. 심지어 수호신으로 불리는 반도체 산업이나 TSMC와 같은 기업도 해당 산업 발전 조례에 의한 특별 대우를 전혀 받지 않습니다.

산업 차별의 시작

그러나 2007년에는 특정 개인의 이익을 위해 차이잉원이 행정원 부원장에서 물러난 직후 중앙연구원장 윙치후이(翁啟惠)와 정치인 천젠런(陳建仁) 등과 협력하여 개인에게 맞춤화된 '생명과학 신약 조례 초안'을 통과시키려고 했습니다. 행정원의 공식적인 경로를 피해 해당 법안을 비공개 채널로 우회하여 입법부를 신속하게 통과하려고 했었습니다. 일반적인 입법 절차는 관련 기관이 제안하고 행정원에서 교부 심의를 거쳐 법률 제정을 위해 입법부에 송부됩니다.

이 법안은 신약 회사 투자자에게 매우 높은 세제 혜택을 제공하며

| 도표 7-6 | 법령에 따른 투자에 대한 세제 우대 조건 비교

보상 유형	생명과학 신약 조례	산업 혁신 조례
연구개발 또는 인재 양성에 대한 투자 감면	1. 연구개발 및 인재 양성 모두에 적용 가능 2. 투자 감면 35% 3. 자체적으로 과세 대상이 되는 사업 소득세로부터 5년 내에 20% 감면	1. 연구개발에만 적용 2. 투자 감면 10~15% 3. 해당 연도에 15% 감면 또는 3년간 10% 감면
주주 투자 감면	1. 영리 사업 주주 20% 감면 및 영리 사업 소득세 2. 엔젤투자자의 투자액 50%를 개인 종합 소득액에서 감면하며, 매년 최대 300만 원까지 감면.	없음

자료 출처: 2007년 '생명과학 신약 산업 발전 법안', 2022년 수정된 '산업 혁신 법안'.

연구개발에 최대 35%의 공제를 받을 수 있도록 합니다. 반도체 등 첨단 기술 산업의 공제율인 10~15%보다 높게 공제해줍니다. 또한 이 법안은 '공무원 서비스법'의 적용을 제외시켜 특정 공무원이 창업 회사에서 무제한으로 주식을 획득하거나 창업자로서의 역할을 할 가능성도 존재하는, 문제가 있는 법안입니다. 따라서 차이잉원 정부 기간 동안 대만 정부는 반도체 산업에 대한 지원이 점차 약화되었습니다.|도표 7-6| 참조

원하지 않는 법률 수정

미국, 유럽연합, 일본 등 선진국들이 첨단 반도체 제조를 촉진하기 위해 다양한 보조금과 세제 혜택을 내놓은 뒤 산업계의 강력한 요청에 따라 차이잉원 정부도 '산업 혁신 조례'를 수정할 수밖에 없었습니다. 2022년 11월 17일, 행정 위원회는 산업 혁신 조례 개정안을 승인하여 연구개발 비용에 대한 소득세 공제율을 15%에서 25%로 인상시켰으며 이를 '반도체 법안'의 대만 버전이라고 소개했습니다.

그러나 개정안이 공표된 이후 업체들은 25%의 연구개발 비용 공제를 받기 위해서는 엄격한 추가 조건을 충족해야 한다는 사실을 알게 되었습니다. 또한 해당 연도의 연구개발 비용이 NTD 50억 달러 이상이어야만 합니다. 이렇게 엄격한 자격 요건을 충족시킬 수 있는 기업은 소수의 특정 반도체 업체만 해당되는 것이 알려져 기업계의 즉각적인 반발을 일으켰습니다. 이에 대만 재무부는 산업계에 대한 더 높은 연구개발 공제를 반대하는 입장을 고수하고 있다고 전해집니다. 이

러한 분노 속에서 행정부는 경제부에게 법안을 재조정하고 25%의 연구개발 공제 조건을 완화하여 입법부에 상정하도록 요구했으며, 결국 2023년 1월 7일에 개정안이 의결되었지만 여전히 기업이 공제를 받으려면 국제 공급망의 핵심 지위에 있어야 하며 유효 세율이 일정 비율 이상이어야 한다는 조건이 추가되어 더 높은 혜택을 받을 수 있는 기업들이 제한되었습니다.

산업 혁신 조례 개정에 대한 태도로 보아 정부는 반도체 산업의 미래 발전을 중요시 여기 않고 이 산업을 ATM으로 취급하여 그 이익만 누리고 있는 듯 합니다.

산업 기술 예산의 배제

세제 혜택 조치 외에도 정부의 기술 예산 투자는 산업 정책의 중요한 요소입니다. 과거에 대만 정부가 공업기술연구원을 지원하기 위해 기술 프로젝트 예산을 활용하여 UMC, TSMC, VIS 등의 기업들을 탄생·발전시키며 반도체 산업을 개척하고 지원하는 데 기여한 점은 글로벌 반도체 산업 발전의 성공 사례로 알려져 왔습니다. 또한 기술 예산은 보조금을 제공하여 기업이 혁신 기술과 제품을 연구개발하고 산업 환경에서 성장할 수 있도록 도왔습니다.

그러나 최근 몇 년간 정부의 기술 예산은 산업 발전에 비해 증가하지 않고 오히려 감소하는 추세를 보이고 있습니다. 또한 기술 예산의 구조가 학문적 연구에 초점을 맞추고 변화하고 있어, 산업 기술의 비중이 점차 줄어들고 있습니다. 주요한 이유는 기술 예산의 할당이 소수의 대학교 소속의 학자들에게 의존하고 있는데 이러한 학자들은 실험실 기술은 잘 알지만 과학 기술 정책과 산업 발전에 대해서는 전문성이 부족하므로 예산 할당의 성과가 기대에 미치지 못하고 있습니다. 또한 산업 주관기관인 경제부 장관이 산업과 산업 기술에 대해 잘 모르거나 기술 예산이 산업 발전에 미치는 영향과 중요성을 경시하여

| 도표 7-7 | 중앙 정부와 주요 기관의 과학 기술 예산 비율

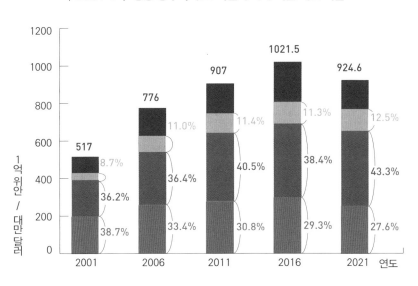

연도		2001	2006	2011	2016	2021
총예산		517억	776억	907억	1021.5억	924.6억
경제부		38.7%	33.4%	30.8%	29.3%	27.6%
과기부*		36.2%	36.4%	40.5%	38.4%	43.3%
중앙 연구소		8.7%	11.0%	11.4%	11.3%	12.5%

＊과학기술부는 이전에는 '국가과학위원회'로 불렸으며, 2022년에는 '국가과학기술위원회'로 변경되었다.

자료 출처: 국가과학기술위원회, '과학 기술 통계 요람' 연도별 자료.

산업 기술 예산이 정체되고 긴축된 상황에서 산업 신규 발전 방향을 이끌 수 있는 통합적인 장기 계획을 형성하는 데 어려움을 겪고 있습니다. |도표7-7| 참조

반도체 산업은 자본·기술·인재 집약적인 산업입니다. 비교적 현재 미국, 유럽연합 및 일본 등 선진 국가들은 반도체 제조 산업의 재건에 대한 중요성을 인식하고, 반도체 산업에 대한 투자와 연구개발에 대한 인센티브 및 정부 개입을 강조하고 있습니다. 하지만 대만 정부가 제공하는 인센티브와 과학 기술 예산에는 부족한 점이 있으며 산업 발전에 성공적으로 활용되는 정책 도구를 완전히 배제하고 있는 것으로 보입니다. 국제 경쟁의 심각한 도전에 직면하여 정부는 산업 혁신 조례 개정에 대한 정책 조치를 재검토해야 하며, 반도체 산업의 투자와 연구개발 및 인재 양성을 적극적으로 장려해야 하며, 과학기술 예산의 증가와 분배에 중요성을 인지해야 합니다. 인센티브 조치나 과학 기술 예산 모두 성과에 기반한 접근이 이루어져야 합니다.

대체 불가한 위치가 유일한 해결책이다

대만의 반도체 산업은 한 걸음 한 걸음 구축된 산업입니다. 대만에서는 TSMC가 선두 주자로, 전 세계적으로 첨단 공정을 제조하는 반도체 업체이지만 파운드리업체, 종합 반도체 회사, 팹리스업체 외에도 패키징 및 테스트업체, 관련 장비와 재료, 공장 건설 등의 지원 산업이 다양하고 완벽한 생태계를 형성하고 있습니다. 그 결과, 반도체 산업

은 대만에서 가장 크고 중요한 산업 주축이 되었습니다.

그러나 국제적인 치열한 경쟁과 변화무쌍한 글로벌 정치 상황, 강력한 경쟁자들이 대만의 반도체 산업의 미래에 위협이 되고 있습니다. 경쟁 측면에서는 유럽연합, 미국, 일본, 인도, 중국, 한국 등이 적극적인 산업 정책을 통해 반도체 산업을 강화하고 있어 전 세계 반도체 산업의 경쟁 생태계를 변화시킬 전망이며, 삼성전자와 인텔은 파운드리 사업에 관심을 갖고 있어서 대만의 TSMC를 대체하려는 시도를 하고 있습니다. 이로 인해 앞으로 첨단 공정의 경쟁은 더욱 치열해질 것으로 예상됩니다.

지정학적 측면에서는 미·중 간 고도의 대립으로 미국이 중국의 첨단 기술 산업 발전을 봉쇄와 재제하려는 상황에서 대만은 지리 정치적으로 고위험 지역으로 밀려나고 있습니다. 대만은 현재 반도체 특히 첨단 공정 제조 분야에서 대체할 수 없는 위치를 가지고 있으며 이는 세계적으로 경제 활동에 중요한 역할을 하고 있습니다. 하지만 대만의 지정학적 리스크는 대만의 핵심 반도체에 의존하는 세계적인 불안으로 인해 뜨거운 감자가 되고 있습니다. 이러한 모순적인 어려움에 대해 일부 국가들은 자국 내 공급망을 구축하기 위해 TSMC가 투자 및 생산 시설을 설립하도록 하는 방안을 모색하고 있으며 미국은 대만에 직접 정치적 압력을 가하거나 협박하여 TSMC가 미국에 투자하도록 유도하고 있습니다. 이러한 노력의 최종 목표는 대만을 대체하려는 것입니다.

미·중 대립을 상세히 연구·분석해 보면 반도체 산업 자국 내 재건하기 위해 채택한 조치들인 '칩4 동맹'이나 '인도-태평양 경제 프레임워크(IPEF)', '반도체 법안' 그리고 TSMC를 미국으로 유도하는 압박, 일본과의 협력을 통한 2나노미터 수준의 다음 세대 공정 기술 개발, 게다가 중국의 SMIC가 예상 밖으로 7나노미터 공정의 양산 기술 확보 등에서 미국 정부의 목표가 드러납니다. 미국은 반도체 제조업의 재건과 미래 세대의 선도적인 제조 기술 확보뿐 아니라 미국 내에서 대만(TSMC)보다 더 첨단 공정 기술을 확보하는 것이 목표임을 의심할 여지가 없습니다. 한편 미국은 첨단 반도체의 안정적인 공급과 '반도체 제조 리더'라는 지위를 회복하는 한편, 대만의 최첨단 제조 기술이 중국으로 유출되는 것을 막으려는 목적도 있습니다. 특히 대만과 중국은 가까운 지리적 위치에 있으며 교류가 빈번하기 때문입니다.

다시 말해, 단기적으로는 미국이 자국 내 반도체 생산 능력을 구축하는 동안 대만은 여전히 TSMC의 첨단 공정에 의존해야 합니다. 동시에 중국이 전자설계자동화(EDA)를 확보하는 것을 막기 위해 노력해야 하며 중국의 반도체 기술 발전을 지연시켜야 합니다. 중장기적으로는 미국이 새로운 세대의 첨단 공정 기술과 생산 능력을 확보한 후 점차적으로 TSMC에 대한 의존도를 줄이고 중국과 유사한 규제 조치나 기타 수단을 통해 대만의 TSMC의 기술 발전을 지연시킬 것이며, 한층 더 나아가 중국이 대만으로부터 최첨단 제조 기술을 획득하는 일을 더욱 제재할 것입니다.

대만은 왜 중요한가?

2005년 5월 16일, 미국의 「비즈니스위크(Business week)」라는 잡지에

"대만은 왜 중요한가(Why Taiwan Matters)?"라는 제목의 커버 스토리가 실렸습니다. 이는 대만의 중요성에 대한 내용이었습니다. 이 기사에서는 대만의 첨단 기술 산업 발전을 다루며 대만이 없다면 세계 경제가 정상적으로 운영될 수 없다고 주장을 펼쳤습니다.

기사는 대만의 정보 전자 기업과 미국의 빅테크 기업이 긴밀하게 협력하고 있음을 설명하며 대만 기업들이 제품 설계와 통합 제조에서 유연성과 혁신적인 장점을 발휘한다고 언급했습니다. 주문 수량에 관계없이, 심지어 10대의 컴퓨터만 주문해도 대만 기업들은 고객 요구에 신속하게 대응하여 제품을 납품할 수 있다고 합니다. 대만이 구축한 이러한 장점은 기업 문화와 효과적인 정부 참여를 결합한 결과며 저렴한 노동력이라는 비용만으로는 이룰 수 없는 것입니다.

당시 대만과 중국 양안관계가 긴장 상태에 있었지만 천수이볜 정부의 대만 독립 주장과 중국의 통일 주장이 대립하는 상황에서 두 지역은 동시에 어느 정도 협상도 진행하여 긴장을 완화시키려고 노력했다는 점이 흥미롭습니다. 대만 기업들은 이러한 양국 간의 틈새에서 공급망의 설계와 혁신을 장악하고 대부분의 제조업을 중국으로 이전하길 원했습니다.

해당 기사는 대만의 중요성을 강조하고, 대만이 중요한 공급망을 가진 제품 디자인 센터와 중국 공장을 대체하기 위해서는 최소 1년 반 이상의 시간이 필요하며 막대한 비용이 필요하다고 언급하고 있습니다. 또한 미국은 정보 기술 산업에서 대만 기업의 공급망 참여 없이는 발전시킬 수 없다는 내용을 담고 있습니다.

산업 혁신의 새로운 길

공간을 확장해 보면 이 기사는 실제로 미국, 대만, 중국을 잇는 산업 혁신의 새로운 길을 묘사하고 있습니다. 그 새로운 길을 형성하는 수단은 정보 기술 제품으로, PC, 노트북, 태블릿 PC 그리고 이후의 스마트폰 등이 포함됩니다. 이 긴 과정에서 미국은 기술과 브랜드 마케팅의 전체를 장악하고 있으며 대만은 제품 디자인과 공급망 통합 제조 센터의 역할을 수행하고, 중국은 저비용 생산을 실현하는 공장 역할을 나눠서 합니다. 3개 국가는 효율적인 수직 분업을 실현하여 신생 기술을 신속하게 상용화 제품으로 전환하고 전 세계 시장에 보급하고 있습니다.

기술 혁신은 지속적인 대규모 연구개발 투자를 필요로 하므로, 신속하게 투자를 회수하고 새로운 세대 기술 개발에 추가로 투자하는 것이 중요합니다. 이 혁신 통로는 산업 혁신의 건전한 순환을 가속화시킵니다. 이 혁신 통로를 통해 2019년 대만 기업은 중국 수출 100대 기업 중 32개 기업을 차지하며 수출액의 43%를 차지했고, 대만의 중국 수출을 빠르게 성장시키며 경제 성장을 촉진했습니다.

두 번째 혁신의 새로운 길

그러나 아시아태평양을 가로지르는 혁신의 길은 점차 질적 변화를 겪고 있습니다. 중국 경제의 빠른 발전으로 인해 전반적인 제조 비용이 상승하였고, 중국은 점차 자국의 공급망을 발전시키고 있습니다.

엎친 데 덮친 격으로 애플 같은 미국 고객들이 의도적으로 현지 공급 업체를 육성하는 상황과 맞물려, 대만 기업들은 생산기지 이전 압력을 받고 있습니다. 이에 더해 2019년 미·중 무역 전쟁이 고조되면서 트럼프 정부가 중국으로부터의 수입품에 대한 벌금과 같은 과세를 연달아 시행하였습니다. 이로 인해 애플 같은 미국의 대형 고객사는 정부 정책에 따라 중국 생산 능력을 다른 국가로 일부 이전시키는 등의 조치를 취했고, 마치 강을 막아 흐르는 물이 다른 방향으로 흐르듯 미국과 대만, 중국의 산업 혁신 연결망이 흔들리기 시작했습니다. 게다가 2020년에는 코로나19의 대유행으로 인해 전 세계적으로 도시와 국경이 폐쇄되어 산업 연결망이 단절되었으며, 각국은 어떻게 공급망의 영속성을 강화할 것인가에 대하여 심각한 평가를 내놓았습니다. 이러한 상황은 글로벌 공급망 변화의 압력을 증폭시키고 있습니다.

다양한 변화에 직면하면서 대만은 현재의 새로운 우위 산업을 기반으로 하여 아시아태평양을 가로지르는 두 번째 혁신 길을 구축해야 합니다.

반도체, 특히 집적 회로는 5G, 사물인터넷, 인공지능, 스마트 제조, 자율 주행 및 신재생 에너지 차량 등의 신생 기술 응용 및 국방 무기 혁신의 핵심 산업입니다. 반도체를 장악하는 것은 글로벌 핵심 경제 활동을 장악하는 것과 동일합니다. 대만은 이미 집적 회로 설계 및 제조에서 세계적으로 주목받는 위치를 확고히 하고 있습니다. 집적 회로 산업은 기본적으로 설계, 제조, 패키징 및 테스트 세 가지 주요 부분으로 나뉩니다. 대만은 업·미들·다운스트림을 고도로 통합했다는 장점을 가지고 있으며 업계에서는 미디어텍이 글로벌 집적 회로 설계에서

4위를 차지하고, 파운드리에서는 TSMC와 UMC가 각각 1위와 3위에 위치하며, ASE와 실리콘웨어도 패키징과 테스트에서 업계 1위와 3위에 위치하고 있습니다. 메모리와 파운드리 분야에도 여러 유명 기업들이 있습니다. 특히 파운드리 분야에서는 대만 업체들의 세계 시장 점유율이 65%에 이르며, TSMC의 첨단 공정은 경쟁업체들보다 선도적인 위치에 있습니다.

위와 같은 이유로 두 번째 혁신 길에는 정보 통신 제품을 기반으로 한 반도체 집적 회로를 추가해야 두 분야를 상호 결합함으로써 경쟁력을 향상시키는 종합적인 효과를 발휘해야 합니다. 이 길의 업스트림은 미국, 일본 등 기술 선진국을 포함하고 있으며 다운스트림은 중국에서 동남아시아까지 이어지며 미국을 거쳐 동북아시아, 동아시아에서 동남아시아로 향하는 넓고 긴 산업 혁신의 길을 형성합니다. 이 길에서 미국은 기술, 특허, 장비, 브랜드 마케팅을 보유하고 있으며, 일본은 장비, 특수 화학 물질, 소재, 특수 용도 반도체 등의 자원을 가지고 있습니다. 중국과 동남아시아는 광범위한 다운스트림 시장을 보유하고 있으며 대만은 이 길에서 선도적인 역할을 하는 중심 위치에 있습니다. 반도체 분야에서 대체할 수 없는 위치를 유지하는 것이 오늘날 지정학에서 대만의 유일한 탈출구라고 할 수 있습니다.

글로벌 첨단 기술 혁신센터로 공업기술연구원 구축

반도체 산업은 기술의 발전에 따라 지속적으로 발전해야 하는데 이는 점점 가파르게 오르는 산을 등산하는 것과 비슷합니다. 새로운 기술 개발의 난도가 높아짐에 따라 혁신은 점점 더 학문과 기술의 통합에 의존하고 있으며 많은 기업은 점점 더 외부 연구개발 기관에 의존하고 있습니다. 심지어 최고 수준의 연구 생태계를 갖춘 미국도 '칩법'에서는 국립반도체기술센터(NSTC)와 국가 첨단 패키징 제조 프로그램(NAPMP)라는 2개의 새로운 기관을 설립하고 예산을 할당하여 기존 미국 반도체 연구 조직이 산업을 지원하는 역할을 강화하고 있습니다.

「일본경제신문 중국어판」에 따르면, 도쿄 일렉트론은 벨기에의 연구 기관인 아이멕이 주도하는 연맹에 참여하여 네덜란드의 ASML 등 반도체 장비업체와 협력하여 새로운 공정을 개발할 것이라고 합니다. 아이멕은 국제적으로 유명한 연구 기관으로, 탁월한 지적 재산권 체계와 다국적 기업과의 우수한 공동 연구 모델을 구축하고 있으며 장비업체, 재료 업체 및 반도체 제조업체 등과 협력하여 차세대 제조 장비를 개선하고 글로벌 우수 연구 인력을 유치하며 협력 기업과의 연구 결과를 공유하고 있습니다.

아이멕의 연구 프로젝트에 참여하면서 도쿄 일렉트론은 반도체 웨이퍼에 포토레지스터 도포 및 감광을 수행하는 새로운 장비를 제공할 예정이며, 차세대 극자외선 포토레지스터 장비와 함께 사용될 것입니다. 또한 도쿄 일렉트론은 많은 엔지니어를 파견하여 새로운 공정에 참여할 것입니다.

반도체제조기술연맹인 세마텍(SEMATECH, Semiconductor Manufacturing Technology)은 또 다른 유명한 연구 기관입니다. 개방형 혁신을 실현하여 산업계의 주목과 지지를 받고 있습니다. 세마텍은 1987년에 11개 기업으로 구성되어 설립되었으며 나중에 14개 기업으로 확장되었습니다. 대만 TSMC도 2011년에 세마텍에 가입했습니다.

세마텍은 다년간의 조율과 경험을 축적하며 조직 구조, 운영 모델, 협업 방식 등을 지속적으로 변혁시켜 성공적으로 국제적인 산업·학문·연구 협업의 공동 혁신 센터로 성장하였습니다. 이는 반도체 제조의 업·미드·다운스트림 및 장비, 재료 등의 업체와 결합하여 제조 장비, 제조 기술 등을 개발하는 데 중요한 역할을 합니다. 참여 기업들은 자금 지원뿐만 아니라 연구원들을 연구개발 프로젝트에 파견하는 것을 원합니다. 중앙 집중적인 연구개발을 통해 중복 투자의 낭비를 줄이고 연구 결과의 성과 달성을 공유합니다. 업스트림 기술이나 공통 기술에 대해 기업들이 투자를 꺼리는 경우, 공동 연구 방식을 통해 기술적 장애물을 빠르게 극복할 수 있습니다. 공유된 연구 결과에 대해 참여한 회원 또는 책임이 있는 회원들은 자신들의 기술이 유출될 걱정을 할 필요가 없습니다. 왜냐하면 다른 회원들은 협력 연구와 결과에 대해 추가적인 연구개발을 진행한 후에야 그 결과를 자신들의 회사에 적용할 수 있습니다.

대만의 공업기술연구원은 장기간에 걸쳐 정부의 과학 기술 프로젝트 계획을 수행했으며 그 결과를 기반으로 UMC, TSMC, VIS 등 기업들을 파생시켜서 대만을 반도체 산업 분야로 이끈, 국제적으로 유명한 연구 기관이 되었습니다. 또한 연구개발 분야에서 축적한 기술을 통해 기업들의 혁신적인 발전에 도움을 주고 있습니다. 공업기술연구원의 특징은 학문 간 연구 조직을 보유하고 있어 기술 통합 능력에 최적화되어 있다는 점에 있습니다. 또한 정부로부터 오랜 기간 동안 민간 과제의 멘토링 역할을 해주었으며 산업 기술 연구개발에 초점을 맞추면서 학문적인 상상력의 탑에서 닫혀 있는 것이 아니라 산업과 빈번한 상호작용을 하고 있습니다. 이로 인해 반도체 산업에서 중요한 혁신적인 축이 되었습니다. 유감스럽게도, 최근에는 정부가 공업기술연구원에 대한 관심을 크게 줄였으며 공업기술연구원의 자금 지원은 다년간 동일한 수준을 유지하고 있어서 산업 개발에 창조적인 성과를 다시 만들기 어려운 상황입니다.

미국의 기술적 봉쇄와 선진국들의 최첨단 반도체 개발에 대한 전방위적인 노력에 직면하여 반도체 산업의 경쟁은 점점 더 격렬해질 것입니다. 기술의 발전과 극복은 점점 어려워질 것이며 대만은 세계적인 반도체 제조 국가로서 다시 공업기술연구원을 산업 연구와 혁신의 중추로 삼아야 합니다.

이를 위해 과학 기술 연구 예산에 장기적이고 안정적인 지원을 제공하고 조직과 인력 및 운영 방식을 재검토하고, 미래 연구 전략을 마련하여 공통 기술, 기업 개입 장벽이 높은 개별 기업, 산업 개발 병목 현상, 플랫폼 효과가 있는 특성을 갖는 기술 연구를 주도적으로 계획하고, 외국 기업 및 연구 기관과의 협력을 적극적으로 추진함으로써 공업기술연구원을 아이멕, 세마텍 등과 같은 특성 있는 국제 혁신 플랫폼으로 만들어 대만의 반도체 산업이 대체할 수 없는 지위를 획득하도록 함께 노력해야 합니다.

국제적으로 중요한 발언권을 획득하자

그러나 대만이 아시아태평양의 두 번째 혁신에서 언급된 핵심 지위를 차지하기 위해서는 대내적·대외적 두 트랙으로 대응해야 합니다.

대내적으로 정부는 반도체 산업을 촉진하는 것을 최우선 과제로 삼아야 하며 인재 중심의 발전에 집중하고 연구개발을 기반으로 다음 세대의 핵심 재료, 기술 및 장비를 주도로 삼아 산업 생태계를 경쟁력의 근원으로 발전시켜야 합니다. 이를 통해 산업 개발에 새로운 동력을 창출하고 전체 산업 발전 환경을 업그레이드해야 합니다.

대외적으로 정부는 주축 전략과 보조 전략을 채택해야 합니다. 주축 전략은 정책 도구를 활용해 기술, 소프트웨어, 장비, 재료 및 시장 등 다방면에서 산업과 국제 기업 간에 전략적인 협력 연합을 구축하며, 다국적 산업 생태계를 강화하며, 협력과 상호 신뢰에 기반한 상호 의존적인 관계를 구축해야 합니다. 보조 전략은 대만이 반도체 다운스트림 애플리케이션 시장에서 부족한 점을 보완하기 위해 정부가 업·다운스트림 파트너 국가들과 산업 협력을 위한 제도나 플랫폼을 구축하는 데 힘써야 함을 의미합니다. 이를 통해 양측 산업 간 다방면에서 협력이 밀접하고 원활하게 이루어질 수 있도록 추진해야 합니다.

'2000 IT 서밋(Summit)'이 대만에서 성대하게 개최되었습니다. 당시 대만은 IT 왕국으로 알려져 있었으며, 정부와 위탁 주최 단체인 소프트웨어협회의 적극적인 추진 덕분에 마이크로소프트의 창업자인 빌 게이츠, HP의 사장인 칼리 피오리나 등 다양한 국가의 IT 기술 주요 리더들이 참석하면서 전례 없는 성황을 이루었습니다. 이는 대만의 IT

산업 내 리더십을 강화시키는 데 일조했습니다. 현재 대만이 글로벌 반도체 제조에서 맡고 있는 핵심적인 역할을 고려할 때 정부와 민간 산업은 유사한 정기 국제 행사 플랫폼을 구축하기 위해 협력해야 합니다. 이를 통해 대만은 글로벌 산업과 경제에서 대체할 수 없거나 대체될 수 없는 지위를 강화할 수 있습니다.

반도체 산업은 대만의 자부심입니다. 대만은 자본과 기술이 집중된 산업을 창조할 수 있다는 점에서 자부심을 가지고 있습니다. 특히 대만은 아무것도 없는 상태에서 시작하여 세계 경제가 의존하는 산업으로 구축한 일에 자부심을 가지고 있습니다.

3가지 성공 전략

실제로 대만이 반도체 산업을 발전시키는 모델은 전 세계에서 반도체 제조 또는 재건을 하고자 하는 나라에 대한 모범이 될 만합니다. 반도체 산업의 발전 과정에서 대만은 일본의 종합 전기 기업이나 한국의 대재벌 그룹과 같은 존재가 없어 반도체 산업에 진입하는 장벽을 극복할 만한 리더가 없었습니다. 또한 미국과 같은 국방 시장을 통해 산업 성장을 이룰 수 있는 기회도 없었습니다. 산업 발전에 있어서 정부는 기술 연구를 지원하기 위해 과학 기술 프로젝트를 통해 기술 개발을 지원하고, 그 결과물을 회사로 파생시킨 후 신생 기업을 시장의 자유 경쟁 체제에 놓아 그 존속 여부를 시장이 결정하도록 했습니다. 이는 대만 반도체 산업의 성공 전략 중 하나입니다.

정부는 또한 과학 기술 산업의 발전 환경을 조성하는 데에 주력하고 있습니다. 이는 과학 기술 캠퍼스의 설치, 산업 인센티브 조정, 인재 육성 및 유치, 자금 시장 개선, 기반 시설 조성, 법규 개정, 제도 구축, 행정 효율 향상 등을 포함합니다. 이러한 작업 중 가장 중요한 포인트는 정부가 시장의 운영에 직접 개입하지 않고 개별 기업의 운영에 개입하지 않는다는 점에 달렸습니다. 대신 정부는 전체 산업의 경쟁력을 지속적으로 향상시키기에 초점을 맞춰야 합니다. 미국의 전통적인 자유 시장 경제와 일본의 전통적인 산업 정책적 기업 운영 개입 사이에서 대만 정부는 가장 적절한 위치를 찾아 산업과 기업이 건전한 개발 환경에서 경쟁 효율을 발휘할 수 있도록 만드는 역할을 수행하고 있습니다. 이는 대만 반도체 산업의 성공 전략 중 두 번째입니다.

그러나 좋은 산업 개발 환경은 자연적으로 발생하거나 하늘에서 뚝 떨어진 것이 아니라, 산업에 익숙한 전문 공무원 체제가 엔지니어처럼 한 걸음씩 구축해야 합니다. 특히 산업 환경은 동적이며 법규와 제도는 정적입니다. 이러한 전문 공무원들이 조정 및 통합 기능을 발휘하여 발전 환경을 시대와 보조를 맞추며 가야 합니다. 대만은 과거, 경제에 중점을 두고 과학 기술 산업 발전에 주안점을 두었으며 전문 공무원을 중요시했습니다. 시스템 상하 간에 일관된 사고와 원활한 정책 추진이 이루어져 산업 정책과 산업 발전 환경 사이에 유익한 상호작용이 형성되었습니다. 이것은 대만 반도체 산업의 성공 전략 중 세 번째며 이는 다른 국가들이 막후의 견인 역할을 하는 부분을 놓치고 있습니다.

환경은 산업 발전의 근본이다

1997년 저는 생명공학 투자 유치 방문단을 이끌고 미국 보스턴을 방문했는데 목적은 생명공학 기업들을 대만으로 유치하는 것이었습니다. 당시 유명한 생명공학 연구 기업인 바이오젠(Biogen)을 방문했는데 우리를 맞이한 CEO는 대만의 반도체 산업에 대해 잘 알고 있었기 때문에 "생명공학 의약품과 반도체 산업은 어떻게 다른가요?"라고 물어보았습니다. 저의 대답을 듣고 그는 "그렇다면 지금 대만에는 어떤 조건이 있어서 저를 유치할 수 있나요?"라고 물었습니다.

물론 당시에는 그런 조건이 없었습니다. 그때 대만 정부는 생명공학 신약 산업 개발을 이제 막 시작하기로 한 참이었고 전반적인 발전 환경은 부족했습니다. 인재, 법규, 제도, 자금, 산업 업·다운스트림 생태계는 미흡했으며 심지어 일반인들도 생명공학에 대해 이해하지 못하고 있었으며 벤처 투자자들은 생명공학 신약에 대한 투자에 흥미를 느끼지 못했습니다.

그러나 이후 20여 년 동안 정부는 점진적으로 생명공학 산업 개발 환경을 조성해 왔습니다. 생명공학 캠퍼스 설치, 과학 기술 프로젝트 투자, 신약 검증 센터 설립, 법규 개선, 투자 펀드 참여 등이 그 예입니다. 지금 대만의 자국 내 생명공학 의약품은 이미 신흥 기술 산업으로 성장하고, 기업들이 미국과 유럽연합 등에서 FDA 승인을 받아 성공적으로 신약 개발을 이루고 있습니다. 이로써 우리는 산업 발전 환경을 구축하는 것의 중요성을 확인하였으며 단지 넉넉한 보조금과 장려금에만 의존하는 것이 아니라는 것 또한 입증했습니다.

미국의 음모를 신중히 경계하라

대만의 반도체 산업은 현재까지 겨우 전반전이 끝난 상황이며, 후반전에 있을 미국의 의도와 수단에 직면할 어려움은 더욱 위협적입니다. 미국은 대만 반도체 산업을 재건시키기 위해 TSMC에 압력을 가하고 미국에 공장을 설립하도록 유도했습니다. 동시에 TSMC가 미국 정부의 보조금을 받게 하여 중국에서 10년 내에 첨단 제조 공정을 확대하지 못하도록 조치를 취했습니다. 미국 정부의 계획은 먼저 TSMC가 미국에 5나노 공장을 투자하도록 하고, 다음 공정인 3나노 공장을 확대하도록 요구하고, 이때 자체적으로 2나노 이하 공정 기술에 투자하여 자국 내 기업을 지원하고 TSMC를 대체하는 것입니다. 그때 TSMC의 가치는 크게 하락할 것이며 대만의 산업 가치도 함께 하락하게 될 것입니다.

과거의 성과는 미래의 성공을 보장하지 않습니다. 현재 한국, 미국, 일본 및 유럽연합은 반도체 산업 발전을 위해 완벽한 전략 계획을 갖추고 있습니다. 반도체 산업은 대만의 산업 중추입니다. 그런데 대만 정부는 반도체 산업의 장기적인 전략이나 대응 방안을 제시하지 않고 있습니다. 미래를 전망할 때 책임 있는 정부로 기억되려면 적어도 다음 세 가지 문제에 대한 전략 계획을 마련해야 합니다. 산업의 글로벌 배치를 어떻게 지원할 것인가? 대만의 산업 환경을 개선하여 연구개발 및 혁신 능력을 어떻게 향상시킬 것인가? 미국의 제재를 극복하고 어떻게 대만의 첨단 공정 선도 지위를 유지할 것인가? 이에 대한 전략 계획을 제시하여 장기적인 정책 방향과 산업 발전의 지침을 마련하길 바랍니다.

Chapter 08

지속적인 불안과
혼란에 빠진
글로벌 경제

미래의 글로벌 반도체 산업은 불안과 혼란에 빠질 것이며 기업 경영에 불확실한 리스크와 비용을 불러올 것입니다. 이러한 혼란의 원인은 내부적으로 기술, 제품, 시장, 응용 분야, 기업 운영 모델 등 내재적인 구성 요소의 변화 때문인데 이로 인한 혼란으로 계속해서 산업 구조의 변화를 초래할 것입니다. 외부 환경에서는 더 큰 충격을 받았습니다. 이 충격은 미국이 중국의 기술 발전을 전면적으로 제재하는 전략에서 비롯되었으며, 또한 주요 선진 국가들이 반도체 제조 자국화의 열풍을 일으켜서 산업 정책을 활용해 기존의 공급망 시스템을 변경하려 하기 때문입니다. 하지만 의심할 여지없이 미국이 몰고 온 충격이 후자보다 훨씬 큽니다.

혼란의 근원, 미국

2022년, 국제통화기금(IMF)은 '세계 경제 전망 보고서'를 발표했습니다. 이 보고서에 따르면 미국과 중국 두 나라의 GDP 합은 2020년을 기준으로 했을 때 전 세계의 42%를 차지했습니다. 즉, 두 나라의 관계는 세계 경제에 매우 지대한 영향을 미친다는 의미입니다.

미·중 대립의 글로벌 충격

2019년, 미·중 무역 전쟁이 새로운 추세에 접어들며 정점을 찍었습니다. 세계무역기구의 통계에 따르면 2019년 미국의 수출 성장률은

자료 출처: 세계무역기구의 'World Trade Statistical Review' 역대 통계 자료.

2018년의 7.7%에서 - 1.4%로, 중국은 9.9%에서 0.5%로 급감했습니
다. 전 세계 수출 성장률은 9.9%에서 -3.0%로 마이너스 성장으로 전
환되었고, 세계 경제 성장률은 3.6%에서 2.9%로 감소했습니다.
2020년에는 코로나19의 영향까지 미치면서 세계 경제는 더욱 침체하
여 -3.1%의 마이너스 성장을 기록했습니다. | 도표 8-1 | 참조

미국 정책의 대 변환

미국의 싱크탱크 조직 국제전략문제연구소의 윌리엄 앨런(William Alan
Reinsch)은 다음과 같이 밝혔습니다.

"미국의 이전 정책은 중국의 과학 기술이 시대와 함께 발전하는 것

을 허용했으며 유일한 조건은 중국의 과학 기술 수준이 미국에 비해 몇 세대 뒤처져야 한다는 것이었다. 이러한 정책은 미국과 중국 양국이 원원의 결과를 가져다줄 수 있다."

그러나 두 가지 이유로 미국의 바이든 정부는 다시 냉전 시대의 광범위한 규제로 돌아가 중국을 전방위적으로 봉쇄하려는 경향을 보입니다. 첫째, 중국은 항상 기술과 제품을 독자적으로 개발하는 길을 추구해 왔고 미국의 지적 재산권을 도용하기도 했습니다. 양국의 관계가 악화되고 미국이 제재를 확대함에 따라 중국은 독자적 개발을 더욱 빠르게 추진하고 있습니다. 둘째, 중국의 군민융합주의 즉, 군사와 민간 기술의 경계를 허물고 두 분야를 통합하는 정책으로 민간 기업이 군측의 요구를 지원함으로써, 미국이 과거에 펼치던 최종 사용자에 대한 민간 및 군수 사용자를 구분하는 정책이 더 이상 효과가 없게 되었습니다.

미국이 중국의 과학 기술 발전을 제재함으로써 중국의 반도체 산업 발전을 방해하거나 지연시킬 수 있을지 모르지만 그 결과, 이미 전 세계 반도체 관련 산업이 다방면으로 충격을 받았습니다.

단기적 영향은 제약적이고 장기적 영향은 광범위하다

2022년 10월, 미국이 새로운 수출 통제 규정을 발표한 후 중국에 미치는 충격은 부분적이었습니다. 일반적으로 특정 제품(첨단 및 AI 고속 컴퓨팅 칩), 특정 수출 대상(엔티티), 특정 용도(군사, 안전) 등의 범위에서 제재되었으므로 반도체 산업에 미치는 영향은 제한적이었습니다. 하지만 미·중 갈등이 점점 심각해지고, 반도체 기술이 발전하고 애플리케이션 분야가 넓어지고 있습니다. 군사·민간 용도가 완전히 통합되어 통제 범위가 확대될 것이며 미국 고객이 중국 칩을 사용하는 일도 통제받게 될 수 있습니다. 이는 전 세계 반도체 산업의 발전에도 심각한 영향을 미칠 것입니다.

일본무역진흥기구의 2022년 보고서에 따르면 현재 전 세계 반도체 집적 회로 수출 지역 중 아시아는 87%를 차지하고 수입도 약 88%를 차지하고 있습니다. 이 수치는 아시아가 전 세계 반도체 생산의 중심지라는 것을 보여주며, 다른 한편으로는 전 세계 주요 정보전자제품 조립 공장인 아시아가 대량의 집적 회로 등의 전자 부품을 수입하고 있음을 보여줍니다. 그중에서도 중국이 중요한 역할을 하고 있습니다.

최근 8년간 중국은 국가의 모든 역량을 동원하여 반도체 산업을 추진하였으며, 이는 지역 산업망에서 이미 중요한 부분이 되었습니다. 집적 회로 프로젝트만 살펴봐도 중국은 세계에서 가장 큰 반도체 집적 회로의 수출입 기지입니다. 2021년 중국의 집적 회로 수출은 전 세계의 15.3%, 수입은 35.4%를 차지했습니다. 또한 홍콩은 집적 회로 수출의 20.7%, 수입의 21.1%를 차지했는데 이는 주로 중계 무역에 해당됩니다. 홍콩과 중국을 합산하면 전 세계 집적 회로 수출의 36%, 수입의 57%를 차지합니다. | 도표 8-2 | 참조

표면적인 숫자 외에도 더 자세히 살펴보겠습니다. 집적 회로는 이미 패키징 및 테스트된 제품과 아직 패키징 및 테스트되지 않은 제품으로 구분됩니다. 대만을 예로 들면, 대만에서 중국으로 수출하는 집적 회로 프로젝트 중 약 20%는 아직 패키징 및 테스트되지 않은 제품

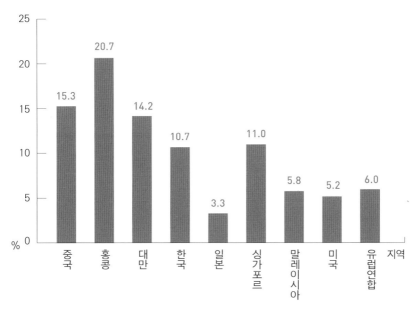

| 도표 8-2 | **2021년 전 세계 각국의 반도체 집적 회로의 수출 비율**

* 홍콩은 수출 중계 역할을 한다.

자료 출처: 일본무역진흥기구, 2022년 7월 26일.

에 해당됩니다. 대만에서는 프론트엔드 웨이퍼가 제조된 다음 중국으로 수출되고, 백엔드 패키징 및 테스트 공정을 거쳐 최종 제품이 됩니다. 일부는 중국의 다운스트림 조립 업체에 공급되며 일부는 다시 수출됩니다. 중국이 수입하는 제품 중 약 25%는 아직 패키징 및 테스트가 완료되지 않은 반제품이며 이는 집적 회로 제품의 수입 및 수출이 제조 업계의 업스트림과 다운스트림 사이의 긴밀한 분업 관계를 내포하고 있음을 보여줍니다.

수출입 지역에서 중국의 집적 회로 수출 중 동남아시아국가연합 (ASEAN)의 10개 국가는 약 20.3%를 차지합니다. 동남아시아국가연합의 집적 회로 수출은 전 세계의 23%를 차지하며 중국과 홍콩을 합산하면 58%를 차지하는 것으로 보아, 중국과 동남아시아국가연합에 속하는 나라 사이에는 밀접한 산업 체인 관계가 구축되어 있는 것으로 나타납니다.

또한 피터슨국제경제연구소의 게리 클라이드 허프바우어(Gary Clyde Hufbauer)와 메건 호건(Megan Hogan)의 연구에 따르면 2021년, 전 세계 반도체 수출의 평균 단가는 중국이 0.19달러, 대만이 0.32달러, 한국이 1.08달러, 미국이 2.16달러였습니다. 이를 통해 중국의 반도체 산업이 저렴하고 로엔드 성숙 제품을 주로 생산하는 것을 알 수 있습니다. 따라서 미국의 중국 관련 제재 영향은 첨단 제품 분야에 제한될 것으로 예상됩니다. 하지만 향후 규제 조치의 다양성과 확대로 인해 영향을 받는 범위는 미들·로엔드 분야로 점차 확대될 것이며 중국이 중요한 반도체 생산 기지인만큼 산업 체인의 외적인 영향도 점차 드러날 것입니다.

공급망 및 해외 투자에 미치는 영향은 매우 심각하다

중국은 현재 세계에서 가장 크고 빠르게 성장하는 반도체 시장입니다. 반도체 칩, 장비, 소재 등의 대규모 수요는 관련 산업의 혁신과 발전을 견인하고 있습니다. 중국에 대한 미국의 제재 조치는 이러한 공급망 산업의 성장과 혁신 속도에 직접적인 영향을 미칩니다. 글로벌 경기가 호황일 때는 이러한 잠재적인 부정적 요인들이 가려져 있었지만 경기가 침체되고 수요가 감소하면 모든 문제가 드러나게 됩니다.

가장 큰 피해를 입은 것은 중국이 아니라 미국의 관련 업체들입니다. 왜냐하면 미국 업체들은 설계, 지적 재산, EDA 툴, 장비 및 반도체의 주요 공급업체이기 때문입니다.

장비 공급업체를 예로 들어보겠습니다. 2021년도 미국 주요 업체들의 매출에서 중국 시장이 차지하는 각 분기별 비중 평균을 보면 어플라이드 머티어리얼즈는 약 34%, 램 리서치는 약 33%, KLA는 약 27%를 차지했습니다. 또한 주요 무선 통신 칩 기업인 퀄컴에 대해서는 2018년부터 중국에서의 매출이 약 70%를 차지하여 매우 큰 충격을 받았습니다.

2022년 10월, 미국 정부는 중국에 대한 칩 제재 조치를 강화한 이후 YMTC의 주요 장비 공급업체인 어플라이드 머티어리얼즈는 2023년 매출이 20~25억 달러 감소할 것으로 예상됩니다. 2022년 3분기 매출인 약 50억 달러와 비교하면 상당한 손실이라고 할 수 있습니다.

중국 기업뿐 아니라 중국에 투자한 외국 기업들도 규제로 인해 큰 영향을 받았으며, 이는 전 세계 공급망의 안정성에 간접적으로 영향을 미쳤습니다. 예를 들어 삼성전자와 SK하이닉스 같은 한국 기업들이 그렇습니다.

삼성전자는 세계 최대의 메모리 업체입니다. 삼성전자가 세운 중국의 시안 공장은 해외에서 가장 큰 낸드 생산 기지로, 삼성전자의 총 생산량의 약 42.3% 그리고 전 세계 시장의 15.3%를 차지합니다. SK하이닉스의 우시(無錫) 공장은 세계에서 두 번째로 큰 D램 업체로, SK하이닉스 총 생산량의 약 50% 그리고 전 세계 시장의 약 15%를 차지합니다. 미국의 제재는 이러한 회사들에게 새로운 생산 기지를 찾아야 하는 부담을 주는 것은 물론이고, 전 세계적인 공급망에도 동시에 충격을 주게 됩니다.

첨단 반도체 기술의 혁신 순환에 심각한 영향

최근 반세기 동안 반도체 산업은 시장이 기술 발전을 이끌고, 기술 발전이 다운스트림 응용 분야를 확대하며 시장 성장을 촉진함으로써 서로 창조적이고 긍정적인 순환을 형성하는 기본적인 경로를 따랐습니다. 하지만 현재 이러한 긍정적인 순환은 미국의 중국 기술 제재로 인해 파괴되었으며 반도체 기술 혁신의 속도가 지연될 가능성이 생겨났습니다.

반도체 기술이 발전함에 따라 산업은 점점 더 연구개발 및 자본 집약적이 되고 있습니다. 기업들은 혁신적인 연구와 개발에 더 많은 자금을 투자할 필요가 있으며 제조업도 새로운 세대의 생산 장비에 대한 엄청난 투자가 필요합니다. 일부 종합 반도체 회사는 자금과 인재의 압박으로 인해 설계 및 개발과 제조를 모두 수행하기 어려워졌기 때문에 팹리스로 전환하여 자원을 연구개발 영역에 집중시키고 제조는 파운드리업체에 맡기는 방향으로 전환했습니다. 이는 혁신 속도를 높이고 제품 수명을 단축시키며 투자의 가속화와 함께 긍정적인 혁신 주기를 만들어 냅니다.

이전에 언급한 대로 중국은 현재 세계에서 가장 크고 빠르게 성장하는 시장입니다. 미국의 대중국 수출 규제 조치는 팹리스업체, 파운드리업체 그리고 장비 및 재료 공급 기업의 비즈니스 기회에 부정적인 영향이 미칠 것입니다. 이러한 영향을 받는 기업들은 모두 첨단 칩셋 관련 분야에 속하는데 매출 감소는 이들 기업에게 첨단 반도체의 연구개발 및 제조 기술에 대한 투자를 줄이게 만들 것입니다. 이는 반도체 산업의 건전한 혁신 순환을 더욱 파괴할 것이며, 이 과정에서 가장 큰 타격을 받을 업체는 미국의 기업들일 것입니다.

두 강자의 충돌! 각자의 강점을 확보하라

반도체 기술의 발전과 함께 경제와 국가 안보의 중요성이 계속해서 증가함에 따라, 선진국과 신흥 개발 도상국은 산업 정책을 활용하고 때로는 정치적인 힘을 동원하여 반도체 산업의 부흥이나 발전에 힘쓰고 있습니다. 미래에는 전 세계적으로 반도체 산업에 새로운 강자들이 나타나며 각자의 강점 영역을 확보할 것입니다.

미국, 유럽연합, 일본과 같은 선진국들에게는 반도체 전성 시대를 경험했던 아름다운 시절이 있었으며 이들의 현재 주된 목표는 첨단 반도체 제조의 회복입니다. 대만, 한국 등은 나중에 도약했기 때문에 선진국과 첨단 분야에서 계속 경쟁해야 합니다. 중국은 거국적으로 힘을 모아 자급자족과 기술 주도라는 목표를 달성해야 합니다. 인도는 잠재적으로 거대한 내수 시장을 활용하여 반도체 산업에서 자리잡아야 합니다. 이렇게 각국의 영웅들은 자신의 장점을 기반으로 다른 제품 및 시장 분야에서도 영토를 확보할 것으로 예상됩니다.

미국, 일본, 유럽연합은 첨단 하이엔드 분야에서 경쟁한다

산업이 발전하는 데는 일정한 이유가 있습니다. 우위를 잃은 산업이 다시 회복하기는 거의 불가능하며 헛수고에 불과할 것입니다.

현재 미국, 일본, 유럽연합은 반도체 공급망의 서로 다른 분야에서 각각 다른 우위를 가지고 있습니다. 이 국가들은 반도체 제조 산업의 부흥을 이끌게 된 몇 가지 공통점을 가지고 있습니다. 첫째, 첨단 공정 제조에 초점을 맞추고 있습니다. 제조 분야를 포기한 아이비엠은 2021년에 세계 최고 수준의 2나노미터 기술을 선보이고 2022년 10월에는 뉴욕에 200억 달러를 투자하여 반도체, 인공지능, 양자 컴퓨팅 등을 개발하고 제조하는 공장을 건설하는 계획을 발표했습니다. 일본 정부는 8개 기업이 모여서 라피더스라는 파운더리 기업을 공동 설립하여 'Beyond 2 Nano'라는 목표를 가지고 다음 세대 컴퓨팅 로직 반도체 제조 기술을 개발하고 있습니다. 유럽연합도 2022년 2월에 '유럽연합 반도체 법안'을 발표하여 2030년까지 첨단 반도체의 글로벌 점유율을 20%를 달성하겠다는 목표를 세웠습니다.

두 번째로 미국, 일본, 유럽은 모두 정부 보조금을 활용하여 반도체 투자 및 공장 건설을 추진하고 있습니다. 예를 들어, 대만의 TSMC가 일본과 미국으로 공장 투자를 진행하며 현지 정부들이 각각 제시한 보조금과 장려를 받고 있습니다.

세 번째 공통점은 미국, 일본, 유럽연합이 자국 내 기업에 투자를 촉진하는 동시에 외국 기업들도 첨단 반도체 공장에 투자하는 것은 환영한다는 점입니다. 이 국가들은 외국 기업의 참여를 통해 반도체 공급망의 탄력성을 강화하고자 합니다.

네 번째 공통점은 첨단 제조 분야 이외에도 기술적인 연구에 대한 강조입니다. 정부는 기업과 연구 기관에 대한 지원을 통해 첨단 기술 및 응용에 대한 연구를 진행하며, 심지어는 국제적인 협력 프로젝트를 추진합니다. 예를 들어, 미국과 일본은 2나노미터 이하의 첨단 반도체 기술을 위한 협력을 적극적으로 추진하고 있습니다.

이렇게 미국, 일본, 유럽연합은 현재 반도체 제조를 기반으로 한 첨단 제조 분야에 집중하고 있으며 전반적인 반도체 공급망의 자급자족보다는 첨단 제조 부분에서의 경쟁력 강화를 목표로 하고 있습니다.

한편 다양한 국가들이 대규모 자금을 투입하여 연구개발과 공장 투자를 보조하는 상황에서 다음의 문제에 봉착하게 됩니다. 반도체 공급망에서 기존의 주도적인 위치를 확고히 하는 것 외에, 현지에서 이미 경쟁력을 잃어버린 산업 환경하에 새로운 분야에서 장기적인 경쟁을 어떻게 할지가 문제입니다.

글로벌 전략을 재편하고 현지 비즈니스 기회를 확보하라

대만은 현재 세계적인 반도체 위탁 생산 기지며, 한국은 반도체 메모리 분야에서 세계적으로 높은 시장 점유율을 가지고 있습니다. TSMC와 삼성전자는 현재 세계에서 가장 선도적인 반도체 제조 기업으로, 2나노미터 개발을 위해 노력하고 있으며 인텔은 이들의 뒤를 따르고 있습니다.

미국, 일본, 유럽연합이 우대적인 보조금을 활용하여 첨단 반도체 분야로 진입하고 앞으로 관세 이외의 어떤 보호 장벽을 채택할지에 따라 대만과 한국 기업이 직면하게 될 도전이 두 가지 있습니다. 첫 번째는 어떻게 기술 선도를 유지하는 것이며, 두 번째는 어떻게 시장 점유율을 확대할 것인가입니다.

기술 선도를 유지하기 위해서는 연구개발에 계속해서 많은 자금을 투입해야 하고, 기술적인 장벽이 점점 높아짐에 따라 기업은 기업들은 국제 기술 혁신 체계에 통합되어야 하며, 다양한 국가 및 기관들과 함께 연구개발 협력을 진행해야 합니다. 또한 국제적인 혁신 자원을 활용해 자사의 핵심 기술을 보완할 수 있습니다.

선진국인 일본과 미국은 자국 시장을 보호합니다. 첨단 반도체의 가장 큰 애플리케이션 시장은 선진국에 있으므로 시장 점유율을 확대하려면 대만과 한국 기업은 글로벌 전략을 재편하고 선진국 현지 시장에서 비즈니스 기회를 확보해야 합니다.

새로운 도전에 직면하더라도 대만과 한국 기업은 미래의 새로운 제조 공정에서 여전히 일부 우위 조건을 가지고 있습니다. 다음 세대 기술은 현재의 첨단 기술을 기반으로 발전해야 하는데 대만과 한국 기업은 이미 수년간 양산 기술을 축적해 왔습니다. 이는 미국, 일본, 유럽연합에게 부족한 부분이며 미국, 일본, 유럽연합이 반드시 참조해야 할 소중한 경험이기도 합니다.

중국의 반도체 산업 발전의 제재

2014년 이후 중국은 반도체 산업을 적극적으로 발전시키기 위해 노력했고, 이 노력 덕분에 투자 열기가 불거져 일부 팹리스, 제조, 패키징, 장비 분야에서 선두 기업을 육성하였습니다. 하지만 기본적으로 외부로부터의 투자와 기술 수입에 의존하고 있어 국산화 목표는 요원한 상황이었습니다.

현재 중국은 반도체 제조 분야에서 중저가 제품에 주력하고 있으며 선두 기업인 SMIC는 7나노미터 공정으로의 진입을 성공했지만 이로 인해 미국의 경계심을 일으켰고, 더욱 엄격한 재제를 받게 될 것으로 예상되어 해당 기업의 새로운 기술 발전이 제한될 것입니다.

미국의 확대된 수출 규제 조치에 따라 중국의 반도체 설계, 제조 및 애플리케이션은 현재 수준에서 정체될 것입니다. 중국은 자체 연구개발에 의존하거나 관련 규제 조치를 완화함으로써 발전을 이룰 필요가 있습니다.

따라서 중국은 중저가 반도체 및 특수 분야 제품의 개발을 계속 확대하며 성숙 공정 제품 시장에서 더 심한 경쟁을 야기시킬 것으로 예상됩니다. 또한 미국의 규제를 극복하기 위해 중국은 장비, 소재, 소프트웨어 등에서 국산화를 추구하며 기존의 국제 공급업체들에게 경쟁 압박을 가할 것입니다.

인도 반도체 산업이 태동하다

인도는 반도체 산업을 개발하는 국가들 중에서도 가장 독특한 위치에 있습니다. 인도는 현재 서비스업이 주를 이루고 있으며 일반적인 산업 생산 체계가 아직 발전되지 않았습니다. 반도체 산업은 일반 산업보다 더 높은 개발 환경을 필요로 합니다. 이러한 필요 조건들이 부족한 상황에서 인도는 더 많은 문제에 직면할 것입니다. 낙관주의자들은 미·중 대립이 인도에 반도체 산업 발전의 기회를 주었다고 말하기도 하지만 현재 미국의 중국 제재 목표는 첨단 반도체 및 애플리케이션 방면에 집중되어 있으며 인도와는 전혀 관련이 없습니다. 오히려 현재 글로벌 경기 침체로 대부분의 분야에서 반도체 수요가 하락하면서 인도의 반도체 산업 발전에 불리한 영향을 미칩니다.

인도는 반도체 산업 개발을 촉진하는 다음과 같은 몇 가지 특징이 있습니다. 첫째, 자국 내 잠재적이고 광범위한 시장과 우수한 이공계 인재가 있으며 둘째, 국가 정책은 보조금과 시장 보호를 위주로 하고 있습니다. 셋째, 외국 기술과 자본을 유입하는 데 의존합니다. 넷째, 관련 산업 생태계가 부족하여 인도의 반도체 산업은 비교적 폐쇄적인 시스템에서 출발하여 로엔드 분야에서 서서히 발전하고 있습니다. 비록 인도 정부가 몇 가지 큰 투자 프로젝트를 유치하긴 했지만 단기적으로는 인도의 반도체 산업이 전 세계 반도체 산업에 큰 영향을 미칠 것으로 보이지 않습니다.

앨브라이트 스톤브리지 그룹(Albright Stonebridge Group)은 2023년 1월 발표한 '2023년, 인도의 반도체 산업 전략에 있어 중요한 해(2023 a Key Year for India's Semiconductor Industry Strategy)'라는 보고서에서 2005년부터 2017년까지 인도가 세계 반도체 업체들을 유치하려고 노력했으나 관료주의적인 제약, 불확실한 비즈니스 환경, 높은 비용으로 인해 실패한 사례를 언급하고 있습니다. 이러한 문제들은 여전히 존재하며 물과 전력, 기반 시설과 공기 품질 등의 심각한 우려 사항들은 인도가 시급히 개선해야 할 문제입니다.

종합적인 분석에 따르면 미래의 글로벌 반도체 산업의 경쟁은 더욱 치열해질 것으로 예상됩니다. 각각 다른 시장에서 새로운 경쟁 상대가 등장하여 전 세계 반도체 산업에 새로운 양상을 불러올 것입니다.

미국이 원하는 것을 얻을 수 있을까?

현재 미국 반도체 산업의 목표는 두 가지입니다. 하나는 자국의 반도체 제조의 재기, 다른 하나는 중국의 반도체 산업 발전의 제재입니다. 표면적인 이유는 경제와 국가 안보를 동시에 고려하기 위함이지만 더 깊게 들여다보면 실은 미국이 세계적인 지배 지위를 유지하고자 하는 의도에서 비롯된 것입니다.

패권은 미국이 추구하는 핵심 가치다

글로벌 반도체 산업망에서 미국은 반도체 EDA 툴, 지적 재산권, 팹리스, 장비 등과 배경 기술, 소프트웨어 등의 업계의 핵심 요소를 장악하고 있습니다. 미국은 반도체를 아시아로부터 수입 의존하고 있으며 특히 첨단 반도체의 대부분을 대만에서 수입합니다. 하지만 대만은 지정학정 위치가 정치적 리스크가 매우 높고 미국은 언제든지 공급망 중단 위기에 처할 수 있습니다. 그래서 미국은 자국 내 반도체 제조를 재건하려는 것입니다. 하지만 이러한 주장은 타당성이 없습니다.

현재 미국은 중국에 대한 수출 제재를 시행하고 있으며 심지어 직접 제품 규칙을 확대 적용하고 있어, 관련 국가들이 입을 열지 못하게 만들고 있습니다. 미국이 여러 치명적인 봉쇄 요소를 장악하고 있어 언제든지 공급망을 중단시킬 수 있기 때문입니다. 예를 들어, ASML의 노광 장비는 미국의 광원 등 핵심 기술을 사용하고 있습니다.

반도체 공급망 관련 국가들이 우려해야 할 것은 대만의 지정학적 리스크가 아니라 미국의 무모한 행동에서 오는 위험입니다. 미국이 반도체 산업을 재건하려는 이유는 정책 접근 방식에서 드러납니다. 미국은 글로벌 대기업 몇 곳의 첨단 반도체 투자 프로젝트를 추진하는 데에만 초점을 맞추고 있으며 신생 기업을 육성하고 산업 전반적인 발전 환경을 건전하게 만들기 위한 장기적인 조치는 고려하고 있지 않습니다. 그들의 목표는 첨단 반도체 제조 능력을 보유하고 반도체 공급망에서의 빈 공간을 메워서 반도체 지배력의 퍼즐을 완성하는 것에 있습니다. 하지만 미국의 꿈이 실현될 수 있을까요?

미국 반도체 제조에서의 빈 공간

미국은 오래 전부터 반도체 제조의 백엔드 패키징과 테스트 공정을 동남아시아로 외주했습니다. 반도체 제조의 프론트엔드는 몇몇 종합 반도체 회사들 중 일부가 경쟁력을 고려하여 제조를 포기했고, 또 다른 기업들은 가장 첨단 제조 기술 영역을 포기했습니다. 심지어 블루칩 기업인 아이비엠도 제조 부문을 글로벌파운드리스에 매각한 것으로 보아, 미국이 첨단 반도체 제조 부분에서 경쟁력을 상실했다라고도 말할 수 있습니다.

미국이 첨단 반도체 제조를 회복하려면 먼저 문제점을 검토하고 실현 가능성을 평가해야 합니다.

단순히 아시아 국가등의 보조금 조치를 비난하는 것이 아니라, 아시아 국가의 옛 방식을 따라야 합니다. 풍부한 보조금과 보상을 제공하는 것만으로도 충분하지 않을 수 있으므로 외국 기업에 압력을 가해 미국 내에 공장을 설립하도록 유도해야 합니다. 당근과 채찍 정책 아래 삼성전자, TSMC, 인텔, 마이크론, 아이비엠 등 주요 기업들이 미국에서 대규모 투자와 공장 건설을 약속하지만 투자와 공장 건설이 이루어진 후에야 진정한 도전이 시작됩니다. 장기적으로 몇 개의 기업들이 생존할 수 있을까요?

미국의 싱크탱크인 랜드 코퍼레이션(RAND Corporation)의 CEO인 제이슨 가베릭 매서니(Jason Gaverick Matheny)는 2022년 10월, 미국이 필요한 반도체를 자국 내에서 생산하려면 '칩법'과 유사한 규모의 추가 투자를 수십 년간 해야 할 것이라고 주장했습니다. 게다가 TSMC의 운영은 전 세계 어느 곳에서도 복제될 수 없습니다. 매서니에 따르면 미국의 반도체 문제를 해결하기 위한 답은 대만을 방어하는 것뿐입니다.

혁신과 경쟁력이 부족한 공정

미국의 칩법이 시행된 지 얼마 지나지 않아, 반도체 산업 협회(SIA, Semiconductor Industry Association)는 '미국의 반도체 연구: 혁신을 통한 리더십 창출'이라는 보고서를 발표했습니다. 이 보고서는 칩법에서 국립반도체기술센터와 첨단패키징제조프로그램(NAPMP, National Advanced Packaging Manufacturing Program)이라는 2개의 연구 기관을 설립하여 미국의 연구 생태계를 강화하고 미국의 반도체 선두 지위를 유지하기 위한 제안을 했습니다.

또한 이 보고서는 연구개발은 혁신의 건전한 순환에 중요한 부분이며 이는 미국의 기술 선도 지위를 뒷받침하고 있다고 언급했습니다. 혁신은 기술과 제품을 만들어 내며 상업적 생산에 활용될 때 미래의 연구에 대한 대규모 투자에 투입되는 자금이 제공됩니다. 미국 반도체 산업은 2021년에 500억 달러를 연구개발에 투자했습니다. 하지만 미국은 세계 최고 수준의 국립 연구소, 대학교 및 기업을 보유하고 있음에도 투자 유도, 자원 조달, 협력의 용이성, 혁신을 시장에 도입하는 일에 어려움이 있습니다(랩과 공장 사이의 격차 때문).

이 보고서는 극자외선 리소그래피(lithography) 장비를 예로 들어서 "왜 연구는 미국에서 시작되었는데 상용화는 해외에서 이루어지는가?"라는 의문을 제기합니다. 극자외선 기술의 잠재력은 초기부터 인식되었지만 산업계의 대부분은 그 실행 가능성이 낮다고 여겼습니다.

그럼에도 국방고등연구계획국(DARPA, Defense Advanced Research Projects Agency)은 극자외선 반사 방식의 초기 연구를 수행하는 첨단 리소그래피 프로젝트를 계속 지원하였습니다. 그 후 세마텍은 산업계 및 학계와 협력해 ASML, 인텔, 삼성전자, TSMC 등이 100~170억 달러를 투자했고, 15년 이상의 시간을 들여 기반 시설과 전문 지식을 구축했으며, 마침내 극자외선의 상용화를 이루어 냈습니다. 하지만 결국 극자외선 기술을 상용화한 것은 네덜란드의 ASML뿐이었습니다.

따라서 이 보고서는 기초 연구, 애플리케이션 연구, 프로토타입 제작, 시범 생산, 대량 생산으로 나누어진 5단계를 제안하며 국립반도체기술센터와 첨단패키징제조프로그램에서 응용한 연구 결과를 프로토타입으로 전환하고, 시범 생산과 대량 생산에 세 가지 부분으로 초점을 맞추기를 제안합니다.

사실 이 단계들은 대만의 반도체 제조 산업이 새로운 세대의 제조 공정을 적용할 때 도입하는 장점이며, 장기적인 실전 경험을 통해 축적된 핵심 역량이며, 대만의 산업 환경과 결합하여 시장에서 경쟁력을 만들어 내는 원동력입니다. 그리고 이것들은 미국에 결핍된 비교 이익과 산업 분업의 원칙에 기초하고 있는데, 이 사이클을 보완하려면 미국은 아직 갈 길이 멉니다.

중국의 제재에 상응하는 대가

중국에 대한 기술 격차 확대는 중국의 군사력 성장을 재제하기 위한 미국의 최신 정책입니다. 지금까지 미국의 수출 제재 조치 및 관련 외국 투자 심사 등의 정책 조치를 살펴보면 이미 중국에 봉쇄효과를 냈다고 볼 수 있습니다. 하지만 모든 정책은 그에 상응하는 비용을 수반합니다. 미국의 수출 제재는 반도체, 장비, 재료, 지적 재산권 등을 다루는 업체에 손실을 주었고 이는 미국 기업에 직접적인 영향을 미쳤습니다. 시장 상황이 좋지 않을 때 관련된 업체에게 부담은 더욱 무겁게 다가옵니다. 이러한 압박은 행정부에 반발을 야기시키며 이는 종종 행정 기관이 완화 조치나 예외 규정을 적용하도록 만들고, 이로 인해 중국에 대한 제재 효과를 약화시킵니다.

또한 제재의 허점을 방지하기 위해 미국은 해외 직접 제품 규칙을 확대 적용하며 치외법권을 행사하여 외국 기업의 손실과 외국 정부의 불만을 야기합니다. 챕터 5에서 언급한 바와 같이 2018년에 미국은 '미국·멕시코·캐나다 협정'에 다시 서명하면서 이 협정에 독소 조항을 넣어 멕시코와 캐나다가 중국과 자유무역협정을 체결하는 일을 방해하였습니다. 또한 칩법에도 독소 조항이 포함되어 있어서 미국 정부의 보조금을 받는 외국 투자자들은 10년 내에 중국에서 첨단 반도체 제조 공정을 새롭게 설립하거나 확장할 수 없습니다.

2022년 10월, 미국 상무부는 새로운 수출 규제를 발표하며 해외 직접 제품 규칙의 범위를 확대하였는데 이 역시 본질적으로 독소 조항의 한 형태입니다. 이러한 독소 규정을 계속 사용하며 외국의 주권과 기업의 상업적 자유에 간섭하고 다른 국가의 기업 이익에 영향을 미침으로써 동맹국들의 장기적인 불만을 촉발했습니다. 이는 앞으로 미국이 중국을 방어하는 데 부정적인 영향을 미칠 것입니다.

미국의 관련 연구 보고서 및 백악관의 '공급망 100일 평가 보고서'에는 공급망의 탄력성을 유지하기 위해서는 동맹국과의 협력이 필요하며, 중국을 방어하는 것도 공급망 동맹의 협력이 필요하다고 언급되었습니다.

따라서 미국은 칩4 동맹과 같은 체제를 적극적으로 추진하는 중입니다. 하지만 이러한 체제는 주로 미국의 규제 조치에 맞추어져 있으며 공급망에서의 연구개발 혁신이나 시장 기회에 대한 협력이 부족하다는 점에서 동맹국들의 이익을 창출하지 못하였습니다. 미국의 독단적인 수단에 대한 불만이 축적됨에 따라 미국의 중국 대응 정책이 얼마나 지속될 것이며 그 효과가 얼마나 될지는 의문입니다.

그동안 우리는 미국이 중국에 대해 다양한 방어 조치를 취하는 것만 봤지, 중국이 반격하는 모습은 아직 못 봤습니다. 사실 중국이 반격할 능력이나 여지가 전혀 없는 것은 아닙니다. 중국도 반격할 도구를 가지고 있습니다. 예를 들어, 자주 언급되는 희토류 물질이 있습니다. 미국은 중국의 반격 능력을 과소평가했을 수 있는데, 만약 중국이 반격에 나서면 미국은 다른 종류의 대가를 치러야 할 수도 있습니다.

중국의 미래 발전은 자신들의 손에 달렸다

미국 내의 정치 분위기, 대중적 경향 그리고 행정부에서 차례로 취한 정책과 조치들을 고려하면 미국과 중국의 대립은 장기적인 추세로 이어질 것입니다. 미·중 무역 전쟁이 기술 디커플링(decoupling)으로 발전했고, 그 후 반도체에 초점을 맞추게 되었습니다.

미국은 반도체를 위해 '칩법'을 특별히 제정하고 중국에 대한 반도체 수출 제재를 실시하였습니다. 이는 반도체가 현재 미·중 기술 전쟁에서 중요한 부분을 차지하고 있음을 보여주고, 한편으로는 중국의 반도체 산업이 선진국과의 격차를 빠르게 줄이고 있으며 다른 한편으로는 첨단 반도체의 컴퓨팅 및 저장 능력이 향상되어 첨단 애플리케이션 분야로 확장되고 국가 안보와 관련된 국방·군사 분야로 진출했다는 점을 시사합니다.

2022년 10월, 한국 언론의 보도에 따르면 한국경제인연합회(FKI)가 발표한 세계 반도체 기업의 시가 총액 상위 100위를 분석한 결과, 중국은 42개 기업이 속함으로써 가장 많았고 미국은 28개 기업, 대만은 10개 기업, 일본은 7개 기업, 한국은 3개 기업이 속했습니다. 순위는 TSMC가 1위, 엔비디아가 2위, 삼성전자가 3위였습니다. 중국에서는 SMIC가 28위로 가장 높았고, 그 뒤를 TCL 화싱(TCL Huaxing)가 31위로 뒤따랐습니다. 쯔광궈웨이(紫光國微)는 32위, 웨이얼전자(韋爾電子)가 38위를 차지했습니다.

100위에 포진된 업체 수와 순위를 통해 알 수 있는 점은 중국의 거대한 시장 기회와 정부의 정책 조치 지원에 힘입어 개별 기업의 규모가 세계 선두 기업들과는 여전히 큰 차이가 나지만 중국의 반도체 발전이 빠르게 성장하고 있다는 점입니다.

건전한 산업 발전 환경이 철칙

미국의 전면적인 제재에 대해서 저는 정확히 중국에게 반도체 산업을 재편성하고 새로 시작할 기회를 준 것이라고 봅니다. 이 기회를 중국이 어떻게 이용하느냐에 달려 있습니다.

2014년 이후 중국은 반도체 산업에서 과거의 '대약진' 접근 방식과 유사한 발전 경로를 선택해 왔습니다. 하지만 산업의 성장과 함께 발전 환경에서 더 많은 문제점이 드러나고, 산업 내에는 더 많은 약점이 나타났습니다. 여기에는 전체 산업 생태계의 불완전함, 자체 기술 능력의 부족 등이 포함되며 이러한 요인들이 중국의 첨단 반도체 발전은 더욱 둔화시킬 것입니다.

현재 미국이 중점을 두는 부분은 첨단 반도체 및 애플리케이션 분야에 대한 중국의 접근을 제한입니다. 중국은 이렇게 버퍼링된 시간을 이용하여 산업 및 개발 환경의 결점을 점검하고 미래 산업 개발 전략 청사진을 재확립하며 산업 발전의 기반을 강화해야 합니다. 또한 미국의 제재를 받지 않는 분야에 대해 현재 산업의 역량을 최대한 활용하여 기업의 제품 수준을 향상시키고 경쟁력을 강화하며 국산화 자급률을 높여야 할 것입니다.

실제로 첨단 반도체 공정 외에도 여전히 발전이 가능한 틈새 시장은 충분히 많습니다. 예를 들어, 전기 차에서 널리 사용되는 복합 반도체 소자는 성숙 공정으로 충분히 활용 가능한 신흥 성장 분야입니다. 시장 구조적으로 첨단 반도체 소자일수록 성숙 공정 시장의 규모가 상대적으로 작습니다. 중국은 성숙 공정 반도체 시장에서 충분한 기술 및 기업 경쟁력을 발휘하여, 경쟁력을 축적한 다음 첨단 공정 분야로 나아가야 할 것입니다.

단기적으로 대체 가능한 해결책

미국의 첨단 반도체 및 응용 분야에 대한 제재에 대응하기 위해 중국은 단기 내에 대체할 만한 해결책을 찾기 위해 노력할 것입니다. 국제통화기금은 세계 경제 전망 보고서에서 반도체 부족에 대응하기 위해 테슬라가 소프트웨어를 수정하여 대체 반도체를 사용할 수 있도록 했고, GM은 반도체 제조 업체와 협력해서 현재 사용하는 반도체 중

95%에 해당되는 특수 유형을 단 세 가지의 마이크로 컨트롤러 종류로 줄여서 공급망의 내성을 향상시키는 것을 목표로 선언했습니다.

엔비디아는 미국 정부에게 A100과 H100 첨단 칩셋에 대하여 수출 제재를 받고, 1년 유예를 받았습니다. 하지만 엔비디아는 제재 규정을 준수하는 A800이라는 새로운 첨단 칩셋을 신속하게 출시하여 기존 제품을 대체하였습니다. 비록 전송 속도가 다소 떨어지지만 이미 고객의 요구를 충족시키고 있습니다.

이렇게 여러 사례들로부터 미루어 보아, 미국의 수출 제재에 대해서는 단기적으로는 대체할 만한 해결책을 찾을 수 있습니다. 비록 성능이나 스펙 부분은 다소 낮아서 최고의 요구를 완전히 충족시키지는 못하지만 당시 중국이 직면했던 급박한 수요를 해소할 수 있었습니다.

중저가 제품의 경쟁이 더 치열해진다

첨단 제조 공정에 대한 제약 때문에 중국 업체들은 기존 중저가 제품 분야에 생산 능력을 집중하게 될 것으로 예상합니다. 한편으로는 제품 응용을 확대하여 제품 다양성을 촉진하고 다른 한편으로는 생산 능력 증가로 인해 시장에서 유사한 제품 간에 치열한 경쟁이 벌어질 것입니다. 특히 전 세계적인 수요 감소 시기에는 가격 경쟁이 더욱 치열해 질 것입니다.

예를 들어, 2022년 11월 「일본경제신문 중국어판」은 중국 최대의 파운드리업체인 SMIC의 설비 투자 구조 변화를 보도했습니다. 2020년에 이 회사는 첨단 제조 공정인 14-16나노미터의 설비 투자가 약 35억 달러였지만 2021년에는 미국의 제재로 인해 10억 달러로 줄었습니다. 하지만 28-39나노미터의 성숙 제조 공정에 대한 투자는 거의 2배로 증가하여 33억 달러에서 55억 달러로 증가하였고, 2022년에는 62억 달러가 투자될 것으로 예상됩니다. 또 다른 한편으로는 제품 구성의 변화가 있습니다. 성숙 제조 공정의 생산량은 대폭 증가할 것이고 첨단 제조 공정의 제품은 소폭 증가할 것입니다.

장기적으로 미국의 제재를 극복해야 한다

기술의 자주성과 자급자족은 중국의 고정된 목표입니다. 미국의 수출 제재는 한시적으로 중국의 발전을 방해할 수 있지만 동시에 중국이 더욱 강하게 제재를 극복해 나가는 노력을 하는 데 도움이 될 것입니다. 중국이 취할 수 있는 주요 방법은 세 가지입니다.

첫째, 자체 연구개발과 혁신에 힘을 모으고 핵심 기술, 장비 및 재료를 개발하여 수출 제재 제품을 대체하는 것입니다. 이를 위해 중국의 관련 부서는 산학연 협력을 통해 혁신 생태계를 재구축해야 합니다. 둘째, 관련 국가들과의 기술 협력 동맹을 추진하여 제품 및 기술 개발을 가속화하는 것입니다. 셋째, 제재된 제품에 대한 대체 방안을 채택하는 것입니다. 예를 들어, 칩 디자인 구조는 현재 x86, ARM을 주로 사용하고 있지만 RISC-V 오픈 소스 구조가 점차 부상하고 있습니다. 생태계가 제대로 형성되면 이것은 또 다른 주류 산업이 될 수 있습니다.

포커스를 잃은 정책은 산업 경쟁력을 약화시킨다

공급망의 탄력성과 국가 안보를 고려해 점점 더 많은 국가들이 반도체 제조 산업에 참여하려고 노력하며, 각종 장려금과 보조금을 도입하고 있지만 산업 발전의 큰 틀인 발전 환경에 의존해야 한다는 사실을 모두 놓치고 있습니다. 산업의 발전 환경은 작은 부분부터 결정되며 이것이 산업의 성공 또는 실패를 좌우합니다.

산업 환경의 4단계

'산업 환경'은 포괄적인 용어지만 그것을 대략적으로 나누면 외부에서 내부로, 몇 가지 단계로 나눌 수 있습니다.

가장 바깥쪽의 계층은 전 세계의 경제 트렌드입니다. 예를 들어, 전 세계 경제가 호황일 때는 수요가 증가하고 시장이 성장하며 산업 발전에 유리합니다. 세계가 안정되고 경제 자유화가 이루어질 때 개발도상국들과 후진국들이 참여하여 경제와 산업의 안정적인 성장을 촉진하는 데 유리합니다.

두 번째 층은 해당 국가와 국제 간의 연결 즉, 국가와 국가의 대외관계를 나타냅니다. 이 층은 자유화 혹은 자체 제한을 통해 폐쇄된 체계를 형성하며 기술과 인력, 자금, 정보, 국제적인 경제 무역에 영향을 끼칩니다.

세 번째 층은 국가의 거시 경제 환경, 금융, 외환, 세금 정책 등을 포함합니다. 예를 들어, 1985년 이후 미국의 압박으로 뉴타이완달러

(NTD)의 환율이 연속으로 상승하면서 산업 수출 경쟁력에 충격을 줬고 전통 산업이 다른 곳으로 떠나거나 문을 닫게 만든 원인이 되었습니다. 또한 일본 역시 미국과 맺은 플라자 합의로 인해 엔화가 급등하여 많은 산업이 해외로 이전하였고 반도체 산업의 투자 능력이 약화되었습니다.

네 번째 층은 산업 환경입니다. 예를 들면 물, 전력, 토지, 교통 등의 기본 인프라와 인력 상태, 정부의 산업 정책, 노동 정책, 환경 보호 정책 등입니다. 예를 들어, 반도체 제조는 물과 전력, 인력을 많이 소비하는데 이들 모두가 필요한 조건입니다.

다섯 번째 층은 특정 산업의 발전 환경입니다. 생태계, 기술 혁신 시스템, 창업 산업 시스템 등을 포함합니다. 각 산업은 노동 집약적, 자본 집약적, 기술 집약적, 기술 및 자본 집약적 등의 산업 특성을 띠며 필요로 하는 발전 환경도 다릅니다.

각 국가는 위에서 언급한 각종 환경하에서 그들의 산업 발전의 역사와 배경 그리고 갖추고 있는 요소와 능력에 따라, 다른 산업이 다른 특성을 가지며 특정 산업마다 발전할 때 장점과 약점이 있습니다. 따라서 반도체 산업에 대해서는 가장 적합한 산업 발전 모델이 있어야 하며, 발전 목표를 달성하려면 먼저 산업 환경을 평가하고 개선해야 합니다. 그저 다른 국가의 산업 발전 정책과 모델을 모방하거나 과도하고 풍성한 보조금만으로 쉽게 반도체 제국을 만들 수 있다고 생각해서는 안 됩니다.

과거 대만은 D램 산업에서 큰 타격을 입었습니다. 이는 기술 자립의 중요성을 경시하고 외부 라이선스에 의존하며 기술을 제조업체에 위탁했기 때문입니다. 이러한 인스턴트 비즈니스 모델은 D램 시장의 급락에 즉시 붕괴되는 결과를 가져왔습니다. 이는 산업 발전에 대한 경고 및 교훈이 되었습니다.

발전 전략 없이 보조금에만 의존하는 낭비

산업 발전의 완전한 계획이 없고 건전한 산업 개발 환경이 마련되지 않은 상태에서 단순히 보조금과 장려 정책에 의존하는 것은 국가의 자원을 낭비하는 일입니다.

자유시장 경제를 추구하는 국가에서는 주로 시장의 힘에 의해 산업이 발전하고 정부는 시장 운영에 최대한 개입하지 않으려고 합니다. 하지만 개발 도상국에서는 후발 주자라는 입장에서 발전을 가속화하기 위해 종종 산업 정책의 힘을 빌립니다. 가장 유명한 예는 일본의 경제산업부였는데, 경제산업부는 반도체 산업 정책의 기획과 실행을 주도했습니다.

산업 발전은 다양한 측면을 포함하기 때문에 관련 자원과 조치를 통합하기 위해 일반적으로 연구개발 전략을 수립합니다. 전체적인 발전 환경을 평가하고 기존 발전 잠재력을 조사한 후 산업 개발의 목표, 전략, 로드맵, 정책 및 지원 조치를 설계하여 장기적인 발전을 추진하는 기초를 마련합니다. 이를 통해 산업 성장을 단계적으로 추진하여 산업 발전의 효율성을 향상시킵니다.

그러나 현재 우리가 볼 수 있는 것은 반도체 산업 개발을 추진하려는 다양한 국가들이 신중한 계획 절차를 거치지 않은 채, 산업 발전의 기초을 마련하지 않고서, 급히 보조금과 장려 정책을 내놓으며 대규모 투자를 유치하려는 모습뿐입니다. 이는 분명히 좋은 결과를 내지 못할 것입니다.

산업 정책은 명확한 목표에 맞춰 설계돼야 한다

산업 정책의 설계에는 기본적인 철학이 있어야 하며 반드시 명확한 목표에 맞추어 설계되어야 합니다. 현재 일본 산업통상자원부는 일본의 산업 정책을 세 가지 단계로 구분하고 있습니다.

1980년대 이전은 전통적인 산업 정책을 시행했습니다. 특정 산업의 발전을 목표로 삼았으며 이에 기반한 이론은 시장 실패(시장이 효과적으로 작동하지 않아 자원들이 최적으로 분배되지 않을 때)와 신생 산업 보호입니다. 이에 따라 혁신 정책은 응용과 이를 따랐는지를 체크하며 제조업의 발전을 추진했습니다.

1980년대 이후 일본의 산업 정책은 구조 개혁으로 전환되었으며 이때 목표는 시장 기반 인프라 개혁이었습니다. 이를 기반으로 한 이론은 시장 지향과 정부 실패(정부 개입이나 정책이 예상된 결과나 목표를 달성하지 못할 때)였고, 혁신 정책은 더 많은 기본 과학 지식을 확보하기 위한 것이었습니다. 이를 통해 제조업의 전환을 이루어 나갔습니다.

현재의 새로운 산업 정책이 시행 중입니다. 이 산업 정책은 과제 중심과 문제 해결을 목표로 전환되었습니다. 그 배경 이론은 환경 불확실성에 대응하고 시장을 만들고 정부 실패를 해결하는 것입니다. 혁신 정책은 문샷형 혁신을 촉진하여 산업의 디지털 전환, 공급망과 밸류체인의 창조와 유지를 추진하는 것입니다.

일본의 산업 정책 변화를 통해 알 수 있듯이 산업 정책에는 목표, 배경 요인, 혁신 정책, 산업 목적 등이 있으며 맹목적으로 무질서하게 따라 것이 아닙니다.

산업 정책의 잘못된 처방

서로 다른 산업 발전 단계에 있거나 각기 다른 산업 발전 목적을 가진 국가들에게는 마찬가지로 다른 산업 정책이 필요합니다. 예를 들어, 인도는 반도체 산업 발전의 초기 단계에 있기 때문에 투자 장애를 극복하기 위해 보상 보조금 정책을 사용하는 행동을 이해할 수 있습니다.

중국은 이미 기반과 규모를 갖춘 반도체 산업을 보유하고 있으므로 단순히 인센티브와 보조금에 의존하는 정책에서 벗어나야 합니다. 중국은 산업 업그레이드를 추진하는 것과 동시에 미국의 제재 조치에 대응해야 할 시점에 있습니다. 따라서 산업 정책은 연구개발 및 혁신 생태계를 구축하고 장비, 재료, 지적 재산권 등의 핵심 분야에 집중해야 합니다.

대만과 한국은 제조업과 반도체 메모리 분야에서 선두 지위를 확고히 하고 있습니다. 미래에는 현재의 선도적인 위치를 유지하면서 차세대 기술 부문에서 경쟁자들을 맞이해야 합니다. 따라서 산업 정책은 기술 혁신의 역량을 강화하는 데 중점을 둬야 합니다.

미국과 일본은 반도체 산업에서 옛날에 지배적인 입지를 가졌지만 제조 분야에서 해외로 이전되면서 경쟁력이 약해졌습니다. 이들은 첨단 제조 기반을 재건하기 위해 산업 환경 개선에 초점을 맞추고 경쟁력을 회복하는 데 주력해야 합니다. 동시에 첨단 기술의 혁신을 가속화해야 합니다.

정리하자면 현재 인도, 중국 대만, 한국, 일본 및 미국은 반도체 산업에서 달성하고자 하는 목적과 목표가 다르기 때문에 채택하는 산업 정책도 달라야 합니다. 거의 동일한 정책을 펼치고 인센티브와 보조금을 동원하는 경쟁으로 이어지는 양상은 옳지 않으며 이는 국민의 세금을 낭비하는 일입니다.

세계 무역 규칙 경제 및 관리 이론의 개정

세계무역기구는 현재 164개 회원 기관으로 구성된 기구로, 세계 총 무역의 98%를 관여합니다. 회원국들은 세계무역기구가 제정한 무역 규칙을 따라 국경을 넘어 무역을 수행하며 경제 발전을 공동으로 추진하고 있습니다. 세계무역기구 규칙의 주요 규정에는 공정 경쟁, 내국민대우 원칙 및 투명성 등이 포함됩니다.

국제 무역 규칙의 개정

지난 수십 년 동안 미국은 자국의 이익을 바탕으로 자유 무역을 최우선으로 지원하고, 세계무역기구 및 전신인 관세 및 무역에 관한 알

반 협정을 가장 지지해 왔습니다.

중국이 세계무역기구에 가입한 이후 매년 미국 무역대표부는 국회에 보고서를 제출하여 중국의 가입 의무 이행 상황을 검토했습니다. 미국 무역대표부가 중국에 대한 가감 없이 공정하게 조사하여 중국이 세계무역기구 가입 시 약속했던 사항 및 규정 위반을 비난하고 있지만 그 이면에는 반도체와 같은 첨단 기술 분야에서 중국의 발전을 저지하기 위함입니다. 세계무역기구 규정 위반을 감시하고, 심지어 그것을 뛰어 넘는 조치를 취하며 과도하게 행동하는 것입니다.

대략적으로 구분하면 세계무역기구 규정과 일치하지 않는, 미국이 취한 조치는 아래의 세 가지 범주로 나눌 수 있습니다. 첫째, 인센티브와 보조금으로는 칩법과 같은 조치가 있습니다. 둘째, 수출 통제로는 해외 직접 제품 규칙 등이 있습니다. 셋째, 미국 내 법규로는 개발 도상국 목록 자체 정의, 미국 제품 구매 등이 있습니다. 그 결과, 미국의 선도하에 현지화와 지정학적 정치의 큰 기치 아래에서 일부 국가들이 보상, 보조금, 산업 보호와 같은 다양한 정책을 채택하며 세계무역기구의 규범을 무시하고 있습니다.

세계 무역의 정상적인 운영을 유지하기 위해 세계무역기구는 현재의 시간과 공간적 변화에 맞게 조직, 규칙 및 집행 등의 측면에서 개정을 거쳐 설립 당시의 목표를 실현해야 합니다.

경제 이론과 정책 개정

경제는 한 국가의 국력을 결정하는 가장 중요한 기초지만 최근 이러한 인식이 도전을 받고 있습니다. 미국의 주도로 국가 안보를 경제보다 우선시하는 상황이 펼쳐지면서 경제 이론과 경제 정책에 대해 수정할 시기가 된 것으로 보입니다.

현대의 경제는 국가 경제를 출발점으로 삼아 국제 경제에서 글로벌 경제로 확대되며, 기술 혁신과 생산력 향상을 중심으로 이루어집니다. 한 국가의 경제 정책은 인력, 자금 등의 자원을 생산성이 가장 높은 곳에 투입하여 자원의 효율성을 높이고 성장 기회로 이끌어 내는 것입니다.

특히 새로운 기술, 산업이 새로운 동력으로 빠르게 변화하는 시기에는 정부의 정책이 자원의 자유로운 이동을 허용하고, 더 높은 생산력과 더 높은 부가 가치의 생산 활동으로 자원을 유도하여 최적의 자원 배분을 형성해야 합니다. 이를 통해 국가는 더 높은 생활 수준을 지속적으로 유지할 수 있습니다.

그러나 현재 미국을 중심으로 한 국가들은 국가 안보와 자국화를 강조하며 고액 보조금을 부여합니다. 자원 생산력이 낮거나 비대칭적인 산업 분야에 투입되도록 유도하면서 인력, 수출 제재 등 행정 수단을 통해 자원의 자유 이동을 제한하여 기술 혁신의 선순환을 손상시키고 있습니다.

이러한 국가 안보 주도의 정책하에서는 경제 정책과 경제 개발 이론의 기본 근간이 흔들려 정책 이론적으로 고려되어야 할 범위가 지역 정치, 자국화 등까지 반영합니다. 이에 맞춰 기존 경제 이론과 경제 정책을 수정할 시기가 된 것으로 보입니다.

다국적 기업 이론 개정

　다국적 기업은 현재 글로벌 경제와 무역의 주요 주체이며 글로벌 전략은 다국적 기업의 핵심적인 사고방식입니다.

　유엔 무역개발회의(UNCTAD)에서 조사한 '제계 투자 리포트 2022 (World Investment Report 2022)'의 통계에 따르면 금융 이외의 부문에서 세계 상위 100위에 드는 다국적 기업의 자산, 매출, 인력 등의 약 1/3이 해외에 분포되어 있으며 세계 경제와 무역 성장에 크게 기여하고 있다고 합니다.

　이렇게 다국적 기업들이 전 세계를 국경 없이 자유롭게 통행할 수 있는 시대에, 세계 각지에서 기업을 경영하며 글로벌적 시각으로 경쟁과 전략을 고민하고 가장 효율적인 시장 접근과 생산 체계를 기본 원칙으로 하여 생산과 마케팅 활동을 진행해야 합니다. 그래야 모든 자원의 자유로운 이동을 촉진하며 이를 통해 자원을 더 효율적으로 활용하게 만들고 개발 도상국과 빈곤 사회의 사람들을 생산 체제에 참여시켜 함께 경제 성장을 추진할 수 있습니다.

　그러나 현재 미국은 독단적으로 지정학적 리스크에 대해 의식하면서 중국 기술 산업 발전의 물결을 제재하기 위해 동맹국까지도 함께 끌어들여 중국을 봉쇄하고 핵심 산업의 자국 내 재건을 추진합니다. 그래서 다국적 기업들은 전 세계에서 가장 큰 시장 즉, 중국을 충분히 활용하지 못하고 최적의 생산지 역시 활용할 수 없어 자금, 인력, 기술 이동이 제한을 받고 전 세계의 공급망이 왜곡되며 관련 정부 정책 조치의 불확실성 리스크에 직면하고 있습니다.

이러한 변화에 대처하기 위해 기존의 다국적 기업 이론의 토대가 되어 왔던 일부 가설을 수정해야 하는 시기가 되었습니다.

반도체 산업이 글로벌화의 흐름을 타고 세계적인 산업이 되었으며 비록 현재 미국으로 인해 미·중 대립이 격화되고 중국 반도체 산업이 제재 조치에 직면하고 있지만 긴 반도체 산업 발전사의 여정에서 이러한 장애들은 글로벌화의 힘 앞에서 차츰 소멸될 것입니다.

글로벌화의 힘은 인류의 경제적 복지 추구와 기업의 이익 극대화에 대한 욕망에서 비롯됩니다. 심지어 전쟁, 전염병, 자연 재해, 사람들의 부정적 행동 등 다양한 문제에 직면하더라도 글로벌화의 발걸음은 일시적으로 지연되거나 늦춰질 뿐, 디지털화와 지역 경제 통합의 추진하에 글로벌화의 발걸음은 여전히 앞으로 나아갈 것입니다. 디지털 기술은 무궁무진하며 무소불위의 힘을 갖고 있습니다. 현재는 글로벌화를 주도하는 주요 동력이 되었습니다.

국제전기통신연합(ITU)의 데이터에 따르면 2015년 전 세계 데이터 흐름은 153 Tbps(테라비트/초)이었고 2019년에는 486 Tbps로 2.2배로 증가했습니다. 이 중에서 개발 도상국은 연평균 39%의 성장률을 기록하였으며, 선진국도 27.5%로 상당한 증가율을 보여주었습니다. 이는 세계가 빠르게 디지털 통합을 향해 나아가고 있다는 뜻입니다.

지역 경제 통합에 관해서는 일본무역진흥기구의 통계에 따르면 2021년 6월까지 전 세계에서 효력을 발휘하는 자유 무역 협정은 366건에 달합니다. 가장 큰 두 가지 협정은 태평양을 가로지르는 포괄적·점진적 환태평양 경제 동반자 협정(Comprehensive and Progressive Agreement for Trans-Pacific Partnership, CPTPP)으로, 2018년 12월 30일 발효되었으며 또 다른 포괄적 경제 동반자 협정(Regional Comprehensive Economic Partnership, RCEP)은 2022년 1월 1일부터 시행되었습니다. 이는 물품과 인력, 서비스, 기술 등의 자유로운 이동을 더욱 촉진시켰습니다.

피터슨국제경제연구소의 보고서에 따르면 1983년부터 2003년까지 개발 도상국의 평균 가중 관세는 29.9%에서 11.3%로 감소했습니다. 이 중에서 2/3는 자발적인 감소며, 1/4는 다자간 협정에 참여한 결과고, 나머지 1/10은 지역 협정 가입으로 인한 것입니다. 이는 개발 도상국이 경제 성장을 추구하기 위해 자발적으로 관세를 낮추고 세계화 경제 활동에 참여한다는 것을 보여줍니다.

또 다른 보고서는 1980년에 글로벌화가 시작되었으며 1990년에 무역 및 투자 규칙이 자유화되고 시장 지향적 경제 정책이 활성화되면서 거의 모든 국가가 더 부유해지고 국가 및 지역 간의 빈부 격차가 축소되었다고 언급하고 있습니다. 세계은행의 통계에 따르면 극심한 가난에 빠진 인구 비율은 1981년의 42%에서 2018년의 8.6%로 감소했습니다. 다시 말해, 글로벌화는 세계에 더 나은 경제적 삶을 가져다주었습니다.

물론 글로벌화는 위험도 내포하고 있습니다. 하지만 글로벌화 이전에도 다양한 위험이 존재했습니다. 글로벌화의 주요 위험은 각 경제 주체의 상호 의존도에서 발생하며 하나의 경제 주체가 사고를 일으킬 경우, 이는 빠르게 다른 국가로 확산될 수 있다는 점입니다. 따라서 스필오버 효과를 줄이는 것은 각 국가가 평소에 기울이던 노력에 달려 있습니다. 문제의 원인을 찾기 전에 그 책임을 무작정 글로벌화에 돌리는 것은 부적절한 태도입니다.

마찬가지로 반도체 산업의 발전은 글로벌화의 흐름을 따라 글로벌 분업 협력을 진행하며 기술 발전, 시장 확장 및 연구개발의 긍정적인 순환을 이끌어 냅니다. 이를 통해 더 많은 국가가 반도체 생산 활동에 참여하고 각 국가의 경제 성장을 촉진합니다.

그중 미국은 가장 큰 수혜국 중 하나로, 최고 수준의 기술 혁신 능력을 보유하고 있으며 설계, 장비, 소프트웨어, 지적 재산권 등 핵심 분야에서 선도적인 위치를 차지하고 있습니다. 하지만 글로벌화의 혜택을 누린 후에 미국 정부는 반대로 글로벌화를 파괴하는 움직임을 보여 왔으며, 국가 안보와 공급망 안전을 이유로 반도체 자국화 및 중국의 반도체 발전 제재 운동을 일으키고 있습니다.

현재 어떤 산업의 공급망도 반도체 산업처럼 밀접하고 복잡하지 않습니다. 공급망에 속한 기업들은 한편으로는 공급망의 단절에 대비하고, 대응 준비를 해야 하며 또 다른 한편으로는 공급망의 정상적인 운영을 함께 유지해야 합니다. 단 한 번의 사고가 발생했을 뿐인데 공급망의 취약성을 탓하고 자급자족적으로 산업을 구축해야 한다는 것은 부적절합니다.

예를 들어, 자동차 산업에서 일반화된 실시간 생산 시스템의 경우 기업들은 평소에 위험 관리를 철저히 해야 하며 공급망 문제가 발생했을 때는 실시간 생산 시스템에 책임을 떠넘기며 핵심 부품들을 자체 생산하도록 하는 것은 잘못된 태도입니다.

실제로 반도체 공급망이나 산업 체인의 분포를 보면 어느 나라도 반도체 산업에서 자급자족을 달성할 수 없다는 사실을 알 수 있습니다. 중국의 반도체 산업 발전을 전면적으로 제재하는 행동은 현실적으로 불가능하며 산업 자립성을 맹목적으로 추구하는 태도는 자원을 낭비할 뿐입니다.

또한 중국이 첨단 반도체를 국방 목적으로 사용하는 것을 제재하기 위해 다른 고위험 애플리케이션 분야의 발전을 전면적으로 제한하거나 중국이 첨단 반도체 유입 및 발전을 막기 위해 다른 동맹국들과 함께 위험 속에 뛰어드는 것은 글로벌화 파괴 행위며 산업의 혁신과 기업의 성장을 훼손할 뿐 아니라 경제 운영의 원리와 기업의 이익 추구 원칙에 완전히 위배됩니다.

현대 글로벌화된 경제는 우리에게 생산력 향상과 더 많은 가난한 사람들이 생산력 활동에 참여하는 것이 경제 성장의 주요 원천임을 깨닫게 해줍니다. 1978년 중국의 개혁 개방, 1990년 베를린 장벽의 붕괴, 1991년 소련의 해체, 1995년 세계무역기구의 설립을 통해 글로벌화는 가속화되고 세계 경제의 지속적인 성장을 견인해 왔으며 더 나은 삶을 추구하는 인간의 욕구는 막을 수 없다는 사실을 깨달았습니다.

반도체 제조의 자국화와 중국 반도체 산업의 전면적인 제재는 마치 글로벌화 앞에 세워진 2개의 벽과 같으며 결국은 역사 속의 역류처럼 글로벌화의 흐름 속에서 사라질 것입니다.

그러나 전 세계 반도체 산업을 동요시킨 미국에 대해, 이 책은 50여 년 전 경영학의 거장 피터 F. 드러커(Peter F. Drucker)의 글 '단절의 시대(The Age of Discontinuity: Guidelines to Our Changing Society)'에서 인용된 두 문장으로 마무리하겠습니다.

"현재 미국의 정치인과 관료들은 여전히 미국의 독점적이고 폐쇄된 세계에서 살고 있으며 국제 규범은 다른 사람들을 규제하는 데 사용되어야 할 것이라고 생각하지만 미국 정부는 자기 자신은 규제의 대상이 되어서는 안 된다고 생각한다. 심지어 제2차 세계대전 이후에도 미국은 유일하게 건강하고 강력한 경제를 가진 국가임에도 이러한 생각을 한다는 것 자체가 상당히 어리석다. 게다가 1950년대에 스에즈 운하 위기가 발생했을 때 미국의 독점 시기는 이미 끝난 상태였다. 지금 이 시점에 미국이 다른 국가를 필요로 하는 것은 마치 다른 국가들도 미국이 필요한 것과 동일하다."

감사의 글

저에게 아낌 없는 도움과 지원을 해주신 현임 국립칭화대학교 명예 교수인 스친타이 씨에게 진심으로 감사의 인사를 드리고 싶습니다. 스친타이 씨는 존경하는 대만 타이난일고등학교(台南一中) 선배시며 겸손하고, 명예나 재물에 무심한 분입니다. 미국에서 대만으로 돌아온 이후 스친타이 씨는 산업기술연구소에서 근무하셨으며 연구원장으로서의 책임을 다한 후에도 산업기술연구소 이사장, 자책회(資策會) 회장 등을 맡으시면서 대만의 과학 기술 발전과 산업 기술 인재 양성에 헌신하셨습니다. 스친타이 씨는 대만의 과학 기술 산업이 지난 40여 년 동안 새싹에서 고목으로 성장하는 모습을 목격한 산 증인으로, 외부에서 온 부와 명예의 유혹에 흔들림이 없으셨습니다. 이 책에 서문을 흔쾌히 써주셔서 영광이라고 생각합니다.

이 책의 일부 산업 지식과 통찰력은 2020년에 전기전자협회의 정부 반도체 프로젝트를 지원하면서 다수의 지도위원회 위원들로부터 받은 조언에 기초합니다. 이들에는 전기전자협회 리슬친(李詩欽) 회장, 스친타이, 전 과기부 장관인 쉬쥐에민(徐爵民), 위추앙루(鈺創盧)의 차오췬(超群) 회장, 미디어텍의 씨에칭지앙(謝清江) 부회장, USI(環鴻科技)의 웨이쩐앤(魏鎮炎) 회장이 있으며 직접 면담하여 대화한 기업인들로는 난야의 리페이잉(李培瑛) 사장, 파이슨(Phison Electronics Corp)의 판지엔청(潘健成)

회장, ASE의 우티엔위(吳田玉) 영업부장, 윈본드의 지아오요우쿼(焦佑鈞) 회장 및 짠동이(詹東義) 부회장, UMC의 지엔산지에(簡山傑) 사장, 헤르메스 에피텍(Hermes Epitek)의 천시신(陳溪新) 사장, Wah Lee Industial Corp(華立企業)의 천즈위엔(陳致遠) 부사장, MIC의 까오신밍(高新明) 회장, SAS(中美矽晶)의 쉬시우란(徐秀蘭) 회장, 창춘 그룹(長春集團)의 쑤스광(蘇士光) 사장, 최고 고문인 천롱종(陳榮宗)과 린푸션(林福伸) 등이 있으며 시놉시스(Synopsys)의 전 세계 시니어 부사장 겸 아시아태평양 지역 사장인 린롱지엔(林榮堅)과 글로벌 부사장 겸 대만 지역 CEO인 리밍져(李明哲), 동경 전기화학(Tokyo Denki Kagaku, TDK)의 회장 겸 총매니저인 우시오 미츠루(牛尾充), ARM의 총재 쩡즈광(曾志光) 등도 있었습니다. 이 책으로 그들의 열정적인 도움에 보답할 수 있게 되어 기쁩니다.

마지막으로 가장 필수적이고 빠질 수 없는 천하문화사업단(天下文化事業群)의 까오시쥔(高希均)과 왕리싱(王力行) 두 창립자의 큰 지원에 감사의 인사를 전하고 싶습니다. 사장인 린티엔라이(林天來)와 총편집자인 우페이잉(吳佩穎)이 이끄는 마케팅 기획, 편집, 디자인 동료들은 사명 지향적인 전문가 정신을 발휘하며 진행 일정을 항상 앞당겨서, 극찬하지 않을 수 없었습니다. 정말로 상상을 초월하는 전투력을 가진 팀이라고 말할 수 있습니다. 여러분 덕분에 제가 만족스러움을 가득 준 작품을 얻게 되었습니다.

인치밍(尹啟銘)

세상은 끊임없이 변화하고 있으며 그 변화의 중심에는 '반도체'라는 작은 칩이 자리잡고 있습니다. 우리가 매일 보는 유튜브, 넥플릭스, 컴퓨터, 자율 주행 기술 심지어는 집을 쾌적하게 관리하는 홈IoT까지 우리를 둘러싼 모든 것이 반도체 기술에 의존하는 시대입니다.

저는 1980년대 초부터 애플 II, MSX 컴퓨터를 접했으며 그 후 1990년대에 인텔 486 퍼스널 컴퓨터를 거쳐 지금까지 반도체 산업의 전반적인 역사를 간접적으로나마 느끼고 접하며 살아왔습니다. 또한 현재 근무 중인 어드밴텍에서는 이 책에 등장한 거의 모든 반도체 팹리스 및 파운더리 업체와 직·간접적으로 관련이 있어, 책을 번역하면서 그 누구보다도 저자의 마음을 이해하고 공감할 수 있었습니다. 특히 코로나19 팬데믹으로 인해, 2021~2022년 글로벌 산업의 거의 모든 분야에 크나큰 영향을 미치던 반도체 공급 부족 사태가 발생했습니다. 이때 그 위기를 직접 겪으면서 누구보다도 반도체의 중요성을 강하게 느꼈습니다.

《칩 대결》은 이렇게 중요한 반도체 기술이 어떻게 탄생했고, 세계적인 경쟁 속에서 어떻게 발전해 왔는지를 아주 세밀하게 조명합니다. 미국과 중국의 반도체 패권 싸움에 휘말린 나라들의 입장과 대응 방안에 대해서도 상세히 언급되어 있습니다. 또한 미국과 중국을 제외한 주요 반도체 생산국인 한국, 대만, 일본이 앞으로 반도체 산업, 나아가 전 세계 정책과 경제에 어떤 영향을 미칠지에 대한 통찰도 제공합니다.

이 책은 반도체 기술의 발전 양상과 그에 따른 세계 정세 변화가 우리의 삶에 어떤 영향을 줄 것인지 알고 싶어 하는 사람들에게 필수적인 가이드가 되어줄 것입니다. 그리고 반도체가 어떻게 각국을 서로 연결하고 있는지를 더 잘 이해할 수 있을 것입니다.

이 책을 통해 '칩 대결' 즉, 반도체 전쟁의 주요 테마와 가치가 한국의 독자들에게도 잘 전달될 수 있기를 바라며, 앞으로 우리가 살아갈 모빌리티 시대에 반도체 산업의 미래가 어떤 식으로 펼쳐질지 이해하는 데 도움이 되기를 희망합니다.

마지막으로 저자 인치밍 선생님과 번역 기회를 주신 알에이치코리아의 양원석 대표님께 감사드리며, 함께 동고동락한 어드밴텍 본사 및 한국 지사의 임직원 분들과 고객 분들, 번역을 하는 동안 여러 가지로 도움을 준 아내에게 감사의 말을 전합니다.

안동환(Tony An), 어드밴텍 Embedded/Service IoT 사업 본부장 · 상무

Chapter 01

1 미국 의회조사국(Congressional Research Service), '반도체: 미국 산업, 세계적 경쟁력 및 연방 정책', 2020년 10월 26일.

2 「WSTS뉴스 릴리스」, '전 세계 반도체 시장은 2022년에 4.4% 성장을 기대하며, 2023년에 4.1% 감소할 것으로 예상된다', 2022년 11월.

3 SIA&Nathan Associates, '국경을 넘어-글로벌 반도체 밸류체인', 2016년 5월.

4 「일본경제신문 중국어판」, '반도체 제조를 지원하는 일본 장비 및 소재 제조업체', 2021년 3월 23일.

5 「일본경제신문 중국어판」, '반도체가 전략적 자원이 되어 일본의 우위를 정리하다', 2021년 6월 16일.
https://zh.cn.nikkei.com/industry/itelectric-appliance/44997-2021-06-16-05-00-00.html.

6 BCG, '불확실한 시대에 반도체 글로벌 공급망 강화', 2021년 4월.

7 ING, '유럽연합에 반도체법이 유럽의 기술 능력을 향상시키고 경제를 강화시킬 것', 2022년 2월 8일.

8 주석 5와 동일.

Chapter 02

9 데이터는 1970년 9월에 대만 경제발전위원회 행정원(行政院經建會)이 번역한 일본 노무라 종합연구소가 1970년 6월에 발간한 재계관측 특집 보고서 '집적 회로 산업과 미·일 관계'에서 가져온 것입니다.

10 「오늘의 헤드라인」, '주식 시장 분석: 반도체 산업 이전의 논리!', 2018년

12월 22일.

11 「오늘의 헤드라인」, '글로벌 반도체 산업 조사-일본 편', 2018년 6월 27일.

12 주석 10과 동일.

13 주석 11과 동일.

14 「일본경제신문 중국어판」, '반도체 제조를 지원하는 일본 장비 및 소재 제조업체', 2021년 3월 23일.

15 일본 경제산업부, '반도체 전략' 개요, 2021년 6월.

16 「일본경제신문 중국어판」, '미 · 일, 신세대 반도체 양산 공동 연구', 2022년 7월 29일.

17 「일본경제신문 중국어판」, '일본 금융 기관, 반도체 공장 인수 및 개조 업데이트', 2022년 11월 1일.

18 「베를린(로이터)」, '유럽은 메가 팹이 아니라 칩 디자인에 투자해야 합니다.', 2021년 4월 8일.

Chapter 03

19 S.Ran Kim, "The Korean system of innovation and the semiconductor industry:a governance perspective" ,Science Policy Research Unit/ Sussex European Institute, December 1996.
https://www.oecd.org/korea/2098646.pdf.

20 동방증권연구소(東方證券研究所), '전자심도보고서(電子深度報告): 타산지석 한국반도체 궐기의 계시(他山之石 , 南韓半導體 崛起的啟示)', 2018년 4월 25일.
http://pdf.dfcfw.com/pdf/ H3_AP201804251129925926_1.pdf.

21 Shin Jongwon, "The Status of Korean Fabless Firms and Their Cooperation with Set Makers," KIET Industrial Economic Review, May+June 2022/Vol.27 No.3.
https://papers.ssrn.com/ sol3/papers.cfm?abstract_id=4190749.

22 2021년 5월 13일, 한국의 관련 부서에서 한 발표를 편집한 〈K-반도체 책략〉 참고.

23 https://www.counterpointresearch.com/indian-semicondu ctor-components-market-300bn-2021-2026/ 참고

Chapter 04

24 중국 국무원, 국가발행(2000) 18호 〈소프트웨어 산업과 집적 회로 산업의 발전을 장려하는 몇 가지 정책들 鼓勵軟件産業和集成電路産業發展的若干政策〉, 2000년 6월 24일.
http://www.gov.cn/gongbao/content/2000/content_60310.htm.

25 중국 국무원, 국가발행(2011) 4호 〈소프트웨어산업과 집적 회로 산업의 발전을 더욱 장려하는 몇가지 정책들 進一步鼓勵軟件産業和集成電路産業發展的若干政策〉, 2011년 1월 28일.
http:// www.gov.cn/zwgk/2011-02/09/content_1800432.htm.

26 중국 국무원, 〈국가 집적 회로 산업 발전 추진 요강 國家集成電路産業發展推進綱要〉, 2014년 6월 24일.
https://baike.baidu.hk/reference/14593182/9e6b_ ZPL6IIxnxYHpKJB-VFknkt1Fn3EPekUOoV-qJ1uNcgGIjjj LlZrsXuLelXauWPKn2N_GwVIMEcRQrNojuz3FC1z0BsLjJr_ 4nVtH44feyfB.

27 중국 국무원, 국가발행(2020) 8호 〈차세대 집적회로 산업과 소프트웨어 산업의 질 높은 발전을 촉진하는 몇 가지 정책 新時期促進集成電路産業和軟件産業高質量發展的若干政策〉, 2020년 7월 27일.
http://www.gov.cn/zhengce/content/2020-08/04/content_ 5532370.htm.

28 John Lee&Jan-Peter Kleinhans, "Mapping China's semiconductor ecosystem in global context:Strategic dimensions and conclusions," Stiftung Neue Verantwortung and MERICS, June 2021.

29 Bloomberg,"Engineer Who Fled Charges of Stealing Chip Technology in US Now Thrives in China," June 6, 2022.

30 원래 보고서는 유료 읽기 가능(原報告為付費閱讀) , 여섯 가지 대책 건의는 中時新聞 리원훼이(李文輝) 기자의 보도 참고

〈미국 웨이퍼 법이 중국 전문가(陸專家)에게 영향을 미칠 것에 대비: 최고 수준의 설계를 강화하고 혁신을 위한 전반적인 계획을 강화해야 합니다 應對美國晶片法影響陸專家: 需强化頂層設計加强統籌全局突破〉, 2022년 8월 13일.
https://www. chinatimes.com/realtimenews/20220813000984-260409?chdtv.

Chapter 05

31 런핑(任平), 〈美國挑起貿易戰的實質是什麽？〉,《人民日報》2018年 8月 9日.

32 미국 백악관, "National Security Strategy," December 2017.

33 Robert E. Scott and Zane Mokiber, "Growing China trade deficit cost 3.7 million American Jobs between 2001 and 2018," Economic Policy Institute, January 30, 2022.

34 Robert D. Atkinson,Stephen Ezell, "False Promises:The Yawning Gap Between China's 세계무역기구 Commitments and Practices," ITIF, September 17, 2015.

35 췌이판(崔凡) , 〈中國是否充分履行了入世承諾？〉,《國際經貿在線》2018年 4月 12日.

36 中國大陸國務院新聞辦公室 ,「中國與世界貿易組織」, 2018年 6月.

37 미국 무역대표부, "2017 Report to Congress on China's 세계무역기구 Compliance," January 2018.
https://미국 무역대표부.gov/sites/default/files/files/Press/ Reports/China%202017%20세계무역기구%20Report.pdf.

38 미국 무역대표부, "2018 Report to Congress on China's 세계무역기구 (WTO) Compliance," February 2019.
https://미국 무역대표부.gov/sites/default/files/2018-미국 무역대표부-Report-to-Congress-on-China%27s-세계무역기구-Compliance.pdf.

39 미국 무역대표부,

"2019 Report to Congress on China's 세계무역기구 Compliance," March 2020.

https://미국 무역대표부.gov/sites/default/files/2019_Report_on_ China%E2%80%99s_세계무역기구(WTO)_Compliance.pdf.

40 Chad P. Bown, "The US-China Trade War and Phase One Agreement," PIIE, February 2021.

https://www.piie.com/publications/working-papers/us-china-trade-war-and-phase-one- agreement.

41 資料取自 Rhodium Group "The US-China Investment Hub".

https://www.us-china-investment.org/fdi-data.

42 Michael Brown and Pavneet Singh, "China's Technology Transfer Strategy," DIUx,January 2018.

http://nationalsecurity. gmu.edu/wp-content/uploads/2020/02/DIUX-China-Tech- Transfer-Study-Selected-Readings.pdf.

43 미국 무역대표부, "2021 Report to Congress on China's 세계무역기구 Compliance," February 2022.

https://미국 무역대표부.gov/sites/default/files/files/Press/ Reports/ 2021미국 무역대표부(USTR)%20ReportCongressChina세계무역기구.pdf.

Chapter 06

44 Antonio Varas, Raj Varadarajian, Ramiro Paima, Jimmy Goodrich, and FalanYiung, "Strengthening the Global Semiconductor Supply Chain in an Uncertain Era," April 02, 2021, BCG.

45 SIA, "2021 State of the U.S. Semiconductor Industry," September 24, 2021.

46 The White House, "National Strategy for Global Supply Chain Security," January 23, 2012.

https://obamawhitehouse.archives.gov/sites/default/files/national_ strategy_for_global_supply_chain_security.pdf.

47 Executive Office of the President's Council of Advisors on Science and Technology, "Report to the President: Ensuring Long-Term U.S. Leadership in Semiconductors," January 2017.
https://obamawhitehouse.archives.gov/sites/default/files/microsites/ostp/PCAST/pcast_ensuring_long-term_us_leadership_in_semiconductors.pdf.

48 The White House, "Building Resilient Supply Chains, Revitalizing American Manufacturing, and Fostering Broad-Based Growth," June 2021.

49 Gary Clyde Hufbauer and Euijing Jung, "Lessons learned from half a century of US industrial policy," November 29, 2021, PIIE.

50 Robert D. Atkinson, "Computer Chips vs. Potato Chips:The Case for a U.S. Strategic-Industry Policy," January 1, 2022, ITIF.

51 Robert D. Atkinson, "Weaving Strategic-Industry Competitiveness Into the Fabric of U.S. Economic Policy," February 7, 2022, ITIF.

52 The U.S. Department of Commerce, "A Strategy for the Chips for America Fund," September 6, 2022.

53 Willem Thorbecke, "Exogenous shocks, industrial policy, and the US semiconductor industry," April 26, 2022, VoxEU.
https://cepr.org/voxeu/columns/exogenous-shocks-industrial-policy-and-us-semiconductor-industry.

54 Sujai Shivakumar, Charles W. Wessner, "Semiconductors and National Defense: What are the Stakes?" June 8, 2022, CSIS.

55 James Andrew Lewis, "Strengthening a Transnational Semiconductor Industry," June 2, 2022, CSIS.

56 Reva Goujon, Lauren Dudley, Jan-Peter Kleinhans, and Agatha Kratz, "Freeze-in-Place: The Impact of US Tech Controls on China," October 21, 2022, Rhodium Group.

57 JETRO, "JETRO Global Trade and Investment Report 2022," July 26, 2022.

Chapter 07

58 PPIC, "Silicon Valley's Skilled Immigrants: Generating Jobs and Wealth for California," Research Brief issue #21, June 1999.

59 PPIC, "Silicon Valley Immigrants Forging Local and Transnational Networks," Research Brief issue #58, April 2002.

60 Pat Gelsinger, "More than manufacturing: Investments in chip production must support U.S. priorities," POLITICO, 2021년 6월 24일.

61 Craig Addison, "Silicon Shield: Taiwan's Protection Against Chinese Attack," Fusion Press, 2001년.

62 Christopher Vassallo, "The Silicon Shield Is a Danger to Taiwan and America," The National Interest, 2022년 3월 15일.

63 「일본경제신문 중국어판」, '도쿄 전자, 1나노 반도체 장비 강화를 위한 외부 협력에 주목', 2021년 11월 4일.

Chapter 08

64 William Alan Reinsch, "Export Control:Too Much or Too Little?", 2022년 10월 17일, CSIS.

65 JETRO, "JETRO Global Trade and Investment Report 2022", 2022년 7월 26일.
https://www.jetro.go.jp/ext_images/en/reports/white_paper/trade_invest_2022_2.pdf.

66 Gary Clyde Hufbauer and Megan Hogan, "CHIPS Act will spur US production but not forecolse China", 2022년 10월, PIIE.

67 Jason Mathen, "The U.S. Has a Microchip Problem. Safeguarding Taiwan Is the Solution.", 2022년 10월 3일, The Atlantic.

68 SIA, "American Semiconductor Research:Leadership Through Innovation", 2022년 11월.

69 IMF, "World Economic Outlook", 2022년 4월.

70 「일본경제신문 중국어판」, '半導體奈米競爭的盲點, 中國笑到最後?', 2022

년 11월 22일.

71 Richard Baldwin, Makoto Yano, Tetsuya Watanabe, "Japan's New Capitalism and New Industrial Policy", RIETI Highlight, 2022년 3월 14일, RIETI.

72 Douglas A.Irwin, "Most developing economies reduced tariffs voluntarily, not because of trade agreement," 2022년 12월 2일, PIIE.

73 Douglas A.Irwin, "Globalization enabled nearly all countries to grow richer in recent decades," 2022년 7월 16일, PIIE.

74 Peter F. Drucker, 'The Age of Discontinuity: Guidlines to Our Changing Society', 「New York: Harper & Row」, 1969년.

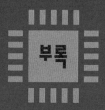

부록

1947~2023년
반도체 산업의
발전 연대기

연대	글로벌 반도체 산업 주요사
1947	● 벨연구소의 물리학자 3명이 트랜지스터를 발명. 반도체 시대의 시발점.
1950 ~ 1959	● 페어차일드와 텍사스 인스트루먼트가 집적 회로의 확장을 발전시킴. 반도체의 응용 분야로 확장 및 산업의 빠른 발전 도약을 마련.
1960 ~ 1969	● 1961년 페어차일드의 패키징 공정이 홍콩으로 이전. 원가를 절감하고 경쟁력을 강화한 반도체 산업의 글로벌 분업 시대가 개막. ● 1964년 대만 국립자오퉁대학교에 첫 번째 반도체 랩 설립. ● 인텔의 설립자 고든 무어가 1965년에 무어의 법칙을 제안. 무어의 법칙은 반도체 산업의 황금법칙이 됨. 1968년 인텔 설립.
1970 ~ 1979	● 1970년 인텔이 처음으로 D램을 제작. 이듬해 최초의 상업용 마이크로프로세서인 '인텔 4004'가 출시. 마이크로컴퓨터가 점차 대중화됨. ● 1973년 대만에서 재단법인 공업기술연구원 설립. ● 1975년 마이크로소프트 설립. ● 1976년 공업기술연구원과 미국 RCA가 집적 회로 기술 이전에 관련 계약을 맺음. 애플 컴퓨터, 에이서 컴퓨터 설립. ● 1977년 삼성전자가 한국 반도체 업계를 합병. 삼성반도체통신(주) 설립. ● 197대 후반 일본 정부의 지휘하에 초고밀도 집적 회로 기술 혁신 행동 프로젝트 및 반도체 산업 적극 발전 추진.
1980 ~ 1989	● 1980년 대만 신주에 과학캠퍼스 완공 및 캠퍼스 관리국 설치. 같은 해 집적 회로 시범 공장 프로젝트를 통해 UMC로 파생. ● IBM이 1981년에 처음으로 개인 컴퓨터를 출시. 개인 컴퓨터 시대의 개막. ● 1983년 마이크로소프트가 윈도우 OS 출시. ● 1984년 대만 행정원이 공업기술연구원 전자연구소에 '초고밀도 집적 회로 개발 계획' 위탁 지원. ● 1985년 일본이 D램 시장을 점령해 인텔이 D램 사업을 포기하고 마 이크로프로세서 개발에 집중. 같은 해에 제3대 공업기술연구원 원장에 모리스 창 임명. ● 일본 D램 글로벌 시장 점유율 세계 1위 달성. 1985년 일본이 '플라자 합의'에 서명. 1986년 일본 정부가 '미·일 반도체 무역 협정'에 재서명. 강제로 수출 제한 및 시장 개방. ● 1987년 '초고밀도 집적 회로 개발 계획'은 최초의 순수 파운드리 서비스 모델인 TSMC를 파생. 점차 대만이 첨단 제조 공정의 선도적인 위치를 대체함. ● 1980년대 후반 미일 무역 전쟁의 심화와 버블 경제의 충격으로 일본 D램 산업은 쇠퇴하고 경제는 '잃어버린 30년'에 진입.

연대	글로벌 반도체 산업 주요사
1990 ~ 1999	• 1994년 제5대 공업기술연구원 원장에 스친타이 임명. 같은 해 '서브마이크론 프로젝트'에서 VIS 집적 회로로 파생. • 1995년 마이크로소프트가 윈도우95 출시. • 1996년 대만의 노트북 생산량 세계 1위 달성. 같은 해 한국 삼성전자가 파운 더리 사업에 진출. • 1998년 한국의 세계 메모리 시장 점유율이 일본을 추월해 세계 1위 달성. • 1999년 대만에서 TSMC가 12인치 웨이퍼 공장 가동.
2000 ~ 2009	• 2000년 중국 국무원이 '소프트웨어 산업 및 집적 회로 산업의 발전 장려 다소 정책' 공포. 반도체 산업을 적극 육성. 같은 해 SMIC 설립. • 2002년 대만은 0.25미크론 이상의 공정을 갖춘 8인치 웨이퍼 팹 관련해 중국에 투자 개방. • 2005년 중국이 전 세계에서 가장 큰 집적 회로 시장이 됨. • 2006년 대만은 0.18미크론 이상의 공정을 갖춘 8인치 웨이퍼 팹 관련해 중국에 투자 개방한 것을 수정. • 2000년대 후반 D램 사업이 쇠퇴를 겪으며 대만 반도체의 기술과 인재가 중국으로 유입. 시기 및 주변 조건과 가세하여 중국 반도체 산업의 규모가 빠르게 확장.
2010 ~ 2019	• 2014년 중국이 '국가 집적 회로 산업 발전 기금' 설립. '국가 집적 회로 산업 발전 추진 요강' 선포. • 중국에서 반도체 산업이 본격화. 미국은 점차 무역 견제와 균형을 전개. • 2015년 대만이 중국에서 독자적으로 12인치 웨이퍼 공장을 개방하도록 허가 받음. • 2016년 대만의 TSMC가 중국 난징에서 16나노미터 공정 12인치 웨이퍼 공장에 투자 허가를 받음. • 2017년 미국 트럼프 대통령 취임. 미중 무역 전쟁 점차 치열화. • 2018년 대만의 TSMC가 7나노미터 첨단 공정 양산에 진입. 한국의 삼성은 뒤처지고 미국의 인텔은 막힘. • 2019년 미국 정부가 화웨이를 미국의 기술을 절도하고 돈 세탁한 혐의, 이란 지원 등으로 고소. 화웨이와 70여 개의 관련 자회사를 엔티티에 기재하고 수출 제재 실시. 미국의 퀄컴은 화웨이에 제품 공급을 중단. • 2019년 말 코로나의 확산으로 세계 경제 강타.
2020	• 미국이 화웨이에 반도체 공급 금지. • 인도 정부가 '생산망 장려 계획' 발표. 반도체 및 디스플레이 특정 주요 투자 프로젝트에 7,600억 루피라는 관대한 보조금 제공. • 5월 대만의 TSMC가 미국 조지아에 5나노미터 공장 건설 발표.

연대	글로벌 반도체 산업 주요사
2020	● 연말 자동차 업계의 '칩 부족 현상'이 세계적으로 확대. 각 국가들이 자국 내 반도체 공급망에 대한 중요성 재인식.
2021	● 5월 한국 정부가 'K-반도체 전략'의 반도체 칩 산업 종합 지원 계획 발표. 완벽한 산업 발전 전략 계획을 통해 한국이 안정적으로 칩을 생산하는 '칩 대국' 되기를 희망. ● 6월 일본 정부가 '반도체 전략 개요' 발표. ● 7월 대만의 TSMC가 중국 난징 공장에 28나노미터 공정 생산량 확장을 승인받음. ● 11월 대만의 TSMC 일본 구마모토에 공장 설립 발표. 12월 미국 애리조나에 3나노미터 공장 증설 발표. ● 12월 일본의 상원이 첨단 반도체 공장의 신축 및 확장을 지원하는 법안을 통과시키고 최대 절반의 비용 보조 약속.
2022	● 7월 미국에서 '칩법'이 빠르게 통과됨. 중국에 반도체 산업의 제재 강화. 미국 내 첨단 제조 시설에 대해 보조금 제공. ● 9월 미국이 '칩펀드 전략' 선포. 미국의 반도체 제조 우위를 재건하기를 기대. ● 10월 미국 상무부 공업안전국이 130페이지 이상의 새로운 수출 통제 규정 선포. 중국에서 첨단 반도체와 그 응용 및 개발의 포괄적인 차단 확대. ● 대만 TSMC의 연간 매출이 세계 반도체 기업 중 1위 달성.
2023	● 1월 일본, 네덜란드가 미국의 대중국 반도체 설비 수출 규제에 동참.

자료 수집: 인치밍(尹啟銘), 천페이전(陳珮真)

칩
대
결

1판 1쇄 인쇄 2023년 8월 22일
1판 1쇄 발행 2023년 9월 13일

지은이 인치밍
옮긴이 안동환

발행인 양원석 편집장 정효진 책임편집 김희현
디자인 이경민 영업마케팅 양정길, 윤송, 김지현, 정다은, 박윤하

펴낸 곳 ㈜알에이치코리아
주소 서울시 금천구 가산디지털2로 53, 20층 (가산동, 한라시그마밸리)
편집문의 02-6443-8846   도서문의 02-6443-8800
홈페이지 http://rhk.co.kr
등록 2004년 1월 15일 제2-3726호

ISBN 978-89-255-7603-9 (03320)